徐彻 作品系列

GUANG XU HUANG DI

徐 彻 ◎ 著

中国文史出版社

目　录

1

第一章　载湉诞生　父母身世

一　醇府喜讯　载湉诞生

同治十年六月二十八日（1871年8月14日），三十一岁的醇郡王奕譞喜得贵子。这就是后来的光绪帝载湉。载湉的母亲是慈禧太后的亲妹妹叶赫那拉氏。也就是说，咸丰帝奕詝与醇亲王奕譞哥俩娶了慈禧及其妹妹姐俩。那么，慈禧太后既是载湉的伯母，也是载湉的姨妈。载湉既有爱新觉罗血统，又有叶赫那拉氏血统。

载湉出生的府邸醇王府一再变迁，是很有说道的。

八月的北京，暑气蒸腾。

位于宣武门内太平湖东岸的醇王府却浓荫密布，凉爽宜人。

说起醇王府，在北京实际涉及三个地方。

第一座醇王府。咸丰九年（1859），十九岁的醇郡王奕譞奉旨与懿贵妃（慈禧太后）的亲妹妹叶赫那拉氏成婚，依照清朝的先例，必须先行分府出宫。他受赐的府邸坐落在宣武门内太平湖东岸，即现在的中央音乐学院和第三十四中学所在地。根据雍正朝的成例，皇帝发祥地，即"龙潜邸"，皇帝继位后，他人不得长期居住下去，要变作他用。或者升为宫殿，或者闲置起来，或者仿照雍亲王府升为雍和宫的办法，改成庙宇。醇郡王奕譞上奏称"臣奕譞现居赐邸，为皇帝发祥之地"，表示要向上"恭缴"，并"伏候皇太后训示遵行"。慈禧太后看到这个奏折，欣然允诺，颁布谕旨，将旧府"升为宫殿，著准其恭缴。贝子毓橚府第，著赏给醇亲王居

1

住，并赏银十万两"。就这样，旧醇亲王府升格为宫殿了。人们称这座醇王府为"南府"。

第二座醇王府。载湉做了皇帝，原醇王府升格为宫殿。慈禧太后将贝子毓橚移居到西直门内半壁街的一所空闲府第，将贝子毓橚在什刹海北岸的府第，赐给了醇郡王奕譞。这就是人们常说的"北府"。因为奕譞是道光帝的第七子，人称七爷，此府又称作"七爷府"。1959年，中央决定，这座醇王府成为国家名誉主席宋庆龄在北京的住所。现在是宋庆龄故居。

第三座醇王府。溥仪做了皇帝，其父载沣做了监国摄政王，隆裕太后决定为载沣再建造一座全新的王府。这座王府，选址在西苑三海的集灵囿紫光阁一带。集灵囿摄政王府第工程，于宣统元年（1909）正月二十六日动工，直到宣统三年（1911）载沣摄政王退位，前后历时三年，王府大致轮廓具备，没有最后竣工。清王朝灭亡，此府没有建成。王府所在的区域，现在是国务院办公处所。

这三座醇王府，载湉到底出生在哪一座呢？第三座尚未建成，也不是第二座的北府，实际就是第一座南府。光绪帝载湉出生在醇王府南府里，就是太平湖畔的醇王府。

现在说说清朝的宗室和觉罗。清朝的宗室，是指努尔哈赤的父亲、显祖塔克世的直系子孙。系金黄带为标志，俗称"黄带子"；塔克世的父亲觉昌安兄弟六人，俗称六祖。六祖的子孙，除宗室者外，均称觉罗。觉罗以系红带子为标志，又称"红带子"。

醇郡王奕譞是名副其实的皇族爱新觉罗的宗室贵族。

现在回过头来，再说说作为南府的太平湖畔的醇王府内发生的事情。

三十一岁得赏加亲王衔的醇郡王奕譞，在古朴典雅的槐荫斋前的庭院里，来回踱着步。此时已是夜半。奕譞外表看似平静，而内心却十分焦急。他的福晋（夫人），即慈禧太后的亲妹妹叶赫那拉氏，正在房内艰难地挣扎着。整整一天了，产儿还没有生下来。

他的长子载瀚两岁夭折。他现在没有任何子女。他期盼着爱妻给他生一位哥儿，不然，格格（女儿）也行。

此时房内传来一声婴儿的哭声，紧接着太监喜气洋洋地奏道："恭喜王爷！王爷大喜呀，方才福晋太太已生了一位哥儿了。"

奕譞脸上露出了由衷的笑容。

他得的这位哥儿后来便成了光绪皇帝。光绪帝，姓爱新觉罗，名载湉，四岁时继位当了皇帝，年号光绪，庙号德宗，谥号景皇帝。

他诞生的这一天正是同治十年六月二十八日，即1871年8月14日。

他是醇郡王奕譞（后来封醇亲王）的第二子。

奕譞与福晋叶赫那拉氏合影

关于光绪皇帝，《清史稿》有详细记载，文曰："德宗同天崇运大中至正经文纬武仁孝睿智端俭宽勤景皇帝，讳载湉，文宗（咸丰帝）嗣子，穆宗（同治帝）从弟也。本生父醇贤亲王奕譞，宣宗（道光帝）第七子。本生母叶赫那拉氏，孝钦皇后（慈禧）女弟。同治十年（1871）六月，诞生于太平湖邸第（即南府）。"[①]

奕譞与爱子合影

《清德宗实录》有更为详细的记载："德宗同天崇运大中至正经文纬武仁孝睿智端俭宽勤景皇帝，讳载湉，文宗……显皇帝（咸丰帝）嗣子，穆宗……毅皇帝（同治帝）从弟也。皇本生父醇贤亲王奕譞，宣宗成皇帝（道光帝）第七子。皇本生母醇贤亲王福晋叶赫那拉氏，原任安徽徽宁池太广道、追封三等恩承公惠征之女，孝钦皇后（慈禧）女弟。以同治十年辛

---

① 《清史稿》，第23卷，第4册，第851页。

未六月二十八日子时，诞上于太平湖邸第，后更为醇贤亲王祠者是也。

上生而岐嶷，英姿天挺，隆准龙目，广颡修颐。览揆之名甫登于玉牒，珍奇之赐屡贲于璇宫。恩遇优渥，内宗外戚之伦，莫与比焉。同治十一年壬申九月庚子，穆宗毅皇帝大婚礼成，钦奉慈安皇太后、慈禧皇太后懿旨，赏给头品顶戴。"①

这里是说，光绪帝载湉的本生父和本生母，出身不凡，身世显赫。同治帝大婚时，即赏予载湉"头品顶戴"。

二 父母双亲 显赫身世

载湉的本生父奕谭，是一位颇有心计的政治家。在大是大非面前，他总能把持得住。在个人历史的转捩点，他很有预见性。他一生中，有三件事处理得很好：一是奉旨娶了慈禧的妹妹，并终生和睦相处。二是在辛酉政变中站在慈禧一边，同顾命八大臣作了坚决的斗争。三是光绪帝继位后，他请求免去所有职务。

当慈禧太后和光绪皇帝发生尖锐冲突时，醇亲王奕谭巧妙地处理和慈禧太后的关系，诚惶诚恐，提心吊胆。他总算躲过一劫，获得善始善终。

载湉的生母叶赫那拉氏，是一个温顺柔婉的女性。她一生都生活在姐姐慈禧的光影之下。因亲生儿子载湉的艰难处境，她的内心是极为痛苦的。

载湉的生父是奕谭。奕谭是道光帝旻宁的第七子。道光帝共有九子，其中最出息的是四位，即第四子奕詝，当了皇帝，是谓咸丰帝；第五子为惇亲王奕誴；第六子为恭亲王奕䜣；第七子则是醇郡王奕谭了。

关于奕谭，《清史稿》有传，文曰："醇贤亲王奕谭，宣宗（道光帝）第七子。文宗（咸丰帝）即位，封为醇郡王。咸丰九年三月，分府，命仍在内廷行走。穆宗（同治帝）即位，谕免宴见跪拜，奏事书名。迭授都统、御前大臣、领侍卫内大臣，管神机营。同治三年，加亲王衔。四年，两太后命弘德殿行走，稽察课程。十一年，晋封醇亲王。十二年，穆宗亲政，罢弘德殿行走。

---

① 《清德宗实录》，第1卷，第1页。

德宗（光绪帝）即位，王奏两太后，言：'臣侍从大行皇帝十有三年，昊天不吊，龙驭上宾。仰瞻遗容，五内崩裂。忽蒙懿旨下降，择定嗣皇帝，仓促昏迷，罔知所措。触犯旧有肝疾，委顿成废。惟有哀恳矜全，许乞骸骨，为天地容一虚縻爵位之人，为宣宗成皇帝留一庸钝无才之子。'两太后下其奏王大臣集议，以王奏诚恳请罢一切职任，但令照料普陀峪陵工，从之。命王爵世袭，王疏辞，不许。光绪二年，上在毓庆宫入学，命王照料。五年，赐食亲王双俸。"①

结合上述记载，综合其他史料，可以廓清奕𫍽身世。

奕𫍽（1840—1891），字朴庵，号退潜居士、九思堂主人、退省斋主人、净业湖上散人。

奕𫍽生于道光二十年九月二十一日（1840年10月16日）。其生母为道光帝琳贵人乌雅氏（谥为庄顺皇贵妃）。道光三十年（1850）正月，奕𬣞继位，成了咸丰帝，就封十岁的奕𫍽为醇郡王，但他仍以皇七子身份住在宫内。咸丰九年（1859），十九岁的奕𫍽奉旨成婚，其福晋为正受宠爱的懿贵妃（慈禧太后）的亲妹妹叶赫那拉氏。自此，奕𫍽从宫中分封出来，居于太平湖畔的新府。但仍为内廷行走，继续在上书房读书。同治帝继位，因辛酉政变有功，奕𫍽大受重用，迭授都统、御前大臣、领侍卫内大臣、管神机营。同治三年（1864），二十四岁时加亲王衔。四年（1865），两太后命其于弘德殿行走，稽查课程。十一年（1872），三十二岁时晋封醇亲王。光绪十六年十一月二十一日（1891年1月1日）病逝，年五十一岁。

据《清史稿》载，清朝宗室晋封爵位有十二等：和硕亲王、多罗郡王、多罗贝勒、固山贝子、奉恩镇国公、奉恩辅国公、不入八分镇国公、不入八分辅国公、镇国将军、辅国将军、奉国将军、奉恩将军。吴振棫《养吉斋丛录》说宗室爵位分为十四等，不确。

咸丰十年（1860）八月，英法联军大举入侵京津地区。咸丰帝于八月初八日偷偷从圆明园北走。銮舆不备，扈从无多。这一天，咸丰帝只吃了两枚鸡蛋。第二天，也只吃了几碗小米粥。咸丰帝的仓皇出逃是很狼狈的。奕𫍽虽然要求上前线参加抵抗，但未被批准，只得随其四兄咸丰帝前

---

① 《清史稿》，第221卷，第30册，第9107页。

同治二年（1863）奕譞摄了北京南苑神机营

往热河。

到热河后，奕譞仍然在上书房读书。

随咸丰帝一同赴热河的有其亲信肃顺、载垣、端华等八位大臣，而恭亲王奕訢却被留在了北京，办理同英、法交涉事宜。

奕譞是个很有政治眼光的人。在热河期间，这个二十岁的年轻人颇有心计，他没有混入到权势炙手可热的八大臣之中，而是同八大臣曲意周旋，虚与委蛇。他掩盖了他真实的意图。在暗中，他通过亲信下属，用来往密札的方法，同在北京的六兄奕訢保持着热线联系，把热河行在的情况不断地密报北京，又把从北京得到的情报密告两宫太后。是年冬，他请假回京。在留京期间，他同六兄奕訢密切接触，商讨对策，后又返回热河。

他是两宫太后和奕訢之间最可靠的联系人。

咸丰十一年七月十六日（1861年8月21日）病危的咸丰帝口授遗诏，立载淳为皇太子，派载垣、端华、景寿、肃顺、穆荫、匡源、杜翰、焦佑瀛为顾命大臣。

同时，咸丰帝在临终前赐给皇后钮祜禄氏一方"御赏"印，赐给皇太子载淳一方"同道堂"印。"同道堂"印由其生母懿贵妃掌管。咸丰帝遗命，皇帝的谕旨，起首处盖"御赏"印，即印起；结尾处盖"同道堂"印，即印讫。只有盖上这两方印，才证明所发谕旨已得到皇帝的批准，否则便是无效的。这就给了两宫太后和小皇帝以某种程度的否决权。

布置完这一切，咸丰十一年七月十七日（1861年8月22日），咸丰帝便撒手西归了，独子载淳继位，是谓同治帝。

这之后，以两宫太后及小皇帝为一方，以顾命八大臣为另一方，双方展开了争夺最高皇权的激烈斗争。

两宫太后慈安、慈禧召见奕譞，问计于他。奕譞早已成竹在胸，毫不犹豫地答道："这件事，不是恭亲王奕䜣根本办不成。"于是，两宫太后采纳了他的建议。

九月十八日，两宫太后又命奕譞草拟了解除载垣、端华、肃顺等八大臣职务的谕旨。慈安太后将谕旨藏于内衣中，带回京城。九月三十日，两宫太后在北京拿出由奕譞拟就的谕旨，交给奕䜣，当众宣示，发动政变。同一天，又命睿亲王仁寿和醇郡王奕

載澧半身像

譞到密云县去捉拿顾命八大臣的核心人物肃顺。他们接到谕旨后，马不停蹄，星夜赶往密云。他们在半夜率兵砸毁大门闯入院内，又毁其卧室门，见肃顺正拥着两个小妾躺在床上，就将肃顺捆将起来，押回京城。

这次政变取得了完全的成功。由于政变发生在辛酉年，故又称辛酉政变。

在辛酉政变之前，奕譞的表现平平，没有什么引人注目之处。辛酉政变给他提供了人生的一大际遇。他紧紧地抓住了这个际遇。因而，辛酉政变成为他人生的一个重要的转捩点。他积极协助两宫太后，策划政变，密拟上谕并捉拿肃顺，很得两宫太后的信任。

辛酉政变后，十月，奕譞被补授正黄旗领侍卫内大臣、御前大臣、后扈大臣、管理善朴营事务等，其母被尊封为琳皇贵太妃。十一月，命管

光绪十二年四月十五日，奕譞到天津检阅海军时，摄于大沽口炮台，时年四十七岁

理火器营事务，又奉命制定章程，负责操练旗营兵丁。十二月，奉旨协助奕䜣管理神机营事务。同治元年（1862），二十二岁奉旨稽查火药局事务，管理崇文门正监督。同治三年（1864）七月，二十四岁加亲王衔，补授阅兵大臣，调补正红旗满洲都统。同治四年（1865），二十五岁命其在弘德殿总司稽查同治小皇帝读书，后又命其办理京师防务。十一年（1872）九月，三十二岁的奕䜣被晋封亲王，其子载湉也被赏给头品顶戴。也就是说，奕䜣在喜得贵子的第二年便被封为清代的第一等王。这对他来说无疑是喜上加喜。

然而，深谙宫廷内幕和官场积习的奕䜣，并没有因为受到重用而飘飘然。他始终是态度谦抑、处事唯谨的。他为了教育子孙后代，自己拟写了一个格言横幅，制成木框，挂在房间里的显要位置上，全文如下：

> 财也大，产也大，后来儿孙祸也大。借问此理是若何？子孙钱多胆也大，天样大事都不怕，不丧身家不肯罢；财也少，产也少，后来子孙祸也少。若问此理是若何？子孙钱少胆也小，些微产业知自保，俭使俭用也过了。

这段话与其说是他的治家格言，不如说是他的人生箴言。

载湉诞生前后，其父奕䜣正处于人生的黄金阶段。

载湉的生母是慈禧的胞妹叶赫那拉氏。关于这位叶赫那拉氏，史书上记载很少。她的家世，当然是和她的姐姐慈禧一样的。

她们的曾祖父叫吉郎阿，字霭堂。嘉庆九年（1804）四月，他奉命入军机处任军机章京。军机处是清代独有的特殊的政治机构，实际是皇帝内廷的办公厅或机要室，是直接秉承皇帝意旨经办一切重大政务的中枢。军机章京是军机大臣的助理人员，主要工作是草拟谕旨，因此必须头脑敏捷，文笔流畅，办事果断。军机章京由于接触机要，而且前途可观，所以颇受青睐，俗称"小军机"。吉郎阿任军机章京，足以说明他是个颇为能干的人。果然，嘉庆十二年（1807）吉郎阿升任从五品的内阁侍读。十四年（1809）出军机处，调任户部从五品的银库员外郎。吉郎阿大约于嘉庆十九年（1814）或二十年（1815）死在户部员外郎（副局长）任上。

她们的祖父叫景瑞。约生于乾隆四十五年（1780），监生出身，花钱捐了个笔帖式。笔帖式是满文书官的意思，部院等衙门的低级官员，做些抄写和拟稿的工作，相当于现在的文书。嘉庆十一年（1806）正式补授笔帖式。嘉庆十八年（1813），三十三岁升授正六品的盛京刑部主事（略高于处长）。道光元年（1821），四十一岁提升为从五品的刑部山东司员外郎（副局长）。道光十一年（1831），五十一岁提拔为刑部正五品的河南司郎中（局长，相当于现在部里的司局级官员）。道光二十年（1840）奉旨交军机处记名，以道府用。二十二年（1842）春奉旨往江苏以知府差遣使用。可是，景瑞运气不佳。在二十五年（1845）由部引见时，道光帝不知何故对景瑞印象不好，当天颁出上谕，认为他不胜知府之任，著回原衙门行走。因此，景瑞知府当不成了，只得仍回刑部郎中原任。后来，他又因为经济问题而一度入狱，但因退赔积极，又获释放，并官复原职。大约在道光三十年（1850）退休。卒于咸丰六年（1856）至十一年（1861）之间，时年近八十岁。

她们的父亲叫惠征。道光八年（1828）任吏部笔帖式。道光二十六年（1846）升任吏部文选司主事（略高于处长）。二十八年（1848）调升吏部验封司员外郎（副局长）。二十九年（1849）升为吏部郎中（局长）。后外升为正四品的山西归绥道（略高于局长）。咸丰二年（1852）调任正四品的安徽徽宁池太广道（道员是省以下，府、州以上的高级行政长官，非正式官称，公文常以区域名为官名）。咸丰三年（1853）以"携带饷银印信避至镇江"而被开缺。惠征被罢官后，便一蹶不振，得了重病，没过几个月，于咸丰三年（1853）六月初三日病死在江苏镇江府，终年四十九岁。

总之，她们的曾祖父吉郎阿任从五品的户部员外郎（副局长），祖父景瑞任正五品的刑部郎中（局长），父亲惠征任正四品的安徽徽宁池太广道（略高于局长）。景瑞虽曾一度入狱，但很快便被释放，又官复原职，并没有影响她们的家庭生活。惠征被罢官是在慈禧入宫当贵人一年多之后，也没有对她们一家的生活造成多大的影响。可以说，她们姐妹俩的前三代是清朝的中上等官宦，家庭经济状况是很好的。

她们是官宦家庭中养尊处优的小姐。

稗官野史所说，她们家"贫甚，无以为生"什么的，都是毫无根据的。

姐姐叶赫那拉氏于咸丰六年三月二十三日（1856年4月27日）生子载淳，当日晋封懿贵妃，成为后宫仅次于皇后钮祜禄氏的第二人。此时的懿贵妃备受咸丰帝的宠爱。

咸丰九年（1859），道光帝的皇七子、时任醇郡王的奕譞奉旨成婚，而其福晋正是懿贵妃的妹妹叶赫那拉氏。也就是说，咸丰帝奕詝与醇郡王奕譞哥俩分别娶了懿贵妃和其妹姐俩，可谓亲上加亲。

这位妹妹性情温和，颇能容人，百事听命于姐姐。她一生中办的最大的一件事就是在辛酉政变中当了传信人。她以慈禧的胞妹合情合理的身份，不时出入宫廷，传递两宫皇太后和奕䜣之间的秘密信息。奕譞同在北京的以奕䜣为首的集团保持着热线联系。这就是说，她成了以奕䜣为首的北京集团和处在热河的两宫皇太后之间的秘密联络人。辛酉政变获得成功是和她的作用分不开的。"居间传语，厥功甚伟。"居间传递重要消息，她的功劳是很大的。但她处事低调，不事张扬。

奕譞与其嫡福晋叶赫那拉氏相敬如宾，感情融洽。这一方面，是因为奕譞时时想到其福晋是慈禧的亲妹妹，不敢造次；另一方面，也因为她处事大度，善解人意。因此，终其一生，夫妻间感情甚笃。

载湉诞生时叶赫那拉氏的心绪是宁静的，如风暴侵袭不到的一泓池水。

第二章 载湉继位 嘉顺自戕

一 同治病逝 载湉继位

　　同治帝是一个短命的皇帝，十九岁时就死去了。同治帝无子，由谁来继承皇位，就成了矛盾的焦点。据载，同治帝在病中曾经秘密口授了一份遗嘱。但这份遗嘱被慈禧太后发现并撕毁了。两宫皇太后，尤其是慈禧太后决定，将醇亲王奕譞之子——四岁的载湉立为皇子，继承皇位，就是光绪帝。载湉之所以继承了皇位，一是因为他有双重高贵的血统；二是因为载湉才四岁；三是因为他的父亲奕譞便于控制。

　　载湉一当上皇帝，便决定了他的傀儡地位。

　　同治十三年十二月初五日（1875年1月12日），同治帝病逝，在位十三年，死时十九岁。

　　关于同治帝的死因，历来众说纷纭，不得其解。大体有四种说法，一是梅毒说；二是天花说；三是疥疮说；四是梅毒加天花说。

　　以上四说，究竟孰是孰非？笔者认为，同治帝应是死于梅毒。

同治帝载淳画像

11

患了梅毒症的同治帝自知病将不治，便在生前安排后事，留下了一个遗诏。必须说明的是，正史中有一个同治帝遗诏。《清穆宗实录》载有此文，清楚标明是《大清皇帝遗诏》。但这个遗诏是在同治帝死后按照慈禧的旨意撰写的，体现的是慈禧不可更改的意图。笔者说的不是这个遗诏，而是另一个只在野史中记载的秘密遗诏。

据野史载，这个遗诏是同治帝在屏退众人的情况下，单独亲自口授给他的师傅、军机大臣李鸿藻的。

李鸿藻（1820—1897），字季云，号石孙，又号兰孙、砚斋。直隶（今河北省）高阳县人。咸丰进士，授编修。同治元年（1862），四十二岁擢为侍讲，担任同治帝的师傅。三年（1864），四十四岁升为内阁学士，署户部左侍郎（副部长）。四年（1865），四十五岁受命任军机大臣上学习行走。五年（1866），四十六岁晋升在军机大臣上行走。十一年（1872），五十岁任武英殿总裁，升工部尚书（部长）。同年，加太子少保衔。十三年（1874）十一月初一日至初八日，同治帝病情严重，不能上朝处理政务时，曾把阅折批折权先是交给了李鸿藻，后又交给了李鸿藻和奕䜣。这足以说明同治帝对李鸿藻是非常信任的。因为阅折批折权是皇权的集中体现，把这个权力交给谁，就等于部分地交出了皇权。

据说，同治帝是在寝宫单独召见军机大臣李鸿藻的。李鸿藻不知何事，诚惶诚恐地来晋见同治帝。他受命打开门帘，弯腰低眉地走进寝宫。

此时，同治帝的皇后阿鲁特氏正在病榻旁侍候病人，看到突然进来的李鸿藻，急忙想躲开。然而，同治帝却示意阻止她离开，并说："不必了。师傅是先帝的老臣，论辈你应该是门生媳妇。待一会儿我有重要的话说，你应该听听，何必躲开呢？"阿鲁特皇后听这么说，也就留了下来。

李鸿藻进得屋来，突见皇后在旁，吓得急忙摘下帽子，跪倒在地。毫无思想准备的同治帝见状，慌忙阻止道："师傅快快请起，这种非常之时，哪里是讲礼节的时候啊！"于是同治帝紧紧拉着李鸿藻的手，伤感且失望地说道："朕的病是治不好了！"李鸿藻闻听此言，失声痛哭，皇后也啜泣起来。同治帝一看此情此景，忙又制止道："现在不是哭的时候啊！"于是看着皇后，凄切地说："朕倘若真的不在了，必然要先立个继位的皇子，你认为谁最合适，可快先说给我听听。"阿鲁特皇后胸中无数，不能马上指实何人，但有一点她是明确的，于是侃侃答道："国家的兴衰依靠年长

12

的国君。我实在不愿意担个太后的虚名，抱一个没成年的幼子。如果这样，就会给祖宗社稷带来无穷的祸患。"同治帝听到皇后通情达理的话，知道阿鲁特皇后同意不立小孩子为帝，微笑着说："你懂得这个礼数，我也没有什么可以担心的了！"于是，就放下心来同他信任的师傅重臣李鸿藻密商，最后决定以成年的贝勒载澍为继承人。同治帝当即口授遗诏，命李鸿藻在病榻旁记下，一共一千余字。谕旨一挥而就，同治帝索来细阅，然后对李鸿藻说道："写得

慈禧太后像

很好，把它留下吧。师傅暂时休息，明天也可能再见一面！"

李鸿藻深知这一切都是为了防备慈禧。而像如此重大的举动，慈禧早晚会知道的，到那时自己遭逢的必然是杀身之祸。深谙宫廷内幕和官场故技的李鸿藻出得寝宫外，抹了抹头上渗出的冷汗，越想越感到后怕，止不住浑身颤抖起来。后来慢慢冷静下来，他立刻前往储秀宫，要求晋见慈禧。慈禧不知何故，立刻予以接见。见面之后，李鸿藻急忙把上谕的底稿从袖筒里取出来，献了上去。慈禧阅毕，怒不可遏，把上谕撕了个粉碎，然后斥退李鸿藻。

这是在野史上关于同治帝口授密诏给军机大臣李鸿藻的最全面的记载。

有人说，同治帝临终前神志不清，不可能口授遗诏。

但据《翁同龢日记》记载，在临死前三天，同治帝神志清醒，毫不糊涂。而且，作为亲政的十九岁的皇帝，不会不考虑为自己确定继承人。由

13

于惧怕慈禧太后，密传既是师傅又是军机大臣的李鸿藻，安排继承人，是极有可能的。

为什么慈禧对立载澍为皇位继承人愤怒异常呢？这是因为载澍是成年人。载澍原是奕瞻之子，后来过继给道光帝第九子孚郡王奕譓为子，袭贝勒爵位。载澍和同治帝同辈，且是"载"字辈中年龄最长者，当时已是成年人。如他继位，慈禧就不能垂帘，皇权自然他属了。这是慈禧绝对不能容忍的。正因为如此，慈禧才毫不留情地撕碎了同治帝口授的秘密遗诏。

但是，宫廷秘闻，神秘莫测。是否真的有这个密诏，已经不可考了。这里为文艺家提供了艺术想象的余地。如果确有这个遗诏，我们便可以窥知同治帝的真正意图了。

关于同治帝之死，《清穆宗实录》记道："（同治十三年甲戌十二月）甲戌（初五日），上疾增剧……上疾大渐。酉刻（午后五时至七时），崩于养心殿东暖阁。慈安端裕康庆皇太后、慈禧端佑康颐皇太后御养心殿西暖阁，召惇亲王奕誴、恭亲王奕䜣、醇亲王奕譞、孚郡王奕譓、惠郡王奕详、贝勒载治、载澂，公奕谟，御前大臣伯彦讷谟祜、奕劻、景寿，军机大臣宝鋆、沈桂芬、李鸿藻，总管内务府大臣英桂、崇纶、魁龄、荣禄、明善、贵宝、文锡，弘德殿行走徐桐、翁同龢、王庆祺，南书房行走黄钰、潘祖荫、孙诒经、徐郙、张家骧入，钦奉懿旨：醇亲王奕譞之子载湉，著承继文宗显皇帝为子，入承大统，为嗣皇帝。"[1]

同治帝病逝后一个多小时，两宫太后便急匆匆驾临养心殿西暖阁。

为避免权力真空现象的出现，必须马上为同治帝确立继承人。两宫太后急忙召见诸位王公大臣。被召见的有：惇亲王奕誴、恭亲王奕䜣、醇亲王奕譞、孚郡王奕譓、惠郡王奕详，贝勒载治、载澂，公奕谟，御前大臣伯彦讷谟祜、奕劻、景寿，军机大臣宝鋆、沈桂芬、李鸿藻，总管内务府大臣英桂、崇纶、魁龄、荣禄、明善、贵宝、文锡，弘德殿行走徐桐、翁同龢、王庆祺，南书房行走黄钰、潘祖荫、孙诒经、徐郙、张家骧。

以上亲王、郡王、贝勒、公，御前大臣、军机大臣、总管大臣，弘德殿行走、南书房行走共二十九位，参加了御前会议。这是一个十分重要的

① 《清穆宗实录》，第374卷，第3页。

会议。这一干贵胄重臣心事重重地晋见两宫皇太后。他们知道，此次召见是为了商议确定皇位继承人。慈禧太后因住过紫禁城西六宫的长春宫，习称西太后；慈安太后因住过紫禁城东六宫的钟粹宫，习称东太后。

同治帝病逝，无子继位。按照清朝祖宗家法，应该在皇族近支晚一辈中选一人，作为死去皇帝的继承人。清圣祖康熙帝以后，宗室子孙命名时辈分排行用字是：永、绵、奕、载、溥、毓、恒、启。同治帝载淳属"载"字辈，其晚一辈的应为"溥"字辈。同治帝死，按照清朝祖制家法，应该在"溥"字辈中选一人来接替载淳的皇位。如果真的这样，慈禧便因孙辈为帝而被尊为太皇太后。太皇太后"虽尊而疏"，就不能实行垂帘而治、重握皇权了。因此，选谁为继承人干系甚大。

这是参加御前会议的王公大臣们都明了于心的。

御前会议的真实情况正史无详细记载。

稗史中有的记载比较可信。据说，两宫皇太后见到跪满一地的诸位王公大臣，悲伤地哽咽道："皇帝病已不治，继承人没定，谁担当继承人最合适呢?"有的人建议溥伦最合适。溥伦是道光帝之皇长子隐志郡王奕纬的长孙，由他来继承皇位是比较合适的。但是，溥伦的父亲载治不是奕纬的亲生子，而是从旁支过继来的继承子，血统较疏，不能视为近支宗室，所以很有发言权的惇亲王奕誴认为"疏属不可"而否认了这一提议。这正合了两宫皇太后，尤其是慈禧的本意。因为慈禧不想在"溥"字辈中挑选继承人。她不想当那个有名无实的太皇太后。

正史也有这方面的记载，如《清穆宗实录》《光绪朝东华录》等。

据参加御前会议、当时任弘德殿行走的翁同龢的记载，会议内容简洁，没有任何争论。会议一开始，慈禧便直截了当地提出，以后继续实行垂帘听政体制如何? 枢臣中有的提出"请择贤而立"，但是并没有多说什么，众王公大臣只是一味地"恳乞垂帘"。也就是说，垂帘听政的政治体制得到众王公大臣的一致赞同。在这个前提下，再来议立皇位继承人。老于世故并明哲保身的王公大臣们纷纷缄默其口，不知慈禧的葫芦里究竟卖的是什么药。

在一再推辞后，慈禧终于亮出了底牌："咸丰皇帝只有同治帝这么一个皇子，再没有皇子了。现在同治帝不幸病故，在'载'字辈中找一个年长的人，我们实在不愿意，因为不好教育。只有年幼者，才好教育。现在一语既定，永无更移，我们二人是同一想法，你们听好。我们决定醇亲王奕譞的儿子载湉为咸丰皇帝之子，继承皇位。"

《清穆宗实录》记道："钦奉懿旨：醇亲王奕譞之子载湉，著承继文宗显皇帝（咸丰帝）为子，入承大统，为嗣皇帝。"[1]

醇亲王奕譞听到这一决定，如晴天霹雳，不知所以，"惊遽敬唯，碰头痛哭，昏迷伏地，掖之不能起"。奕譞这种极为反常的表现，正反衬出他是一位颇为成熟的很有远见的政治家。亲儿子当了皇帝，他的第一反应却是大祸临头，这怎能让人们理解呢！

两宫太后命军机大臣撰写懿旨，并当即宣布："醇亲王奕譞之子载湉，著承继文宗显皇帝（咸丰帝）为子，入承大统，为嗣皇帝。"同时命军机大臣撰写大行皇帝同治帝的遗诏，也立即宣布，此遗诏进一步认可了载湉为咸丰帝的嗣皇帝。

关于同治帝遗诏，《清穆宗实录》记道："奉大行皇帝遗诏曰：朕蒙皇考文宗显皇帝（咸丰帝）覆载隆恩，付畀神器，冲龄践祚，寅绍丕基。临御以来，仰蒙两宫皇太后垂帘听政，宵旰忧劳。嗣奉懿旨，命朕亲裁大政，仰维列圣家法，一以敬天法祖，勤政爱民为本。自维薄德，敢不朝乾夕惕，惟日孜孜。十余年来，秉承慈训，勤求上理，虽幸官军所至，粤捻各逆，次第削平。滇黔关陇，苗匪回匪，分别剿抚，俱臻安靖。而兵燹之余，吾民疮痍未复。每一念及，寤寐难安。各直省遇有水旱偏灾，凡疆臣请蠲请赈，无不立沛恩施。深宫兢惕之怀，当为中外臣民所共见。朕体气素强，本年十一月适出天花，加意调摄。乃迩日以来，元气日亏，以致弥留不起，岂非天乎？顾念统绪至重，亟宜传付得人。

兹钦奉两宫皇太后懿旨：醇亲王奕譞之子载湉，著承继文宗显皇帝为子，入承大统，为嗣皇帝。特谕。嗣皇帝仁孝聪明，必能钦承付托。天生民而立之君，使司牧之。惟日矢忧勤惕励，于以知人安民，永葆我丕丕基，并孝养两宫皇太后，仰慰慈怀。兼愿中外文武臣僚，共矢公忠，各勤厥职，用辅嗣皇帝至隆之治，则朕怀藉慰矣。丧服仍依旧制二十七日而除，布告天下，咸使闻之。"[2]

---

① 《清穆宗实录》，第374卷，第4页。
② 《清穆宗实录》，第374卷，第4页。

这个遗诏，主要强调了两点：其一，肯定了同治帝的一生是"敬天法祖"的，是"勤政爱民"的。其二，重申了两宫皇太后的懿旨是正确的，是及时的。

但这里有一个明显的漏洞，即嗣皇帝载湉和同治帝载淳是何关系。为了弥补这一漏洞，又颁布了两宫皇太后的懿旨："皇帝龙驭上宾，未有储贰。不得已以醇亲王奕譞之子载湉承继文宗显皇帝为子，入承大统为嗣皇帝。俟嗣皇帝生有皇子，即承继大行皇帝为嗣。特谕。"皇帝的训谕，称谕旨；太后的训谕，称懿旨；储贰，又称储副、储君，即太子，指已确定为继承皇位的人；龙驭上宾，意思是乘龙升天，做天帝的嘉宾去了。过去用作皇帝死时的专用语。

这就是说，因为已死的同治帝没有皇子，无法为他安排皇位继承人。只好把载湉过继给咸丰帝为子，作为嗣皇帝继承咸丰帝的皇位。等到将来载湉有了皇子，再继承已死的同治帝的皇位。言外之意，慈禧皇太后仍然是皇太后，因为载湉是咸丰帝的嗣皇帝，而不是同治帝的嗣皇帝。这样，最高的皇权就仍然牢牢地掌握在慈禧的手中。

载湉一继位，便决定了他傀儡的命运。

慈禧为什么选中载湉为咸丰帝的嗣皇帝呢？

一是载湉为道光帝第七子醇亲王奕譞的儿子，与同治帝载淳同属"载"字辈的兄弟。奕譞的福晋又是慈禧的亲妹妹。这样，慈禧既是载湉的伯母，又是载湉的姨妈，具有双重血统关系，可谓亲上加亲。现在继承咸丰帝的皇位，作为咸丰帝皇后的慈禧自然就名正言顺地当上皇太后了。

二是载湉年仅四岁，慈禧仍可垂帘多年。而载湉年幼，易于管教，便于驾驭。

三是奕譞比奕䜣容易控制，而其亲妹妹在辛酉政变中"居间传语，厥功甚伟"，也是完全可以信赖的人。

因此，慈禧选择了载湉。

当夜，四岁的载湉便被请进了皇宫，继承了皇位。改元光绪，"意谓缵道光之绪也"，就是继承发扬道光皇帝的统绪。

慈禧太后的这个决策，突破了清朝皇位继承制度的家法，是对清朝皇位继承制度的一个重大变更。

清朝皇位继承制度，如果从努尔哈赤算起，有四种形式。

第一种形式是八大贝勒共同议定继承人。努尔哈赤死后，八大贝勒共同议定皇八子皇太极继位，称天聪汗。

第二种形式是幼子继位，老臣辅政。皇太极死，六岁的顺治帝福临继位，郑亲王济尔哈朗和睿亲王多尔衮二王辅政；顺治帝死，八岁的康熙帝玄烨继位，索尼、苏克萨哈、遏必隆、鳌拜四臣辅政；咸丰帝死，五岁的同治帝载淳继位，载垣、端华、肃顺、景寿、穆荫、匡源、杜翰、焦佑瀛八臣辅政。就都是这种政权形式。

第三种形式是公开立储。康熙帝在位六十一年，曾实行公开立储。他二废二立皇太子，深受公开立储之苦。直到临死前，他才确立储君为皇四子胤禛。

第四种形式是秘密建储。雍正帝胤禛总结了历朝及本朝正反两方面的经验教训，提出了秘密建储法。以后几朝，如乾隆帝、嘉庆帝、道光帝，都采用了这个聪明的方法。

而慈禧太后由于遇到了同治帝无子的特殊情况，她只能从宗室近支寻找一个继承人。她最终实行的就是幼子继位、两宫垂帘的政治体制。这是一个不同于清朝前四种继承制度的新的继承制度。这是慈禧太后对清朝祖制的一个重大变更。

二　嘉顺皇后　被迫自戕

同治帝的皇后阿鲁特氏被封为嘉顺皇后。嘉顺皇后之死，是一桩历史之谜。同治帝死后，嘉顺皇后处于十分尴尬的地位。因嘉顺无子，她当不了皇太后。同治帝载淳的堂弟光绪帝载湉继位，慈禧和慈安顺理成章地当上了两宫皇太后。

这样，嘉顺就没有了人间的位置。她只有走向自戕之途。

同治帝载淳死后，他的皇后阿鲁特氏也死去了。阿鲁特氏之死，是个历史之谜。

阿鲁特氏是户部尚书崇绮之女。

崇绮（？—1900），字文山，大学士赛尚阿之子。同治三年（1864）中状元。同治十一年（1872）其女被选为皇后。他被封为三等恩承公。自此，官运亨通，升任内阁学士、户部侍郎、吏部侍郎等官职。以后历任热河都统、盛京将军及户部尚书等。

同治帝死，光绪帝继位，两宫太后懿旨，封阿鲁特氏为嘉顺皇后。光绪元年二月二十日（1875年3月27日），不料嘉顺皇后突然死去，年仅十九岁。

关于她的死，当时便有种种传闻。有的说是吞金，有的说是绝

崇 绮

食，有的说是服毒。《越缦堂国事日记》说："后（阿鲁特氏）即服金屑，欲自杀以殉，救之而解。"《李鸿藻先生年谱》记当时人说："其后（阿鲁特氏）之崩，盖绝食也。"《德宗承统私纪》说："又以孝钦（慈禧）不为穆宗（同治帝）立后，以寡嫂居宫中，滋不适，乃仰药殉焉。"

嘉顺皇后之死确是一桩疑案。她死得很突然。冰冻三尺，非一日之寒。慈禧不喜欢嘉顺皇后，"不得太后（慈禧）欢"。据说，慈禧爱看戏，皇后陪侍左右，演到不甚雅观的内容时，皇后转过脸去不看，引起慈禧的不满。

皇后身边的人看出点问题，提醒皇后要注意搞好同慈禧的关系，否则恐怕于己不利。但年轻且不谙世事的皇后却骄傲地说："让我去尊敬她，可以；让我去谄媚她，办不到。我是奉天地祖宗之命，由大清门堂堂正正地迎进来的，不是谁能轻易动摇得了的。"有的人将这个话密告慈禧，慈禧由此更加切齿痛恨于她。慈禧认为皇后是在讥讽自己不是由大清门迎入的，而是由贵人一级级爬上来的。这是自尊心极强的慈禧所不能容忍的。

以后，慈禧对皇后便百般挑剔。同治帝患病，皇后不敢去侍奉，慈禧就大骂她"妖婢无夫妇情"。同治帝弥留之际，皇后哭着前往探视，并且

19

皇后阿鲁特氏

为同治帝擦拭脓血，慈禧又大骂："妖婢，此时犹狐媚，必欲死尔夫耶！"

慈禧为什么这么仇恨皇后呢？一方面是因为慈禧在为同治帝选皇后时就不喜欢她；另一方面是因为皇后不善逢迎。但最主要的是未来的皇权之争，这是问题的实质。

对此野史有记载，可供我们参考。《清朝野史大观》记道："及帝弥留之际，后不待召，哭而往，问有遗旨否，且手为拭脓血。帝力疾书一纸与之。尚未阅竟，忽慈禧至，见后悲惨，手拭帝秽，大骂曰：'妖婢，此时尔犹狐媚，必欲死尔夫耶！皇帝与尔何物，可与我。'"

又有记载说："及上（同治帝）崩，德宗（光绪帝）立，毅皇后（阿鲁特氏）以与所草之遗诏不符，剧悲痛。事为那拉氏（慈禧）所知，亟召至，遽批其颊曰：'尔既害吾子，尚思做皇太后耶？'毅皇后跪于地，泣不止，久之，始还宫，益痛不欲生。"

仔细品味这些记载，都透露出一个重要信息，即几乎都围绕一个皇权继承问题。慈禧与嘉顺之争，决不是一般的婆媳不和，而是更深层次的皇权归属之争。初出茅庐的嘉顺皇后哪里是久经沙场的慈禧太后的对手。光绪帝继位后，两宫皇太后以太后的身份垂帘，嘉顺皇后便处于十分难堪的地位。她本应是太后，但做不了太后。做皇后吧，将来光绪帝亲政后必然要立个皇后。就是说，阳间已经没有了她的位置。

于是，就把她逼上了绝路。其父崇绮关心自己的女儿，入宫探视，分析情况。他很有政治头脑，上奏折问慈禧怎么办，慈禧明确地答道："皇后如此悲痛，即可随大行皇帝去罢。"皇帝死了，还没有下葬，叫大行皇帝。据说嘉顺皇后在走投无路时，问计于其父崇绮，崇绮狠狠心，批了个

光绪皇帝

"死"字。死，也许是嘉顺皇后最好的解脱。父亲崇绮这样做也是不得已的。

关于她的死，除野史外，正史亦有记载。《清史稿》记道："穆宗孝哲毅皇后，阿鲁特氏，户部尚书崇绮女。同治十一年九月，立为皇后。十三年十二月，穆宗崩，德宗即位，以太后命，封为嘉顺皇后。光绪元年二月戊子，崩，梓宫暂安隆福寺。二年五月，御史潘敦俨因旱上言，请更定谥号，谓：'后崩在穆宗升遐百日内，道路传闻，或称伤悲致疾，或云绝粒陨生。奇节不彰，何以慰在天之灵？何以副兆民之望？'"①

关于嘉顺皇后，《清列朝后妃传稿》亦有较详细记载，文曰："穆宗孝哲毅皇后阿鲁特氏，蒙古正蓝旗人。父崇绮。同治十一年，帝行大婚礼，纳为后。封崇绮三等恩承公，族入满洲镶黄旗。明年十二月，穆宗崩，德宗立，后居储秀宫，号嘉顺皇后。光绪元年二月，崩。帝谕曰内阁：嘉顺皇后作配大行，侍奉两宫，孝敬无违，壸仪足式。痛经大故，过甚毁伤，遂抱沉疴，遽尔崩逝，哀痛实深。丧仪其命礼亲王世铎等恭理，典礼如例。上谥曰：孝哲嘉顺淑慎贤明宪天彰圣毅皇后。明年御史潘敦俨因旱陈言，请更定谥号谓：后之崩在穆宗升遐百日内。道路传闻，或称悲伤致疾，或云绝粒陨生。以母仪天下之德，而有首阳之风，奇节不彰，何以慰在天之灵？何以副兆民之望？太后斥其言谬妄，罪之。后谥竟如故。光绪三十四年，今上即位，加上尊谥曰：孝哲嘉顺淑慎贤明恭端宪天彰圣毅皇后。"②

无论《清史稿》，还是《清列朝后妃传稿》，都没有提到嘉顺皇后是自杀而亡的。潘敦俨御史的奏折里透露出的信息是明确的，即嘉顺皇后是绝食而亡。奏折直指慈禧太后。

慈禧绝对不允许有人公开攻讦自己。她毫不犹豫地降旨处分了大胆的潘御史："其言无据，斥为谬妄，夺官。"罢了潘御史的官，也就封了抱不平者的嘴。

然而，种种迹象表明，嘉顺皇后确实是在走投无路的情况下自戕的。

虽然载湉继承了皇位，但到底继承的是谁的皇位，似乎不十分明确。是继承咸丰帝的，还是继承同治帝的，还是继承他们二人的？吏部主事吴可读想要考究明白，想要为同治帝立嗣，并因此而自杀。

---

① 《清史稿》，第214卷，第30册，第8930页。
② （清）张孟劬：《清列朝后妃传稿》（下），第109页。

第三章　吴氏尸谏　二度垂帘

一　吴氏尸谏　震惊朝野

光绪元年正月十五日（1875 年 2 月 20 日），内阁侍读学士广安上一奏折。其中心议题是请求为将来光绪帝的皇子承继同治帝为嗣颁立铁券，永不更易。广安建议召开王公、大学士、六部、九卿会议，进行讨论。他先是恭维说，慈禧选择光绪帝作为咸丰帝的继承人，"宸衷经营，承家原为承国；神算悠远，立子即是立孙"，"计之完全，未有过于此者"。[①] 看起来，广安完全肯定了慈禧的做法，但他笔锋一转，便建议颁立铁券，以防变化。广安的真实用意是对慈禧立光绪帝表示不满，唯恐慈禧以后再生花样，想用铁券限制慈禧。

慈禧太后像

慈禧本来心中有鬼，担心人们公开讨论这个问题。不承想冒出这么个不懂事的劳什子，竟然倡议讨

① 《光绪朝东华录》，第 1 册，总第 22 页。

论它。是可忍，孰不可忍？慈禧立即颁一懿旨，称他"冒昧渎陈，殊堪诧异。广安著传旨申饬"。教训教训广安，其他想要发难的人便也老实了。就这样，便压下了关于立嗣的种种议论。

但是，事情并没有完。

过了四年，即光绪五年闰三月初五日（1879年4月25日），吏部主事吴可读在随同吏部参加祭礼时服毒自尽。这在当时是轰动朝野的一件大事。吴可读自尽时，遗有存封密折一匣，遗书嘱咐转呈吏部代递。吴可读密折内称："……乃天崩地坼，忽遭十三年十二月初五日之变。即日钦奉两宫皇太后懿旨：大行皇帝龙驭上宾，未有储贰。不得已以醇亲王之子承继文宗显皇帝为子，入承大统为嗣皇帝。俟嗣皇帝生有皇子，即承继大行皇帝为嗣。特谕。罪臣涕泣跪诵，反复思维，窃以为两宫皇太后一误再误。为文宗显皇帝（咸丰帝）立子，不为我大行皇帝（同治帝）立嗣。既不为我大行皇帝立嗣，则今日嗣皇帝所承大统，乃奉我两宫皇太后之命，受之于文宗显皇帝，非受之于我大行皇帝也……名位已定者如此，况在未定。不得已于一误再误中，而求一归于不误之策。惟有仰乞我两宫皇太后再行明降以谕旨，将来大统仍归承继大行皇帝嗣子……"①

吴可读为什么自尽呢？原来仍然是为了立嗣。他在遗留的这个密折里说，两宫太后为咸丰帝立子，而没有为同治帝立嗣，是"一误再误"。要求两宫太后明降懿旨，将来大统仍归同治帝。这是在为同治帝立嗣的问题上公开而勇敢地指责慈禧，可谓空谷足音，难能可贵。除了已经自杀的吴可读，谁还敢对滥施淫威的慈禧妄置一辞呢？吴可读要求再明降一旨，申明将来大统仍归同治帝的嗣子。他之所以"昧死具陈"，其目的盖原于此。

吴可读认为慈禧破坏了清朝的祖制，他是在向慈禧发难。这个愚执的吴可读！

针对吴可读的死谏，慈禧不能装聋作哑，必须直接面对。慈禧以两宫太后的名义立即明降懿旨，予以回应，旨曰："钦奉慈安端裕康庆昭和庄敬皇太后、慈禧端佑康颐昭豫庄诚皇太后懿旨：吏部主事吴可读服毒自尽，遗有密折，代为呈递。折内所称请明降懿旨，预定将来大统之归等

---

① 《光绪朝东华录》，第1册，总第725页。

语。前于同治十三年十二月初五日降旨，嗣后皇帝生有皇子，即承继大行皇帝为嗣。此次吴可读所奏，前经降旨，即是此意。著王、大臣、大学士、六部九卿、翰詹科道，将吴可读原折，会同妥议具奏。"①

面对挑战，慈禧不像上次采取简单的压服方法，而是变换招数。她想借众人之口为自己辩护。她深知舆论的重要性。她要控制舆论。她立刻降一懿旨，说明吴可读此奏没有什么新意，同以前我所降的懿旨没有区别，我也"即是此意"。这是在暗示大臣们上奏应该如何措辞。又命王、大臣、六部九卿、翰詹科道讨论吴可读原折，提出妥善处理办法。

四月初一日，有关官员分赴内阁阅看吴折，并进行了讨论，然后分别上了奏折。

礼亲王世铎奏，吴可读根本没有理解领会慈禧以前所降懿旨，"未能细心仰体"。并说其实吴折所要求的做法，慈禧的懿旨早已指明了。吴可读的奏折纯属妄议。他认为吴折"毋庸置议"，不必理他。

大学士徐桐、翁同龢、潘祖荫奏，吴可读预定大统的说法是不可行的。因为"我朝家法，不建储贰"，即清代祖制不准公开预定皇位继承人。这是祖宗遗训，应万世恪守。你吴可读的死谏是在破坏祖宗家法。

侍读学士宝廷奏折认为，吴可读"神智瞀乱"，即精神不正常，不可能正确理解慈禧原懿旨的含义，所以才有此一举。

国子监司业张之洞奏折认为，吴可读坚持生子即定为同治帝之嗣，"将类建储"，即同建储很相似，而这是我朝家法所不容的。立储是"大戒"，是不可行的。

侍读学士黄体芳、御史李端棻也上了奏折，内容与前大同小异。

这些奏折，对慈禧是一片赞扬声，对吴可读是一片斥责声。

舆论一边倒。慈禧暗自得意，于是在四月初十日降一懿旨，毫不客气地指出："吴可读所请预定大统之归，实与本朝家法不合。"又说，将来光绪帝诞生皇子，光绪帝本人会慎重选择，"缵承统绪"的。何用你吴可读聒噪？但是你这个七品小官为此事自尽，"孤忠可悯"，交部照五品官例议恤吧！

① 《光绪朝东华录》，第 1 册，总第 727 页。

慈禧利用王公大臣们的奏折控制了整个舆论。权力便是舆论。这既为她选择光绪帝作为继承人制造了理论根据，又为以后确定光绪帝的继承人埋下了伏笔，可谓一箭双雕。

《慈禧外纪》对吴可读之尸谏极尽赞美："其功不可没也。盖其死也，实根于忠勇之天性，从容就义，视死如归，非匹夫血气之勇，士君子道光之勇也。其光明之怀，信道之笃，实令人叹仰不止。"①

吴可读反对慈禧之独裁专横固然是可嘉的，但平心而论，他所维护的仍然是封建的传统，从现在的角度看，他的举动是可笑、可悲、可怜的！

二　二度垂帘　慈禧如愿

载湉即位后，乖觉的王公大臣们早已洞悉慈禧的心思。他们知道下一步应该吁恳两宫太后垂帘听政。于是，王公、大学士、六部九卿等便合上奏章，哀哀恳求两宫垂帘听政。

第二天，即同治十三年十二月初七日（1875 年 1 月 14 日），两宫颁布懿旨，痛快地答应了实行垂帘听政。旨曰："览王、大臣所奏，更觉悲痛莫释，垂帘之举，本属一时权宜。唯念嗣皇帝此时尚在冲龄，且时事多艰，王、大臣等无所秉承不得已姑如所请，一嗣皇帝典学有成，即行归政。钦此。"②

慈禧认为垂帘是"一时权宜"，但皇帝年幼，不垂帘又不行，只能勉强答应。等到小皇帝长大成人，典学有成后，再归还政权。垂帘是慈禧的愿望，愿望要实现了，她又忸怩起来。

这是两宫，即慈禧的第二次垂帘听政。第一次是同治元年（1862）至同治十二年（1873），两宫太后实行垂帘。

与此同时，还有一个值得一书的大事。醇亲王奕谭经深思熟虑，于十二月初六日进一奏折。内称他突然听到择定亲生儿子载湉为嗣皇帝，仓促间昏迷过去，被抬回家，"身战心摇，如痴如梦，致触犯旧有肝疾等症，实属委顿成废"。为此，他正式提出辞职。

---

① ［英］濮兰德·白克好可：《慈禧外纪》，第 91 页。
② 《光绪朝东华录》，第 1 册，总第 4 页。

恭亲王奕䜣像　　　　　　　　军机大臣沈桂芬

　　七天之后，两宫正式批准奕谟辞去一切差使。奕谟如愿以偿，达到了目的。以后的历史证明，奕谟是很有政治预见性的。

　　两宫二度垂帘后，以奕䜣为首的军机处基本上没有变化。

　　光绪元年（1875）军机处由五人组成，即恭亲王奕䜣、武英殿大学士文祥、协办大学士宝鋆、协办大学士沈桂芬、工部尚书李鸿藻。

　　这个班子与辛酉政变后的班子比较，基本班底没有变动。除同治四年（1865），慈禧褫夺奕䜣的议政王职外，其他的人事变动，均属自然减员性质，没有大风波。这个班子是较有威望、较有能力、较有效率的。

　　清朝的内阁居一切官署之首，内阁的大学士和协办大学士是文臣最高的荣称。大学士满、汉各二人，正一品，兼殿、阁及六部尚书衔。殿三个：保和殿、文华殿、武英殿；阁三个：体仁阁、文渊阁、东阁。协办大学士，满、汉各一人，从一品。

　　大学士名次是分先后的。恽毓鼎在《澄斋日记》记道："大学士名次先后，以殿阁为序：首保和殿，次文华殿，次武英殿，次文渊阁，次东阁，次体仁阁。保和殿不常设。文华自李（李鸿章）、荣（荣禄）二文忠

军机大臣文祥

军机大臣宝鋆

逝后，亦不设。现以仁和（王文韶）居武英为首辅，内阁公事皆秉承焉。不分满汉，东阁即内阁也。以其在太和门之东，故名。"①

大学士和协办大学士有点类似现在国务院的国务委员。

二度垂帘的慈禧需要的是稳定。政局的稳定是最重要的。因此，她没有变动原来的军机处。这是作为政治家的慈禧的明智之举。慈禧对这个班子大体上是信任的。

---

① 恽毓鼎：《澄斋日记》，第233页。

第四章　幼帝受宠　典学授读

一　慈禧关心　幼帝受宠

稗官野史不负责任的描写给读者留下的印象，似乎慈禧早就对小皇帝载湉极尽虐待之能事，不让他吃饱，不让他穿暖，不让他玩好。慈禧对他横眉立目，冷若冰霜，残酷至极。

这种说法最早见于梁启超的《戊戌政变记》。他在这本书里专门设立一章，即"西后虐待皇上情形"，指斥慈禧残酷虐待小时候的光绪帝。他引用的据说是义烈宦官寇连材的笔记，借此揭露慈禧。笔记说："中国数百兆人中境遇最苦者，莫如我皇上。盖凡人当孩童时，无不有父母以亲爱之。顾复其出入，料理其饮食，体慰其寒暖。虽在孤儿，亦必有亲友以抚之也。独皇上五岁即登极，登极以后，无人敢亲爱之。虽醇邸之福晋，（醇亲王之夫人，皇上之生母）亦不许亲近，盖限于名分也。名分可以亲爱皇上者，唯西后一人。然西后骄侈淫逸，绝不以为念。故皇上伶仃异常。醇邸福晋每言及，辄涕泣云。

皇上每日三膳，其馔有数十品，罗列满案。虽离御座稍远之馔，半已臭腐，盖连日皆以原馔供也。近御座之馔虽不臭腐，然大率久熟干冷不能可口，皇上每食多不能饱。有时欲令御膳房易一馔品，膳房必须奏明西后，西后辄以俭德责之。故皇上竟不敢言。

西后待皇上无不疾言厉色。少年时每日呵斥之声不绝，稍不如意，常加鞭挞，或罚令长跪。故威积久，皇上见西后如对狮虎，战战兢兢，因此胆为之破。至今每闻锣鼓之声，或闻吆喝之声，或闻雷，辄变色云。"①

---

① 梁启超：《戊戌政变记》，中华书局1954年版，第57页、第111页。

儿时的光绪

据梁启超说，以上内容出自寇连材的笔记。梁启超没有说明这个笔记出自何处，又是怎样辗转到他的手里。我们只知道，只有梁启超一个人说看到了寇的笔记，这显然是一个孤证。

我们还知道，梁启超在《戊戌政变记》里为戊戌六君子分别立传。在他们的传的后面附录《烈宦寇连材传》。而说到寇连材上书事，则说到全折共十条，但梁只说了三条：一请太后勿揽政权，归政皇上；二请勿修圆明园，以幽皇上；三言皇上今尚无子嗣，请择天下之贤者立为皇太子，效尧舜之事。"其余数条，言者不甚能详之。大率人人不敢开口之言。"不管怎么说，充其量梁启超只知道这三条。

但这三条是真的吗？

光绪帝的师傅、军机大臣、户部尚书翁同龢，在光绪二十二年二月十七日（1896年4月9日）日记中记道："又闻昨日有内监寇万（连材）者，戮于市，或曰盗库，或曰上封事。"

直隶总督、北洋大臣王文韶在光绪二十二年二月二十六日（1896年4月8日）的日记中记道："本月十六日有奏事处太监寇联才（连材）条陈十事，奉旨即行正法，究不知所言何事也？前日闻之裕寿帅云。"

翁同龢、王文韶都是处于宫廷上层的亲信重臣，连他们也不清楚寇连材因何被杀，所言何事，说明当时的高级官员的圈内人对此事也是冥蒙不清。既然如此，梁启超又怎么能得到上书的原件，知道其内容呢？

事实上，近年来历史学者戚其章撰文披露了《寇连材死谏折》，揭示了寇连材上书的全部内容。而这个《死谏折》的内容，同梁启超所说的那个上书的内容迥然不同。由此，我们只能得出梁启超的说法是来自传闻，是没有根据的。

29

既然上书的内容是来自传闻，我们就有根据怀疑梁启超所说的寇连材笔记的真实性。因为那个笔记也只是梁启超个人说的，是得不到佐证的一个孤证。所以，我们就有理由怀疑其笔记内容的真实性了。

　　其实，笔记所述的内容，如细加体味是不难发现其破绽的。虽然戊戌政变后慈禧苛待光绪帝，但不能由此推断慈禧一定在光绪帝幼时便苛待他。

　　这里可以引用军机大臣瞿鸿禨直接听到的慈禧的一段话，来了解慈禧对幼时的光绪帝的态度：

　　　　外间疑我母子不如初乎？试思皇帝入承大统，本我亲侄。以外家言，又我亲妹妹之子，我岂有不爱怜者？皇帝抱入宫时才四岁，气体不充实，脐间常流湿不干，我每日亲与涤拭。昼间常卧我寝榻上，时其寒暖，加减衣衿，节其饮食。皇帝自在邸时，即胆怯畏闻声震，我皆亲护持之。我日书方纸课皇帝识字，口授读四书诗经，我爱怜惟恐不至，尚安有他？①

　　小皇帝载湉是受到慈禧宠爱的。她不仅在生活上关心他，也在精神上塑造他。她要营造一个有利于小皇帝成长的特殊环境。她命令为小皇帝配备的太监必须是老成持重的。

　　慈禧的御前女官德龄在其所著《瀛台泣血记》里写道："论到光绪的日常生活，倒也并不怎么简单。每天早上，差不多在六点钟的光景，他总要醒了。他一醒是马上要喊起来的，于是王商便忙着赶进去给他穿上衣服，端洗脸水，侍候他梳洗。除了王商以外，另外有两个太监，也是一般会替他这样照料着的。大概他们三个人自己先分好了班，每隔几天这样轮流当差的。光绪在起身之后，第一件使他高兴的事，就是看那些小太监们替他忙着准备早膳。而当他们在一路给他穿衣服的时候，他也觉得很有趣。因为他们总是非常的小心，非常的和顺。

　　"平常日子，他多半穿的是一件淡蓝色的长袍，上面罩着一件淡红色的比甲。这件比甲是很长的，从肩上一直要罩到脚尖。他的头上戴着一顶

────────────────

　　① 瞿鸿禨：《四种纪略》，《戊戌变法》丛刊，第4册，第223页。

黑缎子的围帽，帽顶上有一颗用丝带打就的结子。结子下面，还披着许多像流苏一样的红线，帽子上也有花纹绣着，那是许多金色的长寿字。在当初，普通人的帽子上也是绝对不准用一些金色或黄色的，只有皇上才可以。不过在皇上所穿的便服上，也不大用黄色或金色，只有逢到什么大典时候所穿的礼服上，才用这两种颜色为主。在他这一顶帽儿上，前部的正中，还有一颗很大的珍珠缀着，也是平常人所不常有的。他足上穿的是一双黑缎做的小靴，底是白的，就是所谓'粉底朝靴'了。

"当他们小心翼翼地替他穿好衣服之后，他差不多总是来不及再梳洗，便急着要吃他的早餐了。他的早餐也是很丰富的。除掉那个照例有的一百样小菜之外，还有许多乳酪、小米粥和松饼之类，给他准备着。只要他一坐下，便可以独自大模大样地吃起来了。虽然他只是这么大的一个小孩子，但一切侍候他的人是决不敢随便放肆一些的。不但这样，他们还随时提醒着光绪，使他不要忘记自己是一位万岁爷，万岁爷的餐桌上是没有第二个人可以坐上去的。"①

德龄因在慈禧身边任御前女官两年多，备受宠信。她在宫中同光绪帝有过多次直接接触。她目睹了光绪帝现在的生活，也会耳闻到光绪帝幼时的生活。因此，她的记载便有了一定的价值。她所说的幼年光绪帝的生活完全是一个真正皇帝的生活，有太监的躬腰侍候，有独享的华贵衣冠，有丰盛的百样菜肴。我们完全看不到他受虐待的影子。

真不知梁启超的那个寇连材的笔记是从哪里冒出来的。

身为伯母兼姨妈的慈禧对侄子加外甥的载湉，从小就关怀备至，爱护有加，是合乎常理的。反之，说慈禧对小皇帝载湉处心积虑地加以虐待和迫害，则是悖于情理的。

二　聘请名师　典学授读

光绪帝五岁就读，他的汉文师傅是著名的理学大师翁同龢。翁同龢既有国学功底，又有开拓意识。他不仅教导光绪帝汉文经典，还向光绪帝传播新学知识。这样，光绪帝在宫廷里就接触到了新的思想和观念。翁同龢

---

① 德龄原著，秦瘦鸥译述：《瀛台泣血记》，云南人民出版社1980年版，第77页。

翁同龢

注意引导光绪帝，让他不仅要懂得中国古代的典籍，而且更要了解当前的整个世界。这些做法，对光绪帝实行维新变法无疑起到了学识上奠基和思想上启迪的作用。

翁同龢是担任光绪帝的师傅时间最长、对光绪帝影响最大的师傅。

翁同龢（1830—1904），字叔平，号松禅，江苏常熟人。出生在官宦世家。其父翁心存历任道光、咸丰、同治三朝尚书、大学士等职。翁同龢咸丰六年（1856）会试，以一甲一名及第进士，授翰林院修撰。同治四年（1865）在弘德殿行走，任同治帝师傅。同治七年（1868）升国子监祭酒。光绪帝继位后，两宫太后便发布懿旨：命翁同龢入毓庆宫为光绪帝授读，不久升为户部右侍郎，充经筵讲官晋都察院左都御史。历任刑部、工部尚书。光绪八年（1882），任军机大臣。光绪十一年（1885），任户部尚书。

光绪元年正月二十日（1875年2月25日），四岁的小皇帝载湉在清宫太和殿举行了登基大典。

登基后不到一年，慈禧便计划小皇帝念书的问题了。其实，两宫太后就小皇帝念书一事，早于同治十三年十二月初十日（1875年1月17日），就专门发布了一道懿旨：

> 皇帝冲龄践阼，亟宜乘时典学，日就月将，以裕养正之功，而端出治之本。著钦天监于明年四月内选择吉期，皇帝在毓庆宫入学读书。著派署侍郎、内阁学士翁同龢、侍郎夏同善授皇帝读。其各朝夕纳诲，尽心讲贯，用收启沃之效。皇帝读书课程及毓庆宫一切事宜，著醇亲王妥为照料。至国语清文，系我朝根

本，皇帝应行肄习。蒙古语言文字及骑射等事，亦应兼肄，著派御前大臣随时教习，并著醇亲王一体照料。

这个懿旨主要指示了五点：

决定了开学时间，即明年四月；

指定了读书地点，即以毓庆宫为上书房；

选派了授课教师，即学识丰富的翁同龢与夏同善；

安排了总负责人，即载湉的本生父奕譞；

划出了所学课程，即除必修的汉文经典外，还要学习清文、蒙文及骑射。

接到懿旨的第二天，翁同龢与夏同善按照惯例提出辞呈，两宫挽留，他们也就勉为其难了。

过了些时日，由钦天监选定明年四月二十一日为入学读书日期。

对于小皇帝的成长问题，许多人都予以关注。御史吴镇便上一奏折，建议要慎重选择为小皇帝服务的太监，一定要选"恂谨老成者"。

这一奏折引起两宫太后的注意，她们感到应为此发一懿旨，进一步强调要极为慎重地挑选小皇帝周围的太监。于是在光绪二年正月初十日（1876 年 2 月 4 日）颁布懿旨：

> 皇帝于明年四月入学，允宜黜邪崇正，日进缉熙。所有毓庆宫一切事宜，前经降旨命醇亲王妥为照料。其随侍太监，自应慎选恂谨老成之人以供服役。著该王等随时稽查，如有积习未化，前后易辙者，即立予重惩，用示杜渐防微之意。①

这里重申选择的随侍太监必须是"恂谨老成"的。同时，对随侍太监要留心察看，发现问题，及时解决。问题大的，要对责任者予以重惩。而这一切的责任，都落在了醇亲王奕譞的肩上。

光绪二年四月二十一日（1876 年 5 月 14 日）是光绪小皇帝正式上学读书的日子。

---

① 《光绪朝东华录》，第 1 册，总第 187 页。

读书处是毓庆宫。毓庆宫是清代皇太子宫，位于内廷东路奉先殿与斋宫之间，始建于康熙十八年（1679）。这里是个美丽的所在，装修极为考究，真假门相通相隔，有"小迷宫"之称。此宫原来是康熙帝为皇太子允礽特别建造的。毓庆宫笼罩着光绪帝先祖的神秘的光环。乾隆帝为皇子时曾在此居住。乾隆帝十二岁入住，十七岁迁出。乾隆帝当太上皇时训政三年，也在此居住。同治帝在此读书，现在光绪帝也在此读书。

光绪像

上书房的作息时间是十分严格的。早晨天还没亮，皇子已开始就读了。据乾隆时在军机处任职的赵翼记载，他值班时进宫比较早，百官那时还没有到，只有内务府的苏拉（杂役）数人往来。黑暗中残睡未醒，常常倚着柱子假睡。但这时已隐隐可以望见，有白纱灯引导皇子，进毓庆宫上学去了。

熟知晚清掌故的光绪进士何刚德写道："从前近支王公子弟，令在上书房读书，余带引见。进内时，天皆未明，即见小王公纷纷下学。儒者本有三更灯火五更鸡之语。三更灯火，今则甫经上课。至五更鸡唱，则已回家安歇矣。"① 由此可知，皇子上学很早，是很辛苦的。

这一天，翁同龢与夏同善早早来到上书房恭候。还有王伯彦讷谟祜、贝勒奕劻及谙达广寿，后来恭亲王奕䜣也到了。卯正（早六时），载湉亲自到圣人堂向圣人孔子行礼。回到宫内，光绪帝坐北朝南，领受师傅们的三跪九叩礼。礼毕，光绪帝下了宝座，向他的老师们行作揖礼。老师们都下跪作答礼，然后开始授课。

翁同龢以笔蘸墨，写了"天下太平""光明正大"八个厚重端庄的颜体大字，然后握着光绪帝稚嫩的小手，在朱书红格纸上重描一遍。这就是描红。然后，翁同龢又拿出事先用黄绫裱成的两个方块字"帝德"，放在

① 何刚德：《春明梦录·客座偶谈》（下），上海古籍书店1983年版，第7页。

光绪皇帝

光绪帝面前，念了两遍，光绪帝照着念了两遍。此后，翁同龢进讲《帝鉴图说》的第一篇"三皇五帝"。翁同龢凭着给同治帝授读的经验，用浅显易懂的语言，结合神话传说，把原本枯涩难懂的内容讲解得通俗明白。光绪帝似乎听明白了，并用手指指着尧舜二帝像，显得很感兴趣。汉书结束后，伯彦又教了满文第一个字母。这时，恭亲王奕䜣传达两宫太后懿旨，光绪帝连日来身体不舒服，上课一二刻，即三十分钟就可以了。因此，课程便结束了。

从光绪二年四月二十一日（1876 年 5 月 14 日）始，至光绪十三年二月初三日（1887 年 3 月 4 日）光绪帝亲政止，这十一年间，光绪帝积极上课，获益匪浅。亲政后，光绪帝依然到毓庆宫听课，并同翁同龢讨论国家大事，寻求对策，"造膝独对"。这就引起了慈禧的警觉，因此，慈禧于光绪二十二年正月十三日（1896 年 2 月 25 日），下令裁撤毓庆宫书房。这就结束了光绪帝的读书生活。

二十多年的时间里，光绪帝所学的课程以汉文的儒家经典为主。其中包括《大学》《中庸》《论语》《孟子》《易经》《书经》《诗经》《春秋》《孝经》等，计二十余门课程。这些都是儒家的基本著作，宣扬的是封建的纲常名教，皇帝是必须首先掌握的。

但翁同龢同以往帝师的不同之处在于，他想把光绪帝培养成一个有远见、有能力、有作为的君主。因此，翁同龢更注重结合急剧变化的舆情和国情，对光绪帝实行现实教育。他在征得慈禧的同意后，又认真安排了新鲜的中外史地和激进的早期启蒙思想家的著作方面的课程，如魏源的《圣武记》《海国图志》，冯桂芬的《校邠庐抗议》，陈炽的《庸书》，汤震的《危言》，直隶候补道钱恂编著的《通商出入表》《关税出入表》《中外交涉表》，以及出使各国使臣的考察游记等。

同时，翁同龢还从军机处和内阁档案中挑选了有关轮船、机器、开矿、海防、海军等方面内容的奏折进行讲解，使光绪帝对洋务运动有较多的了解。

翁同龢还把从出使外国使节郭嵩焘、曾纪泽、张德彝、黎庶昌、马建忠等人那里听到的"海国见闻"讲给光绪帝听。这就增加了光绪帝的世界方面的知识。

翁同龢注意引导光绪帝，不仅要懂得中国古代的典籍，而且更要了解当前的整个世界。这些做法，对光绪帝实行维新变法无疑起到了学识上奠基和思想上启迪的作用。

翁同龢长期以来，既得到两宫太后的信任，又得到光绪帝的信任。光绪帝"每事必问同龢，眷倚尤重"。但是，随着亲政日期迫切，慈禧与光绪帝之间便产生嫌隙。当然，在这之前，慈禧对翁同龢还是十分信任的。

随着时间的流逝，慈禧让小皇帝逐渐参与朝政，培养他当皇帝的能力。

不过，此时慈安太后却突然故去了。

第五章 慈安病逝 陪坐金銮

一 慈安突亡 疑团纠结

慈安太后是正宫娘娘，是后宫的一把手，位于慈禧太后之前。慈安，钮祜禄氏，满洲镶黄旗人，广西右江道穆扬阿之女。生于道光十七年七月十二日（1837 年 8 月 12 日）。慈安比慈禧小两岁。咸丰二年（1852）二月，十五岁以秀女入选，封贞嫔。五月，晋封贞贵妃。六月，立为皇后。十五岁的慈安就当上了皇后。

可是，光绪七年三月初十日（1881 年 4 月 8 日），慈安太后突然死去。

慈安太后死得很突兀，才四十五岁，正当盛年，人们没有任何思想准备。因此，她死的当时，就产生了很多流言。有的说是被人谋害的，有的说是吞物自杀的，也有的说是正常死亡的。在流言中，谋害慈安的凶手就是慈禧了。慈禧谋害慈安的记载，在野史、笔记中流传甚广，几成泛滥之势。我们应该如何看待这些流言呢？到底是不是慈禧谋害了慈安呢？

1. 野史的猜测记载

关于她的死，出现了种种不同的说法。归纳起来，大体有三说：第一种是正常死亡说；第二种是被人害死说；第三种是吞物自杀说。

第一种，正常死亡说。光绪七年（1881）三月初十日当天颁下上谕：

初九日，慈躬偶尔违和，当进汤药调治，以为即可就安。不意初十日病情陡重，痰壅气塞，遂致大渐，遽于戌时仙驭升遐。

37

呼抢哀号，曷其有极。钦奉遗诰，丧服二十七日而除。朕心实所难安，仍穿孝百日，并素服满二十七月，稍申哀悃，以勉节哀思。①

这是朝廷颁布的正式哀告，写出了从发病到死亡的整个过程。不难看出，这个哀告宣布慈安是正常死亡。

第二种，被人害死说。被人害死说中的凶手，指的就是慈禧，说慈禧害死了慈安。这种说法又有两说。

其一，毒饼害死。这个说法最早来源于恽毓鼎的《崇陵传信录》："十一日（笔者按：应为十日），慈安闲立庭中，倚缸玩金鱼，西宫太监捧盒至，跪陈曰：'外舍顷进克食（满洲语，牛奶饼之类），西佛爷（慈禧）食之甚美，不肯独用，特分呈东佛爷（慈安）。'慈安甚喜，启盒，拈一饼对使者尝之，以示感意。旋即传太医，谓东圣骤痰厥，医未入宫，而凤驭上升矣。"②

慈安太后画像

这个说法，《清朝野史大观》又加铺演："二人坐谈时，慈安后觉腹中微饥，慈禧后令侍者奉饼饵一盒进。慈安后食而甘之，谓：'似非御膳房物。'慈禧后曰：'此吾弟妇所馈者，姊喜此，明日当令其再送一份来。'慈安后方以逊辞谢。慈禧后曰：'妹家即姊家，请弗以谢字言。'后一二日，果有饼饵数盒进奉，色味花式，悉如前。慈安后即取一二枚食之，顿觉不适，然亦无大苦。至戌刻，遽逝矣。年四十有五。噫，此可以想见矣。"③

这里有情节，有对话，比前一段记

---

① 《光绪朝东华录》，第 1 册，总第 1065 页。
② 恽毓鼎：《清光绪帝外传》，《清代野史》，第 4 册，第 3 页。
③ 《清朝野史大观》，第 1 辑，第 1 卷，第 86 页。

载有很大发展。

《述庵秘录》言简意赅:"孝贞故喜小食,薨日,慈禧以糕饼进御,逾数时薨。"

《十叶野闻》绘声绘色:"先是慈安故喜小食,常以点心盒自随,觉饥则任意取食,其间糕饼、饽饽,寒具之属罔不备。慈禧窥之稔,乃乘间言,有膳夫能制小食,颇极精致,愿献薄物,求太后鉴赏。慈安以为爱己,喜而受之,既食,适值召见军机之期,遂出坐朝,是时辛亥(辛巳)春三月十日也。进见者为枢府王大臣恭亲王奕诉、大学士左宗棠、尚书王文韶、协办大学士李鸿藻等,俱言确见慈安御容和怡,无婴疾色,但两颊微赤,状如半醺,亦不以为异也。已午后四钟,内廷忽传孝贞太后崩。"①

《坚冰志》似曾目睹:"未几,孝贞暴崩,唇黑类中毒者,外廷咸以为疑。"②

这些记载,是说慈禧太后阴送毒饼,害死了慈安太后。

其二,错药致死。《清朝野史大观》记道:"或曰:慈禧命太医院以不对症之药,致死之。"

慈禧看到慈安患病,特命太医院御医故意给慈安不对症的药,因错药害死了慈安。这也是一种民间传说。

第三种,吞物自杀说。《清稗类钞》说:"或曰:孝钦(慈禧)实诬以贿卖嘱托,干预朝政。语颇激。孝贞(慈安)不能容,又以木讷不能与之辩。大恚,吞鼻烟壶自尽。"③

这是说,慈禧诬称慈安贿卖官爵,干预朝政,语言严厉刺激。慈安感到很委屈,不能容忍,但自己又言语木讷,不会申辩,十分愤怒,于是就吞咽鼻烟壶自杀了。其实,这种说法导致慈安自杀的原因,应是慈禧对慈安的诬蔑。

那么,慈禧为什么要毒死慈安呢?据野史传说,原因有四:

第一,因为咸丰密诏事。据《崇陵传信录》载:"相传两太后一日听政之暇,偶话咸丰末旧事,慈安忽语慈禧曰:'我有一事,久思为妹言之。

① 许指严:《十叶野闻》,《近代稗海》,第11辑,第33页。
② 许指严:《坚冰志》,第2卷,第2页。
③ 徐珂:《清稗类钞》,第8册,第3524页。

慈安太后居住的钟粹宫

今请妹观一物.'在簏中取卷纸出,乃显庙(咸丰帝)手敕也,略谓:叶赫氏祖制不得备椒房,今既生皇子,异日母以子贵,自不能不尊为太后,唯朕实不能深信其人。此后如能安分守法则已,否则汝可以此诏,命廷臣传遗命除之。慈安持示慈禧,且笑曰:'吾姊妹相处久,无闲言,何必留此诏乎?'立取火焚之。慈禧面发赤,虽申谢,意怏怏不自得,旋辞去。"

"显庙手敕"即是指咸丰帝之手诏。这里把手诏的内容也写出来了。

《清朝野史大观》记:"慈安后忽慨然曰:'吾姊妹今皆老矣。且夕当归天上,仍侍先帝,吾二人相处二十余年,幸同心,无一语勃谿。第有一物,乃畴昔受之先帝者,今无所用之矣。然恐一旦不讳,失检藏,或为他人所得,且致疑吾二人貌和而阴妒嫉者。则非特吾二人之遗憾,抑且大负先帝意矣。'语次,袖出一函,授那拉氏,使观之。那拉氏启视,色顿变,惭不可抑,函非他,即文宗所付之遗诏也。观毕,慈安后仍索还,焚于烛上,曰:'此纸已无用,焚之大佳。吾今日亦可以复命先帝矣。'"

以上两则记载,虽细节略有不同,但情节大体一致。说的是咸丰帝留有密诏,命慈安在慈禧不安分守己时,用密诏处死慈禧。慈安拿出密诏给慈禧看,并亲手焚之。由于慈安没有了尚方宝剑,慈禧便毒死了她。

第二，因为东陵致祭事。据说在光绪六年（1880）到东陵祭奠咸丰帝，慈安认为她是正宫皇太后，在祭奠典礼时，她的位置应排在慈禧之前。而慈禧则坚决不允。两人在陵寝之地发生了激烈的争论，后来还是照慈禧的意见办了。两人并列，不分先后。但是，慈禧认为这是慈安在有意羞辱自己，"因愈不悦东宫"，而动杀机。

第三，因为金姓伶人事。据说，有个姓金的京剧演员得到慈禧的专宠，随意出入宫禁。有一次，慈安前往慈禧住处探视病情，偶见慈禧同金某躺在床上。慈安对慈禧"痛数责之"。慈禧当时认了错，并把金伶逐出宫，且赐死，但慈禧也萌了杀死慈安的念头。

第四，因为宠李连英事。据说慈禧宠信总管太监李连英，李益发骄横，唯慈禧之言是听。一日，慈安乘辇过某殿，李连英与小太监角力，对慈安置若罔闻，慈安大怒，欲杖责之。慈安这口气难咽，立刻到慈禧住处，教训了慈禧一顿，慈禧不服，两人因此闹翻。"不数日，即有慈安暴崩之事。"

以上都是野史传闻，正史无记载。平心而论，这些记载都是经不住推敲的。即使如光绪帝的日讲起居注官恽毓鼎的记载，也是不可靠的。著名学者金梁即对此提出质疑："近人依托宫闱，流言无实，尤莫甚于恽氏笔录所载孝贞暴崩事。即云显庙手敕焚毁，敕语何从而知？食盒外进，又谁确见？恽氏曾事东朝，横造影响无稽之言，后之览者，宜深辟之。"

金梁的质疑是有道理的。试问，手诏既然已经焚毁，怎么能知道手诏的内容呢？送有毒的点心，谁曾亲见呢？金梁告诫我们，应该坚决摈弃这个谬说。

学者张孟劬也认为："近代无实文人最喜依托宫闱，增成其说，凡笔之书者，大都流言委琐，羌无故实，而尤莫甚于恽毓鼎《崇陵传信录》所载孝贞暴崩事。夫既云显庙手敕焚毁，语何从而知？食盒外进，又谁经见？"

金梁和张孟劬的看法是很有道理的。

当然，因为慈安死得太突然，对于她的死，当时人也是有怀疑的。

据说御医薛福辰即持怀疑态度。《清稗类钞》记道："孝贞后崩之前一夕，已稍感风寒，微不适。翌晨召薛福辰请脉（医士为帝后诊脉称请脉）。福辰奏微疾不需服药，侍者强之，不得已为疏一方，略用清热发表之品而

41

出。是日午后，福辰往谒阎敬铭，阎留与谈。日向夕，一户部司员满人某，持稿诣请画诺。阎召之入，画稿毕，某司员乃言：'出城时，城中宣传东后上宾，已传吉祥板（禁中谓棺曰吉祥板）矣。'福辰大惊曰：'今晨尚请脉，不过小感风寒，肺气略不舒畅耳，何至是？或西边（西太后）病有反复，外间讹传，以东西互易耶？'有顷，内府中人至，则噩耗果确矣。福辰乃大戚，曰：'天地间乃竟有此事！吾尚可在此乎？'"①

这是当时人记载的薛福辰的反应。不过，据《翁同龢日记》记载，御医薛福辰并没有为慈安诊脉，所以，有关薛的记载是不足为凭的。

据说军机大臣左宗棠也持怀疑态度。《清稗类钞》记道："于时左宗棠方长军机，次晨又入，与本列语孝贞病状，左顿足大声曰：'吾昨早对时，上边语言清朗周密，何尝似有病者！即云暴疾，亦何至如此之速耶？'恭王在庭，呕以他语乱之。"②

左宗棠于光绪七年（1881）正月入军机处任军机大臣，九月授两江总督离开军机处，此时正在军机处。左宗棠的怀疑倒是可以理解的。然而，这个记载不是出自左宗棠本人。我们无法证实左宗棠是否说了这样的话。即使左宗棠说了这样的话，也是可以理解的。因为慈安患的是心脑血管疾病，突然死亡就不足为奇了。

2. 日记的权威记录

其实，记载慈安死亡前后的最权威的第一手资料是《翁同龢日记》。翁同龢当时任毓庆宫行走，是光绪帝的师傅，参与国家机要大事。而且，亲自参与了慈安的葬仪。他的记载应该是可信的，是权威记录。

初十日记道：

> 慈安太后感寒停饮，偶尔违和，未见军机，戈什爱班等皆请安，余等稍迟入未及也……夜眠不安，子初（二十三时许）忽闻呼门，苏拉李明柱、王定祥送信，云闻东圣（慈安）上宾，急起

① 徐珂：《清稗类钞》，第 8 册，第 3524 页。
② 徐珂：《清稗类钞》，第 8 册，第 3524 页。

检点衣服，查阅旧案，仓促中悲与惊并。①

十一日记道：

子正（二十四时）驰入，东华门不拦，月明凄然。入景运门，门者亦无言，徘徊乾清门下，遇一老公、一侍卫，皆言微有所闻而不得。诸门下锁，寂无人声。出坐朝户，燮臣来，景秋翁来，云知会但云病势甚危。须臾诸公陆续来，入坐内务府板房，枢廷在彼，伯寅、绍彭皆来，犹冀门不开或无事也。待至丑正三刻（二时四十五分）开乾清门，急入，到奏事处，则昨日五方皆在，晨方天麻胆星，按云类风痫甚重。午刻（十一至十三时）一方按无药，云神识不清牙紧。未刻（十三至十五时）两方虽可灌，究不妥云云，则已有遗尿情形，痰壅气闭如旧。酉刻（十七至十九时）一方云六脉将脱，药不能下，戌刻（十九至二十一时）仙逝云云。始则庄守和一人，继有周之桢，又某共三人也，呜呼奇哉（初九日方未发）。诸臣集南书房（即摘缨），余出告同仁并谕诸司速备一切，诸司亦稍稍来，余出入景运门凡二次。日出起下，军机一起，已而传旨，惇（惇亲王奕誴）、醇（醇亲王奕譞）、惠（惠亲王绵愉）三王、谟公（伯彦讷谟祜）、御前大臣、军机大臣、毓庆宫、南书房、内务府大臣同至钟粹宫哭临。请旨入殿否，曰入。偕诸公历东廊而东，至宫门长号，升阶除冠碰头，伏哭尽哀。灵驭西首，内臣去面幂令瞻仰，痛哉痛哉，即出，已辰末（九时）矣。归家小憩，而司官来回事不断。做白袍带，以青袖蒙袍，派定夹杠人数（总办八人，帮办二人，于五更时议定，令司官特回，全师照发）。午正（十二时）复入，青长袍褂，由牌楼门穿而西，先看幡竿等，到朝房小坐。始见谕旨，派惇亲王、恭亲王、贝勒奕劻、额驸景寿、大学士宝鋆、协办大学士灵桂、尚书恩承、翁同龢，恭理丧仪。遂入慈宁宫与内府诸公坐上殿，看金匮安奉正中（甚大，时灵驭已移至宫，安奉于金

① 《翁同龢日记》（台湾）排印本，第1100页。

匮之西），看朝帘，殊合式。出再至朝房，良久复入，至门外，宝相于典礼旧事皆茫然，问礼王亦云不记。归时惇邸并立，乃与议定带桌子，带喇嘛。未正二刻，大殓毕，开门。余随诸公带锌锌桌子入，至檐下，宫人及内府妇人陈设毕，上由东箱来奠，余等随跪（一叩三叩），哭不停声，上起还宫。撤桌出至门外，喇嘛入唪咒，余等复入，咒毕出。无事矣，遂归。[1]

最重要的是，翁同龢亲自参与了慈安的葬仪，并且写了日记。翁同龢的记载可以澄清以下疑点：

第一，发病是否突然。从记载看，慈安发病是很突然的。初十日，她没有召见军机大臣，原因只是听说"偶尔违和"。但是，半夜叫门，苏拉传信听说"东圣上宾"，慈安已经死了。

第二，治病是否及时。翁同龢半夜十二时急忙入宫，同诸王大臣一直等到午夜二时四十五分，始入宫内，这时见到了初十日御医为慈安开的五个药方。早晨药方已明白写出病情"类风痫甚重"。午间药方说"神识不清牙紧"，病势转危，险情已现。午后二方说，想尽方法灌药，但"究不妥"，即束手无策，"痰壅气闭如旧"，没有任何好转，且"有遗尿情形"，神志不清，濒临死亡了。午后六时左右"六脉将脱"，八时左右就"仙逝"了。从这五个药方看，治病是及时的。先是御医庄守和，后又是御医周之桢和某，三位在侧。但是，他们三人都没有能使慈安活过来。

第三，遗容是否瞻仰。王公大臣到了慈安寝殿钟粹宫，慈禧命太监揭去了"面幂"，"令瞻仰"。瞻仰遗容的有惇亲王奕誴、醇亲王奕譞、惠亲王绵愉三王，还有公伯彦讷谟祜、御前大臣、毓庆宫行走、南书房行走、内务府大臣等。慈禧并没有遮遮掩掩，而是大大方方地命所有在京的王公大臣都来瞻仰遗容，这既看出了慈禧的远见卓识，也说明了慈禧心中无鬼。

如果慈安是中毒身亡，其症状应该似武大郎一样。《水浒全传》第二十六回记道："何九叔说：'到那里揭开千秋幡看时，见武大面皮紫黑，七窍内津津出血，唇口上微露齿痕，定是中毒身死。'"中毒身亡的外表症

① 《翁同龢日记》（台湾）排印本，第 1101 页。

状是，面皮紫黑，七窍流血，唇留齿痕。这些外在的症状是遮掩不住的。西门庆和潘金莲合谋毒死武大郎，在武大郎的身上留下了不能抹掉的证据。但是，慈安的遗体上没有任何中毒的痕迹。

第四，大殓是否过早。有的野史说，慈安的棺材很小，事实是金匮"甚大"，说明慈禧没有慢待慈安。未正二刻大殓。皇太后死，第二天装入棺材，是完全合乎清代礼制的。据清史记载，皇太后死后一般也是第二天入殓的。有的野史说，似乎慈禧怕别人看到慈安的遗体，所以提早入殓，这是无稽之谈。

以上不难看出，慈安突然发病，很快死去。治疗是及时的，但因病情甚重，御医虽全力抢救，亦回天无术了。

那么，如何理解翁同龢的那个"呜呼奇哉"呢？其实，可以理解为死得太快，出乎意料之外，因此，翁同龢十分惊讶。

《翁同龢日记》的其他记载，也完全说明了慈禧对慈安的丧礼是极为重视的。并不像野史所说的"减杀丧仪"等。甚至连谥号，慈禧也是完全尊重王公大臣所拟的"孝贞慈安裕庆和教仪天佑圣显皇后"，承认了"贞字正也"的事实。因为这是咸丰帝所命，"当时即寓正位之意"。而且翁同龢亲见慈禧亦戴孝："恭闻慈禧以白绢蒙首，簪以白金，《周礼》所谓首绖者也，缘情制礼，不胜钦服。"此情此景，翁同龢也是佩服的。

其实慈禧没有必要害死慈安。因为慈安基本上不过问政事，一味退让，对政事既不大懂，又不感兴趣。从她接见鲍超的记载就可以看出她的政治水平了。慈安接见臣工的记载十分罕见，据说只有陈昌的《霆军纪略》中记录了光绪六年（1880）五月二十七日鲍超觐见请训情形：

> 孝贞显皇后问：你这到湖南好多路？奏：轮船不过十余日至湖北，由湖北不过十余日即到任所。问：你咳嗽好了没有？奏：咳嗽已好。谕：我靠你们在外头，你须任劳任怨，真除情面，认真公事！奏：仰体天恩，真除情面，认真公事，不敢有负委任。问：湖南有洋人否？奏：洋人曾到湖南，因湖南百姓聚众一赶，后遂未到湖南。

从以上记载可以看出慈安的召见只是礼仪性的，问问身体如何，没有任何指示性意见和指导性见解，说明慈安不大懂政治。此次召见也是因为慈禧患病，慈安不得已而为之。薛福成说："东宫见大臣，讷讷如无语者。每有奏牍，必西宫为诵而讲之，或竟月不决一事。"这应该是实际情况。

慈安对慈禧构不成威胁，同时在许多重大问题上，她们俩的意见基本是一致的。因此，慈禧没有必要害死慈安。

3. 慈安的死因分析

慈安其实是死于突发的疾病。那么，慈安到底死于何种突发的疾病呢？细查《翁同龢日记》，可知慈安早就患有严重的隐疾。《翁同龢日记》中有两则关于慈安发病的记载十分重要，但多年来一直被人们忽略了。

这两则日记是：

第一则日记。同治二年二月初九日（1863年4月6日）："慈安皇太后自正月十五日起圣躬违豫，有类肝厥，不能言语，至是始大安。"

这时慈安才二十七岁。从正月十五日到二月初九日，共病了二十四天，病势沉重。

第二则日记。同治八年十二月初四日（1870年1月5日）："昨日慈安太后旧疾作，厥逆半时许。传医进枳实、莱服子。"

六年后，即她三十四岁时，病情又一次发作。

从这两次发病的情形看，慈安肯定患有严重的疾病。发病的特点是"不能言语"，"厥逆半时许"。一个时辰是两个小时，半个时辰是一个小时。即突然晕倒，不省人事达一个多小时。从用药看，枳实、莱服子是起降气调肝、安神宁志作用的。懂些医道的翁同龢怀疑是"肝厥"。笔者请教了著名的中医专家，专家认为慈安患的确是厥症。厥症是以突然昏倒、不省人事、四肢厥冷为主要表现的一种病症。轻者昏厥时间较短，自会逐渐苏醒；重者则会一厥不醒而导致死亡。《类经·厥逆》指出："厥者，逆也，气逆则乱，故忽为眩仆脱绝，是名为厥……轻则渐苏，重则即死，最为急候。"《素问》认为："暴厥者，不知与人言。"《石室秘录》记道："人有忽然厥，口不能言，眼闭手撒，喉中作酣声，痰气甚盛，有一日即死者，有二三日而死者。"

慈安这两次发病类似厥症。

但这次发作来得突兀。刚开始没引起足够重视，以为只是"偶尔违

46

和"。实则是危症的前兆。从五个药方看，慈安的病十分严重，"风痫甚重""神识不清""遗尿情形""痰壅气闭"，等等。这些症状说明是突然昏倒、不省人事、口噤拳握、呼吸气粗的典型的气厥症。据专家对这三次发病的综合分析，他们认为，慈安患的是脑血管疾病，很可能是脑出血。脑出血即使在现在，也是不治之症，何况一百年前呢！

慈安为什么得此重病？一般诱因有两种：一种是恼怒惊骇；另一种是疲劳过度。慈安是一位性情温和的人，此时也没有什么引起她烦恼的事。她的发病是因为疲劳过度。

其实，光绪六年（1880）慈禧大病一场，光绪七年（1881）一月又病了一场。《翁同龢日记》光绪七年一月记道："云慈禧圣体渐起，十日如此，可保无事。"慈禧患病期间慈安不得不出来处理政事。慈安的知识容量、决策水平和应对能力都远远不如慈禧，她感到十分吃力。因疲劳过度引发脑出血，是极有可能的。

她的病至少发作过三次，一次是在二十七岁，一次是在三十四岁，一次是在四十五岁。最后这次没有醒转过来。慈安应是正常死亡。

但是，不管怎么说，从后果来看，两宫垂帘变成了一宫垂帘。慈禧大权独揽，了无顾忌，我行我素，为所欲为，成了名至实归的太上皇后。

光绪帝自入宫后有两位母后，即慈安和慈禧。这两位母后对他都是关心爱护的。但由于各自的性格不同，慈安更温和些，而慈禧则更严厉些。因此，光绪帝对慈安就更接近些。慈安之死，使光绪帝失去了一位亲人。他十分悲痛。光绪帝每次都亲自祭奠，"天容哀瘁"。

慈安之死，对光绪帝是一个沉重的打击。

二 陪坐金銮 初涉政务

慈禧太后为了培养光绪帝的执政能力，让十二岁的光绪帝和她共同召见臣工。据翁同龢的记载，光绪帝已经在试着处理国家政务了。他阅看奏折很用心，有点皇帝的样子了。慈禧坐在一旁，放心地听任他自己处理政务。

适逢中法战争，光绪帝亲眼目睹了慈禧太后是如何处理这场战争的。

慈安之死，给慈禧带来了难得的机遇。一方面，两宫垂帘变成了一宫

垂帘，慈禧大权独揽，了无顾忌，更可
以为所欲为了；另一方面，她也感到肩
上的担子更重了。因为培养教育光绪帝
的任务落到了她一个人的身上。

为此，慈禧对翁同龢的要求愈发严
格了。同时，她又采用了一个新的做法，
即让光绪帝和她一起召见军机大臣，处
理政务。其目的是让光绪帝增强执政能
力，为以后亲政打下良好的基础。

光绪九年正月初一日（1883 年 2 月
8 日）早六时三十分，在养心殿西暖阁，
四十八岁的慈禧太后与十二岁的光绪帝
共同召见大臣。

光绪帝

现在说说养心殿。“养心”，来源于《孟子》中的一句话，“养心莫善
于寡欲”。意思是说，只有克制各种欲念，才可以保泰持盈，修身养性。
养心殿地处西六宫的南侧，与中路的乾清宫隔墙相望。其北边通过吉祥
门、如意门与内廷相接，南边则经由遵义门、内右门与军机处相通。既地
处内廷又邻近外朝，地理位置极为适中。

养心殿的正门是养心门。跨入养心门，绕过影壁，是一个三合式的院
落。院子的东西，各有配殿五间，正面便是养心殿正殿，宽三十六米，进
深十二米。整个正殿又分为明间和东、西两个暖阁。在正殿的中央设有低
矮的方台，台上有皇帝的宝座，宝座上面悬挂雍正帝御书匾额："中正仁
和。"座前设有御案，宝座屏风上皇帝御书联曰："保泰常钦若，调元益
懋哉。"

养心殿明间宝座后的屏风两侧，各有一挂帘小门。进入小门就是连接
正殿与后殿的短廊。后殿是皇帝的寝宫，是皇帝退朝后休息的地方。殿内
设有宝座和御榻，御桌案上存放着皇帝万机余暇时常披览的实录圣训诸书
及文玩字画，整个寝宫布置得富丽堂皇。寝殿的东侧有体顺堂，匾额上钤
有"慈禧皇太后御笔之宝"，专供皇后居住；西侧有燕禧堂，为妃嫔居住。
寝殿除短廊与正殿相通外，不另设通道。而短廊的左右两侧则各开一门，
以供在体顺堂与燕禧堂居住的后妃们出入。清制，后妃们在内廷的东西六

宫各有宫室。寝殿左右的体顺堂和燕禧堂，当是后妃们侍候皇帝时的临时住地。

养心殿有历史上著名的西、东两个暖阁。西暖阁是皇帝批阅奏章、处理公务的地方，它被隔成大小不等的三间。中间一间较宽敞，北墙正中悬挂着"勤政亲贤"的匾额，为雍正御笔。室内设有坐榻，是皇帝与军机大臣等商讨政务的密室。最西边的一间，是皇帝读书和休息的地方。东暖阁的布置与西暖阁迥然不同，进门便是一个较大的空间，迎门面西背东设有前后两重宝座，中间有黄纱帘相隔。很明显，这里是慈禧垂帘听政的地方。

慈禧太后和光绪帝这次召见是在西暖阁进行的。

她和他同坐在一个御榻上，太后在右，皇帝在左，共同处理政务。翁同龢说："这是慈禧太后和光绪皇帝第一次这样做，过去从未有过。"

翁同龢说这"俨如宋宣仁故事"。

宋宣仁故事是怎么一回事呢？原来这是宋朝历史上的一件事。元丰八

养心殿鸟瞰

年（1085）二月，宋神宗患重病，丞相王珪诚恳地奏请早点建储，预立太子。宋神宗征求其母高太后的意见。高太后答复道："据我多年观察，皇长子延安郡王赵煦十分孝顺。他每天都书写多页佛经为你我祈求幸福安康。这孩子心眼好，就立他为太子吧！"这时站在一旁的丞相王珪说："我看也行，太子十岁是小了点，但高太后可以垂帘听政。"宋神宗点头称是，决定立皇长子赵煦为太子。同年三月，宋神宗病逝，其太子赵煦继位，称宋哲宗。而高太后在福宁殿垂帘，称太皇太后。高太后起用一批有见解、有才能的知名之士为相，如司马光、吕公著、文彦博等，实行了一些与民休养生息的政策，使国家安宁，社会稳定；祖母和孙儿共同听政八年后，赵煦始亲政。因高太皇太后死后谥号为宣仁，因此称为宣仁故事。

宋宣仁故事的中心意思是，太后垂帘听政是可以实行的政治体制。

慈禧这一天颇为高兴。她说："天气清和，吉祥喜事，皇帝好学，日近诗书。"慈禧对光绪帝是颇为满意的。她又进一步说道："从明天起，我们二人共同在座，以后早事都准备亲自裁定。"也就是说，在光绪帝十二岁时，慈禧太后就带着他实习政务了。

以后，光绪帝便经常同慈禧一起召见军机大臣等。如正月初八日《翁同龢日记》记道："卯正三刻（六时四十五分）入见于西暖阁，上（光绪帝）亦在坐，宝相递折，上接阅，颇用心，自首至尾，不少忽也。每一折毕，太后降旨，枢臣承旨后，仍于上（光绪帝）前复述之。应放两缺，太后以朱笔授上圈之。是日凡五折两单，四明发。延茂劼志和，交查办。为时较久，凡三刻五分（五十分钟）而退。"[①]

光绪帝看折用心，"自首至尾"，细致阅看。这对十二岁的少年来说，难能可贵。这一天，任命两位官吏，慈禧爱抚地把朱笔放在光绪帝的手上，让他圈定。共阅看了五个折子和两个夹单，并明发了四道上谕。这次召见共用去五十分钟。

正月十二日《翁同龢日记》记道：

> 辰正二（六时三十分）入见于西暖阁，折件多，上（光绪帝）亦未能细阅。是日御史刘瑞祺条陈，内有慎纶音、任重臣、

---

① 陈义杰整理：《翁同龢日记》，第4册，第1715页。

察说言三件，皆关涉枢廷者也。同僚或不以为然，余独以为语甚切至，在上（光绪帝）前微辩之。①

折件太多，光绪帝不能细阅，情有可原。因为他毕竟还是个孩子。但在处理御史刘瑞祺的奏折上，别的军机不甚注意，翁同龢则不然。翁同龢认真地为刘折说项，以便引起光绪帝的关注。这说明光绪帝在军机大臣的心中已有一定位置了。

此时的光绪帝陪同慈禧召见军机大臣，具有熟悉政情、锻炼才干的性质。每日召见完毕，立刻到毓庆宫书房上课，读《左传》，听《明史》，诵满文，习书法。同时又增加了学习批答奏折的实用性极强的课程。翁同龢记道："膳后习批折亦用心。"因为此功课很实用，所以光绪帝学起来也很上心。

养心殿西暖阁

光绪帝每天日程安排得紧紧的。一般来说，早晨六时三十分，便陪同慈禧太后召见军机大臣及有关的其他大臣。召见毕，便到书房读书。午膳在书房吃，饭后继续读书，午后二时左右才回宫。小皇帝当得蛮辛苦。

光绪帝在光绪十年（1884）遇到了震惊中外的中法战争。当时的光绪帝是位十四岁的少年。他的主要任务是学习当皇帝需要掌握的本领。当时的一切权力都严格地控制在慈禧太后的手中。光绪帝上朝，但并不决策。决策不

① 陈义杰整理：《翁同龢日记》，第4册，第1715页。

是由他做出，而是慈禧亲自做出。当然，随着年龄的增长，此时的光绪帝也开始对国内外重大事件试着表态了。对于这样的做法，慈禧是鼓励的。慈禧在有意识地分步骤地培养光绪皇帝。

那么，对中法战争，少年皇帝光绪持怎样的态度呢？

其实，中法关于越事的交涉由来已久。早在咸丰八年（1858）法军就开始进攻越南了。同治五年（1866），法军强占了越南南方的六省，并企图北进，从而进一步打开中国西南市场。光绪元年（1875），法国胁迫越南订立了所谓的《和平同盟条约》，其中最主要之点是否认清帝国对越南的宗主权。总理衙门奕䜣等王公大臣当即向法国声明，越南是中国藩属，中国有责任保护，不准法国自越南向云南通商。

本来，清朝同越南之间存在一种封建的宗主和藩属的关系。清朝皇帝对越南国王实行"册封"，而越南国王定期派人到北京"朝贡"。这种关系属于东方封贡体系，与西方殖民体系有着本质的区别。

清朝和越南是唇亡齿寒的关系。

清廷对法军入侵越南，并没有等闲视之。但是，以慈禧为首的清朝中央对法国是战是和，长期举棋不定，进退维谷。

在中法战争中，光绪皇帝对战争的态度，现在只能从《翁同龢日记》中看到一些蛛丝马迹。光绪九年八月二十二日（1883年9月22日）翁同龢记道："上（光绪帝）意亦虑讲事（谈判）不成，颇恨战事不修也。"这里的"上"，既指光绪帝，又指慈禧太后。所说的"讲事"，是指英使巴夏礼居间调停讲和之事。他们担心的是调停不成功便要开仗，但是平时战争准备不够，又怕打不赢。不管怎么说，他们是想到了打的问题。

光绪十年（1884）正月，法国以米乐任侵越法军总司令，清军不敌。法军攻占越南北宁，以后又攻下太原、兴化。清军大败，慈禧震怒，将广西巡抚徐延旭革职，云南巡抚唐炯革职拿问。

光绪十年三月初八日（1884年4月3日）翁同龢记道："今日入对时，谕及边方不靖，疆臣因循，国用空虚，海防粉饰，不可以对祖宗。臣等惭惧，何以自容乎！退而思之，沾汗不已。"[1]

很明显，此次召见，慈禧严厉地批评了全部军机大臣，措辞严苛，神

---

① 陈义杰整理：《翁同龢日记》，第4册，第1817页。

情冷峻。当然，这里也包含着少年皇帝光绪的意愿。他是和其母后站在一起的。

几经曲折，其中包括马江战役的惨败，但最终在慈禧强硬的主战态度下，经将士的英勇抗战，取得了陆海战的胜利。这是在中国近代反侵略战争史上，第一次对西方列强作战中，取得如此重大的胜利。

中国的军事胜利，迫使法国放弃了索取巨额赔款和占据基隆、淡水的无理要求，加速了战争的结束。

关于慈禧太后在中法战争中的历史贡献，军事史家刘子明将军曾著文予以充分肯定。我赞同他的见解。他在《论慈禧在中法战争中的战略指导》一文中论道：

> 正当清军将士在越南北圻浴血奋战、乘胜进击之时，慈禧决定"乘胜即收"。中法政府代表在巴黎签订了停战协议，一八八五年四月七日，清廷下达停战撤军命令。这是什么原因呢？慈禧认为："现在桂甫复谅，法即据澎，冯、王若不乘胜即收，不惟全局败坏，且孤军深入，战事益无把握。纵再有进步，越地终非我有；而全台隶我版图，援断饷绝，一失难复。彼时和战两难，更将何以为计？""幸而获胜，尚觉得不偿失；一有蹉跌，更伤国体。"（《军机处寄两广总督张之洞电旨》，《中法战争》丛刊，六，第三八五页，第三八八页。）可见，慈禧以军事胜利为转机，采取弃越地而保台澎之策，以保证国家领土的完整。这是慈禧审时度势而作出的重大决策。"乘胜即收"是慈禧"以战求和"战略指导思想发展的必然结果。"以战求和"与"以让求和"相比，是有很大进步的，但缺乏争取最后胜利的彻底性。就慈禧来说，"力战"是手段，"求和"是目的，以获取军事上的胜利，来争取较好的求和条件。因此，在镇南关谅山战役获胜之后，"乘胜即收"，并于一八八五年六月十一日签订了《中法天津条约》。
>
> 《中法天津条约》的签订，结束了一场给中、法、越三国人民带来灾难的战争，实现了清廷"保全和局"的政治目的。这个和局的出现，是由于中法双方均在一定程度上作出妥协让步的结果。法国放弃了它在扩大战争到中国领土时的战略目标，不再坚

持割地赔款的要求；中国则放弃了它在战争初期提出的护越保边的战略目的，承认法国在越南的保护国地位，并开发西南边境。虽然中法两国都有妥协让步，但这种妥协让步对中法两国的利益是有根本区别的。从战争全局来看，法国是受益者，它的妥协让步仅仅是少得一些利益而已；而中国则是受害者，它的妥协让步，是丧权失利的让步，它从法国让步中所获得的仅仅是少受害而已。这就充分说明这个和局是一个不平等条件下的和局。

战争根据其为政治服务的原理，主要起两个作用：一是对政治外交的配合作用，一是实现政治目的保证作用。这是实施战略指导的理论根据。战争过程中，慈禧在战略指导上，从恫吓、到退让、到力战，是一个马鞍形的发展过程，尽管出现了较大的曲折，但始终没有脱离"保全和局"这个政治目的。

因此，在确定战争的终极目标时，慈禧从维护封建统治的需要和国家对战争的承受能力出发，把军事行动严格控制在"保全和局"这个政治目的的需要上，在军事上取得重大胜利之后，抓住了一个有利的、得体的时机，立即停战签约，是很自然的。

尽管没有出现彻底性的结局（在当时条件下，不可能把战争推向彻底胜利的局面），但与第一、第二次鸦片战争的结局相比较，应该承认是一个很大的进步。它使中法战争成为中国近代反对资本主义列强侵略战争史上唯一没有割地、赔款而结束的战争。[1]

刘子明将军的这个论断，空谷足音，振聋发聩，十分精当，十分精彩。

毫不夸张地说，慈禧指导的中法战争是中国近代反对资本主义列强战争史上唯一没有割地、没有赔款而结束的战争。

光绪帝因为天天陪同慈禧太后临朝视事，在整个中法战争中，他必然在精神和心理上受到一次空前的洗礼。但是，由于他还没有亲政，因此，

① 刘子明：《论慈禧在中法战争中的战略指导》，《中国近代史研究》，江西人民出版社 1993 年版，第 117 页。

他的主张和想法往往掩盖在慈禧的光环里。

对中法战争中的光绪帝评价过高是不适宜的，因为他的年龄还太小。

但是在中法战争中的甲申易枢，即军机处大换班，对少年光绪帝是有震动的。

第六章　甲申易枢　慈禧训政

一　甲申易枢　慈禧揽权

慈禧太后对以恭亲王奕䜣为首的军机处越来越不满意。她感到奕䜣太
有主见，不太顺遂。于是，她突然
发布懿旨，罢斥了以奕䜣为首的军
机处全班人马，换上了以礼亲王世
铎为首的新的军机处所有成员。这
就是"甲申易枢"。

光绪十三年（1887），光绪帝
举行了亲政大典，名义上亲政了。
但慈禧太后还要训政两年。慈禧太
后还很恋栈，不愿意轻易让出
政权。

在中法战争的紧急关头，慈禧
有一个非常之举。为此，慈禧连续
发布三道懿旨（谕旨）。

第一道懿旨。三月十三日，慈
禧没有像往常一样召见军机大臣，
而只单独召见领班军机章京，按她
的意见，御前拟旨，朱书授出。全
文如下：

慈禧太后画像

谕内阁：钦奉慈禧端佑康颐昭豫庄诚皇太后懿旨：现值国家元气未充，时艰犹巨，政虞丛脞，民未敉安，内外事务，必须得人而理。而军机处实为内外用人行政之枢纽，恭亲王奕䜣等，始尚小心匡弼，继则委蛇保荣，近年爵禄日崇，因循日甚。每于朝廷振作求治之意，谬执成见，不肯实力奉行。屡经言者论列，或目为壅蔽，或劾其委靡，或谓簠簋不饬，或谓昧于知人。本朝家法綦严，若谓其如前代之窃权乱政，不唯居心所不敢，亦实法律所不容。只以上数端，贻误已非浅鲜。若不改图，专务姑息，何以仰副列圣之伟烈贻谋？将来皇帝亲政，又安能诸臻上理？若竟照弹章一一宣示，既不能复议亲贵，亦不能曲全耆旧，是岂朝廷宽大之政所忍为哉？言念及此，良用恻然。恭亲王奕䜣、大学士宝鋆，入直最久，责备宜严，姑念一系多病，一系年老，兹特录其前劳，全其来路。奕䜣著加恩仍留世袭罔替亲王，赏食亲王双俸，开去一切差使，并撤去恩加双俸，家居养疾。宝鋆著原品休致。协办大学士、吏部尚书李鸿藻，内廷当差有年，只为囿于才识，遂致办事竭蹶。兵部尚书景廉只能循分供职，经济非其所长，均著开去一切差使，降二级调用。工部尚书翁同龢甫直枢廷，适当多事，唯既别无建白，亦有应得之咎，著加恩革职留任，退出军机处，仍在毓庆宫行走，以示区别。朝廷于该王大臣之居心办事，默察已久，知其决难振作，诚恐贻误愈深，则获咎愈重，是以曲示衿全，从轻予谴。初不因寻常一眚之微，小臣一疏之劾，遽将亲藩大臣投闲降级也。嗣后内外臣工，务当痛戒因循，各摅忠悃。建言者秉公献替，务期远大。朝廷但察其心，不责其迹，苟于国亭有补，无不虚衷嘉纳。倘有门户之弊，标榜之风，假公济私，倾轧攻讦，甚至品行卑鄙，为人驱使，就中受贿渔利，必当立抉其隐，按法惩治不贷。将此通谕知之。①

这道懿旨，将以恭亲王奕䜣为首的军机处全班人马一律罢斥。罪名是“委蛇保荣”“因循日甚”“谬执成见”“昧于知人”等。奕䜣被罢免所有

① 朱寿朋：《光绪朝东华录》，第2册，总第1675页。

职务，家居养疾。宝鋆原品退休。李鸿藻、景廉降二级调用。翁同龢革职留任，退出军机处，仍在毓庆宫行走。对翁同龢的处分是最轻的，因为考虑到光绪皇帝离不开这位老师。

第二道谕旨。同一天，慈禧又以光绪帝名义颁发上谕：

> 谕：礼亲王世铎著在军机大臣上行走，毋庸学习御前大臣，并毋庸带领豹尾枪。户部尚书额勒和布、阎敬铭、刑部尚书张之万，均著在军机大臣上行走。工部左侍郎孙毓汶著在军机大臣上学习行走。①

大臣初入军机处，谕旨为军机大臣上学习行走，一两年后奉旨实授。也有行走多年未实授的。如果奉旨在军机大臣上行走，不用"学习"字样，是特恩。

这就组成了以礼亲王世铎为首的，包括户部尚书额勒和布、阎敬铭、刑部尚书张之万、工部侍郎孙毓汶在内的新的军机处。

因为这次变动发生在甲申年，史称"甲申易枢"或"甲申朝局之变"。

第三道懿旨。三月十四日，慈禧又发一懿旨：

> 钦奉慈禧端佑康颐昭豫庄诚皇太后懿旨：军机处遇有紧要事件，著会同醇亲王奕譞商办，俟皇帝亲政后再降懿旨。②

这就是说，醇亲王奕譞成了幕后首席军机大臣。

这一大变动出乎人们意料，奕䜣于咸丰十一年（1861）入值军机处，至今已二十四年。在人们的印象中，他没有功劳，还有苦劳，不至于一撸到底。

这三道懿旨的公布，满朝愕然。

慈禧此举，是巧妙地利用了清流党人左庶子盛昱奏参奕䜣等军机大臣

---

① 朱寿朋：《光绪朝东华录》，第 2 册，总第 1676 页。
② 朱寿朋：《光绪朝东华录》，第 2 册，总第 1677 页。

的奏折。盛昱奏参的结局竟是如此，实属始料不及，也懊悔不已。因为两相比较，新军机处远不如旧军机处。盛昱感到为慈禧所利用，于是又上一折，内称："恭亲王才力聪明，举朝无出其右，只以沾染习气，不能自振。李鸿藻昧于知人，暗于略事，惟其愚忠不无可取。国步阽危，人才难得。若廷臣中尚有胜于该二臣者，奴才断不敢妄行渎奏。惟是以礼亲王世铎与恭亲王较，以张之万与李鸿藻较，则弗如远甚。奴才前日劾章请严责成，而不敢轻言罢斥，实此之故。可否请旨饬令恭亲王与李鸿藻仍在军机处行走，责令戴罪图功，洗心

恭亲王奕䜣青年正面肖像

涤虑，将从前过举认真改悔，如再不能振作，即当立予诛戮，不止罢斥！"①

盛昱建议慈禧将恭亲王奕䜣和李鸿藻仍然留在军机处，让他们"戴罪图功"。

这个幼稚而天真的盛昱，他还真的以为军机处的大变动是由于他的一纸奏折！其实，他的奏折只是个导火线罢了。没有他的奏折，也会有别的奏折。什么奏折都没有，也会变出一个上谕来实行这次大变动的。因此，盛昱的第二次奏折想要挽回第一次奏折的影响，除说明了他在政治上愚钝外，是不会有任何效果的。

果然，慈禧将此折搁置一旁，不予理睬。

但是，清流党人仍不肯善罢甘休。三月十九日，左庶子盛昱、右庶子锡钧、御史赵尔巽等奏，认为醇亲王奕譞不宜参与军机事务。他们表面的理由是祖训不准亲王入值军机，即"本朝自设立军机处以来，向无诸王在

---

① 李宗桐、刘凤翰：《李鸿藻先生年谱》（下册），第411页。

军机处行走者"，即或有，也只是权宜之计，不能成为定制。而骨子里，他们则认为醇亲王奕譞是光绪皇帝的本生父，这样安排，对国家不见得是幸事。因此，他们运用堂而皇之的祖训，企望达到使奕譞不能参与朝政的目的。

他们的上奏倒是提醒了慈禧。虽然慈禧对这个亲妹夫是非常信任的，但是，她也不想给他以恭亲王奕䜣那样大的权力。慈禧给奕譞的是有限的权力。

为此，慈禧郑重地发布一道懿旨："本日据左庶子盛昱、右庶子锡钧、御史赵尔巽等奏，醇亲王不宜参与军机事务各一折。并据盛昱奏称，嘉庆四年十月仁宗睿皇帝圣训，本朝自设立军机处以来，向无诸王在军机处行走等因。钦此。圣谟深远，允宜永遵。唯自垂帘以来，揆度时势，不能不用亲藩进参机务。此不得已之深衷，当为在廷诸臣所共谅。本月十四日，谕令醇亲王奕譞与诸军机大臣会商事件，本为军机处办理紧要事件而言，并非寻常诸事概令与闻，亦断不能另派差遣。"①

这就说得非常清楚了，给予醇亲王奕譞的权力要小于恭亲王奕䜣的。平常事务不用他过问，只有重大的"紧要事件"才找他商量。这样做，既可避免权力失控，又可保证协商有人。这是慈禧的神机妙算。

然而，以后的实践表明，醇亲王奕譞实质上成了幕后的首席军机大臣。这又是慈禧没有完全料到的。

慈禧对以奕䜣为首的军机处的撤换是晚清政治史上一个重大事件，其影响所及十分深远。

前文提到，醇亲王奕譞是道光帝的第七子，是奕䜣的异母弟，是光绪帝的本生父，其福晋又是慈禧的亲妹妹。慈禧对这个胞妹"颇亲亲"。爱屋及乌，对奕譞印象亦颇佳。奕譞在辛酉政变中功绩卓著，密拟上谕，亲捕肃顺。光绪帝继位，他又乖觉地上疏乞罢诸职，词颇悲楚，情亦感人，得以旨准。自是闭门谢客，作出不问政事之姿态。这一切都足以说明他在政治上的敏感与成熟。他的行为充满了中国王朝的历史感。他十分熟稔急流勇退、明哲保身的哲言。但事实上，他一直在关注着政坛的变动。他对外坚持强硬立场，主张对外敌"不能使彼不来，要在虽来而不惧；不能遏

---

① 朱寿朋：《光绪朝东华录》，第 2 册，总第 1681 页。

彼不战，要在虽战而不虞"。但他的能力终究不如奕䜣。

礼亲王世铎乃平庸之辈，但待人谦恭，"终身无疾言厉色"。他毫无主见，任首席军机后，经常到奕譞处讨指示，"不以仆仆为苦"。颇好货，收取贿赂多少不拒，一律照收不误，因此"富甲诸王"。

新军机处的组成人员，在见识、威望、能力和人品上与原军机处相比，相差甚远。他们是一些不谙国际

奕譞朝服像，摄于 1866 年

事务、不熟国内政情的顽固腐败的官僚。真是一蟹不如一蟹。有人认为，这次易枢是"易中枢以驽骀，代芦服以柴胡"，即是说，用劣畜代替了良马，用芜草代替了佳药。这真是一语中的。

新军机处从某种程度上讲，成了任慈禧摆布的装饰品。甲申易枢后，慈禧拥有了不受任何制约的至高无上的权力，清朝更加腐败。有人认为："枢垣大为调动，时局一大变。然所用者，似非戡乱之人，恐恣意更张，国事日坏。"

此时的慈禧在处理政治事务上的手腕已是十分高明了。

当然，在处理政务上慈禧是不必也不能征询少年光绪帝的意见的。原因很简单，因为光绪帝还年少无知。从《翁同龢日记》看，在三月二十一日，光绪帝在读书时无缘无故地发脾气，想不上课，翁同龢加以劝阻，光绪帝"则大怒，排门而出"。翁同龢百般耐心劝说，他才"还座，讲他事

光绪八年（1882），奕譞与亲属摄于适园，右起刘佳氏、奕譞、九公主、叶赫那
拉氏（坐者）

以移之，稍定"。但过了一会儿，"不知作何语，则又大怒"。这使翁同龢
十分惶恐，"天心如此，令人战栗"。

此时的光绪帝在学习上还不是自觉的，还需要翁同龢循循善诱的教育
与引导。但不管怎么说，其本生父奕譞的角色变换，对以后的他是有深远
政治影响的。

二　慈禧训政　推迟交权

光绪十二年（1886），光绪帝十六岁，已经到了亲政年龄。按照清朝
祖制及臣民心态，慈禧太后不得不考虑归政问题。

经缜密思考，慈禧于六月初十日，分先后两次召见醇亲王奕譞及军机
大臣礼亲王世铎等人，表示光绪帝典学有成，明年即行亲政。

头起召见完毕，奕譞便急匆匆地来找翁同龢，想同翁同龢商量对策。
奕譞说："方才召对时，不料太后说皇帝典学有成，考虑明年正月就亲理
政务吧。我说皇帝还年少无知，不谙政务，还是等几年再说。我让皇帝也

恳求不必这么快就归政，皇帝跪拜请求，但太后不为所动，坚决不肯。"翁同龢听罢说："这可是件大事，不是少数人能定下来的，王爷多请几位御前大臣、皇帝的诸位老师，让他们当面向太后恳请，也许能使太后回心转意。"

听着翁同龢的建议，奕谟暗自思忖，怕不是那么容易使太后变动成命的，还是等召见完军机大臣后再看情况办。

一刻钟后，军机大臣等满面焦虑地退到直庐。礼亲王世铎说，我们都恳切地尽力劝说太后缓降懿旨，给我们些许商讨的时间，以便找到一个最佳方案。但是，这些劝说不能使太后有丝毫动摇，"圣意难回"。不得已，军机大臣便遵照圣意承写懿旨了。当日懿旨公布："钦奉

温和的慈禧太后画像

慈禧端佑康颐昭豫庄诚皇太后懿旨：前因皇帝冲龄践祚，一切用人行政，王大臣等不能无所秉承，因准廷臣之请，垂帘听政，并谕自皇帝典学有成，即行亲政。十余年来，皇帝孜孜念典，德业日新。近来披阅章奏，论断古今，剖决是非，权衡允当。本日召见醇亲王及军机大臣、礼亲王世铎等，谕：以自本年冬至，大祀圜丘为始，皇帝亲诣行礼，并著钦天监选择吉期，于明年举行亲政典礼。皇帝闻谕后，当即长跪恳辞。醇亲王及军机大臣，亦以时事多艰，万几巨繁，皇帝日就月将，学无止境，如蒙从缓，将来躬亲庶务，必更能贯彻无遗，益臻上理，实为天下人民之幸。再三吁恳，情词亦出于至诚。惟念垂帘之举，本属一时权宜。皇帝继统御极，仰承穆宗毅皇帝付托之重。当此典学有成，正宜与内外臣工勤求治理，宏济艰难。自应钦遵同治十三年十二月初七日懿旨，即行亲政，以慰深宫期望之意。坛庙大祀，均应亲诣行礼，以昭诚敬。即于本年冬至大祀圜丘，躬亲致祭，并著钦天监于明年正月选择吉期，举行亲政典礼。所有应行事宜及应复旧制之处，著各该衙门敬谨

查照成案，奏明办理。将此通谕中外知之。"①

慈禧的此道懿旨，态度不可谓不明朗，措辞不可谓不诚恳。但这不像是真的，也可以说是一种假象。慈禧召见奕譞等人，目的既是抢先一步做出归政的姿态，又是对他们真实心理的一个政治试探。在近三十年臣事慈禧的政治生涯中，奕譞早已深谙慈禧的权术。如果慈禧诚心归政，载湉真的亲政，作为载湉本生父的奕譞当然求之不得。因为那时他的权势比现在要更加煊赫。

但他深知这只是梦想。

而且这一梦想稍露端倪，他就得家败身亡。这是一次不动声色、不着痕迹的心理较量。王公大臣们不敢怠慢，都全身心地投入了这场不容稍有差池的劝进行列中去。

在这个关键时刻，有谁愿意做个后进者呢！当晚，帝师翁同龢便急切地走访了军机大臣孙毓汶，两人绞尽脑汁地商议到底以何种政治体制为好，是马上训政，还是暂缓归政？商议结果，还是劝说慈禧暂缓归政，认为这样更为"得体"。议罢，当夜翁同龢便草拟一折，准备"明日商之同人"。

六月十一日，王公大臣们集中精力、集中时间进一步展开讨论。翁同龢将他连夜起草的奏折进呈醇亲王奕譞、礼亲王世铎、庆郡王奕劻及诸位军机大臣，经反复商酌，都认为提法妥当，并当即决定联衔上奏。翁同龢再经修改，然后请醇亲王奕譞最后定稿，奕譞首肯。这就敲定了应上奏的折稿。

他们共同议定的主题是恳请太后"训政数年"，以此来代替"垂帘听政"。

经紧锣密鼓的准备，六月十四日，王公大臣们或单衔，或联手，分三次先后向慈禧郑重上奏。

第一份奏折是醇亲王奕譞上奏的。因其地位崇隆，身份特殊，故单衔独奏。奕譞奏道："王大臣等，审时度势，合词吁恳皇太后训政。敬祈体念时艰，俯允所请。俾皇帝有所禀承，日就月将，见闻密迩，俟及二旬，

① 朱寿朋：《光绪朝东华录》，第 2 册，总第 2119 页。

再议亲理庶务。"①

很明确，奕𫍽奏请慈禧训政两年，然后再行归政。同时为了示之以诚，又建议归政后，"必须永照现在规制，一切事件，先请懿旨，再于皇帝前奏闻"。也就是说，即使归政了，目前的政治格局也要永远保存下去。

第二份奏折是礼亲王世铎等以军机处的名义上奏的。世铎奏道："窃愿皇太后光昭前烈，训政数年，于明年皇上亲政后，仍每日召见臣工，披览章奏，俾皇上随时随事亲承指示。"②

他们恳请慈禧"训政数年"，先不要归政。

第三份奏折是伯彦讷谟祜等以御前大臣的名义上奏的。伯王奏道："皇太后体祖宗之心为心，二十余年忧劳如一日。倘俟一二年后圣学大成，春秋鼎盛，从容授政，以弼我丕基，匪特臣民之福，亦宗社之庆也。"③

他们没有运用"训政"的字眼，但其中心意思十分明显，即恳请慈禧太后暂缓归政。

这三份奏折几乎异口同声地请求太后训政数年或暂缓归政。关于这一点，《慈禧外纪》说："凡太后所用之人，皆有不安之意。恐帝亲政之后，不能保其权位也。以是之故，太后下谕归政，而上奏请延长垂帘之期者甚众。"④

这是说，慈禧在长期执政的过程中已形成了一个稳定而牢固的势力圈。这些既得利益者不愿意慈禧归政，以免失去他们的"权位"。这种说法是有道理的。

面对诸王大臣的哀哀恳求，慈禧不给面子，发下懿旨，明确表态："该王大臣等所请训政数年及暂缓归政之处，均毋庸议。"并且坚决重申，"皇帝亲政典礼于明年正月十五日举行。"这是第一个回合。

奕𫍽自知火候不到，便"重申愚悃"，"再行沥陈"。同时上奏队伍中又加上了锡珍、贵贤等人，一时在朝野上下形成了一片恳请训政的呼声。

这是朝廷上最重要的一件大事，帝师翁同龢当然十分关注。他在日记上作了连续而扼要的记载。王公大臣们都急于表明自己的态度，很怕遭致

---

① 朱寿朋：《光绪朝东华录》，第 2 册，总第 2123 页。
② 朱寿朋：《光绪朝东华录》，第 2 册，总第 2124 页。
③ 朱寿朋：《光绪朝东华录》，第 2 册，总第 2125 页。
④ ［英］濮兰德·白克好司：《慈禧外纪》，第 112 页。

65

误解，以致危及自身。

　　但是，年轻的光绪帝却始终没有明确表态。这可急坏了作为老师的翁同龢。经一再考虑，翁同龢终于在六月十七日，乘上课的机会，"于上（光绪帝）前力陈一切，请上自吁恳"。翁同龢劝说光绪帝要表明自己的态度，恳切地挽留慈禧训政。经翁同龢提醒，光绪帝也向慈禧表明了心迹，情词恳切地挽请慈禧训政。翁同龢认为光绪帝这样做，是很得体、很适当的。

　　慈禧见时机已经成熟，便半推半就地答应了王公大臣的请求。六月十八日，慈禧降下懿旨：

　　　　钦奉慈禧端佑康颐昭豫庄诚皇太后懿旨：醇亲王奕譞奏，重申愚悃，吁请勉允训政。礼亲王世铎等奏，再行沥陈吁请训政数年。锡珍等奏，揆时度势，亲政尚宜稍缓。贵贤奏，举行亲政，关系綦重各一折。览奏均悉，垂帘听政，历稽往代，皆出权宜之举。行之不慎，流弊滋多。史册昭昭，可为殷鉴。前因皇帝典学有成，特降懿旨，及时归政。此深宫十余年来殷殷盼望之苦衷，天下臣民自应共谅。故于十四日王大臣等合词吁陈，均为允准。数日以来，皇帝宫中定省，时时以多聆慈训，俾有秉承，再四恳求，情词纯挚。兹复披览该王大臣等章奏，沥陈时势艰难，军国重要。醇亲王折内，兼以念切宗社，仰慰先灵等词，谆谆吁请。回环循览，悚惕实深。国家值此时艰，饬纪政纲，百废待举。皇帝初亲大政，决疑定策，实不能不遇事提撕，期臻周妥。既据该王大臣等再三沥陈，何敢固执一己守经之义，致违天下众论之公也。勉允所请，于皇帝亲政后，再行训政数年。尔中外大小臣工，务当各抒忠赤，尽力劻襄，以期力振委靡，共臻郅治，于诸臣有厚望焉。①

　　慈禧终于"勉允所请。于皇帝亲政后，再行训政数年"。

　　平心而论，慈禧此时是不想让权的。但为了符合祖制及照顾舆论，她

①　朱寿朋：《光绪朝东华录》，第 2 册，总第 2127 页。

不得不做出让权的姿态。然而，她心中有数，王公大臣们是会按照她心里的想法来办的。这是不言而喻的。

事实上也确实如此。慈禧达到了预期的目的。

慈禧为使训政制度化，面谕礼亲王世铎等人："将应行酌复旧制或变通办理及暂缓举行各事宜，公同酌议。"

世铎心领神会，同奕谟商定数款，史称《训政细则》，其主要之点是：

> 凡遇召见引见，皇太后升坐训政。拟请照礼臣会议，暂设纱屏为障。
>
> 中外臣工呈递皇太后、皇上安折，应请恭照现式预备。奏折亦恭照现式书写。
>
> 近年各衙门改归验放验看开单请旨及暂停引见人员，拟请循照旧制，一律带领引见。仍恭候懿旨遵行，排单照现章预备。
>
> 乡会试及各项考试题目，向例恭候钦命者，拟请循照旧制，臣等进书恭候慈览。择定篇页，请皇上钦命题目，仍进呈慈览发下。
>
> 内外臣工折奏应行批示者，拟照旧制均请朱笔批示，恭呈慈览发下。①

这里的"恭候懿旨遵行""恭候慈览"和"进呈慈览发下"等语，明确昭示一切权力仍归慈禧，光绪帝不过是一个十足的傀儡而已。

从这个《训政细则》可以看出，太后训政、皇上亲政是并行的体制，其实与皇太后垂帘听政没有什么本质区别。区别只在于光绪帝在名义上是亲政了，但事事仍必须听命于慈禧太后。慈禧把训政制度化、程序化和规范化了。

德龄说："光绪帝的亲政便成了一句面子上的空话，全部的政权依然牢牢地握在太后自己的手掌里。"②

慈禧安排妥当，便准备为光绪帝举行亲政典礼了。光绪十三年正月十

---

① 朱寿朋：《光绪朝东华录》，第 2 册，总第 2180 页。
② 德龄原著，秦瘦鸥译述：《瀛台泣血记》，云南人民出版社 1980 年版，第 192 页。

养心殿东暖阁垂帘听政处

五日（1887年2月15日），这一天，天空格外晴朗，碧蓝一片，无一丝云彩；夜晚一个黄澄澄的圆月，犹如金盆一般悬挂在空中。翁同龢说："人春第一日，亦数年来第一日也。"

十七岁的光绪帝于早晨四时许，亲诣大高殿、寿皇殿行礼。七时三十分，光绪帝来到慈宁宫，率王公百官向慈禧太后行庆贺礼。九时许，他又来到太和殿受贺，并召见大臣。十一时许，到保和殿，筵宴蒙古王公。一直到午后一时许，才庆贺完毕。这一天，光绪帝兴致勃勃，神采奕奕。翁同龢记道："仰瞻天颜甚精采也。"①

从此，清帝国的臣民便都知道光绪帝亲政了，但这只不过是名义上的亲政而已。

然而，此时慈禧最关心的是光绪帝的婚事。

① 陈义杰整理：《翁同龢日记》，第4册，第2082页。

第七章　光绪大婚　慈禧归政

一　皇帝大婚　耗费惊人

慈禧太后对光绪帝的婚姻极为重视。鉴于同治帝选后的教训，此次光绪帝选后，慈禧是要包办到底的。她把弟弟都统桂祥的女儿叶赫那拉氏嫁给了光绪帝。光绪帝的这桩婚姻纯粹是政治婚姻。婚姻的双方都用一生啜饮这杯痛苦的汁液。这是慈禧一手造成的。

光绪帝的大婚是劳民伤财的。

慈禧训政后，便关注起十七岁的光绪帝的婚事来。光绪十三年十二月初八日（1888年1月20日），慈禧发下懿旨，申明皇帝大婚典礼所需物品应先做计划，报礼仪处审批。

这说明为光绪帝筹办婚事已正式启动。

十四年正月十七日（1888年2月28日），慈禧再颁懿旨，办光绪帝大婚著户部筹拨银五百万两。懿旨曰："再，办理大婚之款，四百万两尚不敷用。著户部再行筹拨一

光绪帝朝服像

百万两。先行提拨二十万两，亦由利益处交进，其余八十万两陆续
筹拨。"①

五月初八日，慈禧又颁懿旨："皇帝大婚典礼，著于明年正月举行。"

慈禧的这几道懿旨明确规定了光绪帝大婚的计划、费用和日期。

虽贵为皇帝，光绪帝在婚姻上仍受制于慈禧，是没有选择配偶的自由的。

光绪十四年十月初五日（1888年11月8日），慈禧连发两道懿旨，第一道是选自己的亲弟弟副都统桂祥之女——端庄贤淑的叶赫那拉氏为皇后，即孝定景皇后。宣统帝继位，尊其为皇太后，上徽号为隆裕；第二道是选原任侍郎长叙的两个女儿他他拉氏为嫔。十五岁的姐姐为瑾嫔，十三岁的妹妹为珍嫔。

就这样，慈禧为光绪帝选中了一后二嫔。

为光绪帝选后妃，慈禧也走了一个过场。据学者黄濬《花随人圣庵摭忆》载："光绪十三年冬，西后（慈禧）为德宗（光绪帝）选后。在体和殿，召备选之各大臣小女进内，依次排立。与选者五人，首列那拉氏，都督（统）桂祥女，慈禧之侄女（叶赫那拉氏，孝定景皇后）也。次为江西巡抚德馨之二女，末列为礼部左侍郎长叙之二女（瑾妃姊妹）。当时太后上坐，德宗侍立，荣寿固伦公主及福晋命妇立于座后。前设小长桌一，上置镶玉如意一柄，红绣花荷包二对，为定选证物（清例，选后中者，以如意予之；选妃中者，以荷包予之）。西后手指诸女语德宗曰：'皇帝谁堪中选，汝自裁之。合意者，即授以如意可也。'言时，即将如意授与德宗。德宗对曰：'此大事当由皇爸爸（据宫监谓，当时称谓如此）主之，子臣不能自主。'太后坚令其自选。德宗乃持如意趋德馨女前，方欲授之。太后大声曰：'皇帝。'并以口暗示其首列者（慈禧侄女），德宗愕然。既乃悟其意，不得已乃将如意授其侄女焉。太后以德宗意在德氏女，即选入妃嫔，亦必有夺宠之忧，遂不容其续选，匆匆命公主各授荷包一对与末列之女，此珍妃姊妹之所以获选也。"②

① 朱寿朋：《光绪朝东华录》，第3册，总第2409页。
② 黄濬：《花随人圣庵摭忆》，第119页。

这个内幕消息据说是由内宫太监唐冠卿传出来的，应该是可信的。

鉴于为同治帝选阿鲁特氏皇后的教训，慈禧在为光绪帝选后上是颇动了一番心思的。《慈禧外纪》记道："太后以己之侄女选为皇后，亦具有深意。前此为同治帝选择有德有勇之阿鲁特皇后，其后常与太后反对，致其死而后已。太后惩于前事，故此次为光绪帝选后，其意重在为己心腹，以监察皇帝之行为而报告之。"此言过矣！当时的慈禧倒不是想在光绪帝的身边安插个密探，主要是从亲上加亲的角度考虑的。

光绪皇后

孝定皇后（1868—1913），叶赫那拉氏，都统桂祥之女，慈禧的侄女。光绪十四年（1888）十月，二十岁选入中宫，十五年正月，二十一岁立为皇后。三十四年（1908）宣统帝继位，四十岁尊为皇太后，上徽号隆裕。宣统五年（1913）病逝，年四十六岁。受过良好的教育，性格温和，为人机敏。从现存的照片看，她的相貌一般，体态瘦弱，背部略弯。《列朝后妃传稿》记道："后性纯孝，贤明淑慎，工书绘，未尝预外事。"[①]

另据慈禧御前女官德龄记载，皇后"总是那样的和蔼可亲"，是一位"温雅可亲的皇后"。慈禧对皇后印象很好，说"宫中只有皇后和她是懂得中国文学的"。当然，光绪帝和皇后一生反目。他们只是名义上的夫妻而已。他们的婚姻是一个不幸的悲剧，而这个悲剧是由慈禧造成的。

瑾妃（1874—1924），他他拉氏，满洲镶红旗人。珍妃之姐。光绪十四年（1888），十四岁选为瑾嫔。次年二月入宫。光绪二十年（1894）正

---

① 张孟劬：《清列朝后妃传稿》（下），第113页。

71

第七章 光绪大婚 慈禧归政

瑾 妃

月，二十岁晋封瑾妃。同年十月，因其妹珍妃触怒慈禧太后，她们姐俩同时被降为贵人。二十一年（1895），二十一岁又复封为瑾妃。宣统初年（1908），晋为瑾贵妃。宣统帝逊位后，尊其为端康皇贵妃。1924年病逝，年五十岁。从现在的照片看，她体态臃肿，相貌一般。光绪帝根本不喜欢她，她也胆小怕事。她的一生都是在委屈中度过的。慈禧、光绪帝、皇后及珍妃都瞧不起她。她是一个老实人。

珍妃（1876—1900），他他拉氏，满洲镶红旗人，瑾妃之妹。光绪十四年（1888）与其姐瑾嫔同被选，为珍嫔。次年二月入宫。二十年（1894）正月，晋封珍妃。她很得光绪帝宠爱。慈禧为了打击帝党，责其"习尚奢华，屡有乞请"，将其降为贵人。二十一年（1895），十九岁又复封为珍妃。慈禧于二十年十一月初一日（1894年11月27日）发布懿旨，缮写装裱，挂在珍妃的住处："皇后有统辖六宫之责。俟后妃嫔如有不遵家法，在皇帝前干预国政，颠倒是非，著皇后严加访查，据实陈奏，从重惩办，决不宽贷，钦此。"这是慈禧给珍妃戴上的一个紧箍咒。这里明确重申，孝定皇后对其他妃嫔有惩罚的特权。此旨挂在珍妃的住处是在告诫珍妃应小心从事。珍妃聪慧开朗，支持变法，慈禧很厌恶她。二十六年（1900），"太后出巡，沉于井"，死时年仅二十四岁。二十七年，慈

珍 妃

光绪皇帝

禧还京，追封其为皇贵妃。后追尊为恪顺皇贵妃。

大婚典礼的仪式繁杂、礼节崇周，超乎常人想象。皇后选定后，要按清朝皇家规定举行诸多礼仪。十一月初二日，行纳采礼。十二月初四日，行大征礼。十五年正月二十六日（1889年2月25日），祭告天地、太庙。二十七日行册立、迎奉礼。同日行合卺礼。初八日行祈福礼。至此，大婚礼成。整个大婚吉期，自正月二十日起至二月初九日止，共二十天。时间是不短的。

为使大婚顺利进行，慈禧特发布懿旨，命成立大婚礼仪处，全面负责筹划大婚典礼的有关事宜。

大婚典礼需要备办的各种物品，从文献记载来看，种类之多、档次之高、数量之大、设想之周，充分显示出皇家的辉煌气派。

对此，清宫学者李鹏年在《光绪大婚耗费》一文里，有详细的记载：

纳采礼。这是向皇后娘家赠送的定婚礼。其礼品有：文马四匹、甲胄十副、缎一百匹、布二百匹。此项折银约二千两。受礼之后，为了庆贺礼成，还要在皇后邸第举行纳采宴，赏皇后父母饽饽桌一百张、酒筵桌一百席、羊一百一十九只、酒一百瓶。此项花费需银七千二百八十九两。

大征礼。这是在迎娶皇后入宫前，向皇后家送的一次大婚重礼。其礼物有：黄金二百两、银一万两、金茶筒一具、银茶筒二具、银盆二具、缎一千匹、文马二十匹、闲马四十匹、驮甲二十副。

赐给皇后父母：黄金一百两、银五千两、金茶筒一具、银茶筒一具、银盆一具、缎五百匹、布一千匹、马六匹、甲胄一副、弓一张、矢一箙、冬夏朝衣各一袭、冬夏衣各一袭、貂裘各一领、上等玲珑带一束。

赐皇后祖父：缎一百匹、布二百匹、马四匹、鞍辔四副。

赐皇后弟：缎四十匹、布一百匹、马二百匹、鞍辔二副。

赐从人银四百两。

此项礼物，除黄金四百七十四两外，共折银二万五千七百余两。

光绪皇帝结婚时穿戴的东西分春夏秋冬四季准备齐全，每一件都是极为珍贵的极品，价值连城。共有：

金如意二柄（一重七十两，一重六十两）；

各种朝冠十四顶，其中包括金镶珠顶冬朝冠三顶（分别由薰貂、元狐、海龙制成，每顶上镶大正珠十五颗，珠顶一颗），金镶珠顶前佛后龙凉朝冠一顶（上镶大东珠十五颗、珠顶一颗、前佛大东珠十五颗、后龙大东珠七颗），薰貂、海龙、天鹅绒冠四顶，凉冠二顶，福寿如意冠四顶（冠上分别缀红碧瑶、红宝石、桃式帽花和金点翠菊花、玉美人帽花）；

东珠、珊瑚、红碧瑶、绿玉、琥珀等各种朝珠、念珠、手串十五盘；

绿玉、脂玉、伽南香、金珀等各种扳指九件；

脂玉、绿玉、玛瑙等各种烟壶十二件；

各种镶金玉钩襻、带钩、别子、珮二十一件；

金珐琅花卉双珠口表四对；

各种绸缎制作的皮、棉、夹、单朝袍、朝褂、龙袍、龙褂，各种质料的坎袍，坎褂、鼠袍、鼠褂、棉袍、棉褂、夹袍、夹褂、单袍、单褂、纱袍、纱褂，各种紧身等共五十六件，暖靴、凉靴各十双。[①]

皇后大婚时所用的各种物品，其数量之多、价值之高、品位之精，又大大地超过了皇帝，显得更为奢侈、更为富丽、更为豪华。共有：

金如意二柄（各重六十两）；

各种朝冠十顶（其中海龙、薰貂冬冠各一顶，各缀金凤十一只，内八只上镶大东珠七十二颗、小东珠一百六十八颗；顶凤三只，上镶大东珠十二颗、小东珠六十颗，贯顶大东珠三颗，珠顶一颗，猫晶石八件，上缀帽尾穗一挂，金镶青金石结一件，上镶东珠六颗、正珠六颗，上穿正珠四百七十九颗……熏貂、天鹅绒珠顶葫芦冠各一顶；熏貂飘带冠四顶，熏貂云子飘带冠二顶）；

金点翠凤钿二顶（上分别镶缀大小正珠、茄珠、珍珠、东珠共七百一十一颗，各种宝石、绿玉、珊瑚饰坠共四百一十四件）；

金点翠钿尾穗二十挂（上分别穿珍珠、正珠共二千零八十颗，各种宝石饰物共三百件）；

金点翠大桃四对、中桃四对、三桃四对（大桃每对上穿正珠二百四十四颗，中桃每对上穿正珠二百零八颗，三桃每对上穿正珠一百六十六颗）；

金点翠穿珊瑚米珠双喜满簪钿一顶（上镶绿玉梅花七十七朵，花芯上镶正珠七十七颗，疏苏上穿正珠五十四颗，各色宝石、珊瑚饰坠等一百三十九件）；

金点翠穿珊瑚米珠珍珠桂花满簪钿、金点翠碧瑶葫芦花银边钿、金点翠长寿花寻常钿共三顶（上镶大小正珠共一百四十三颗、茄珠八十六颗，各种宝石、珊瑚等饰物三百一十六件）；

金点翠三挂疏苏、双挂疏苏、单挂疏苏各一对，珊瑚、绿玉挑杆双挂和单挂疏苏共八对（上穿正珠、珍珠三百三十六颗，各种宝石饰物一百一十六件）；

东珠、珊瑚、红碧瑶、绿玉、琥珀、金珀、伽南香等各种朝珠十一盘，金镶珊瑚领约二件，明黄缎和绿缂丝绣五谷丰登采悦两份（每份上穿珍珠八十七颗，各种宝石、珊瑚等饰物、玩器二十七件）；

各种环坠六对，各式宝石耳饰十七对，各式扁圆镯子五对，各种宝石花钉十对，金点翠宝石、珍珠、绿玉、红碧瑶抱头莲四枝，各种金镏子十四件，珍珠、绿玉、脂玉金戒箍五对，脂玉、绿玉、伽南香等各式长扁簪二十八支；

各种念珠、手串八盘，各种珮十八件，各种金点翠扁针、戳针翠花十二匣，各种金点翠穿红米珠喜寿宇褂钮六份，金托灯草大蝴蝶二对；

各种朝袍、朝褂、朝裙、龙袍、龙褂五十一件，其中有一件明黄江绸绣五彩宝龙珠金棉朝袍，上缀正珠二万一千零十三颗，珊瑚豆三千三百五十四件，米珠二百零八颗，金结一百二十五件，各色真石四百一十件。另一件石青江绸绣五彩金龙珠宝夹朝褂，上缀正珠二万三千零三十三颗，珊瑚豆四千一百八十二件，金结一百五十件，各色真石四百七十八件。还有一件石青江绸绣金龙珠宝夹朝裙，上缀正珠一千五百四十六颗，珊瑚豆三百五十四件，金结二十九件，各色真石八十九件；

各种质料的衬衣、撒衣、紧身、褂裥、马褂共二百三十六件；

各种随领衣四十四件，各种里衣八十份，备种鞋袜八十双，堆花针箸四十份、针箸二百五十四份；

包头手巾二十四匣，翠花一百匣，等等。①

此外还有皇后的妆奁，嫔位所用物品及后嫔宫内所用金银器皿，以及皇帝、皇后的轿舆，等等。

一切准备就绪，按照清代祖制，婚姻礼仪按部就班地进行，至光绪十五年正月二十七日（1889年2月26日），大婚礼成。这一天，命大学士额勒和布为正使，礼部尚书奎润为副使，持节诣皇后邸，行奉迎礼，迎皇后凤舆入宫。

据清宫学者李鹏年的计算："光绪皇帝这次大婚，总共所费折银五百五十万两。"

这五百五十万两银是分三次拨付的。第一次是在光绪十三年五月二十日，慈禧明降懿旨，光绪大婚应需款项，"著户部先行筹划银二百万两"，各省"预为指派二百万两"。第二次是半年之后，即光绪十四年正月十七日总管内务府大臣福锟面奉懿旨："办理大婚之款四百万两尚不敷用，著户部再行筹拨一百万两。"第三次是同年的九月二十六日又奉懿旨："续行筹拨银五十万两。"

① 《清宫史事》，紫禁城出版社1986年版，第81页。

这三次共筹拨银五百五十万两。

光绪皇帝大婚费银五百五十万两是个什么概念呢？

李鹏年在《光绪大婚耗费》一文中做了一个比较分析："据清朝军机处档案记载，光绪十五年上半年直隶省顺天府、大名府、宣化府的粮价，以谷子、高粱、玉米三种粮食计算，平均每石计银一两四钱六分。如每人每年口粮按二石计算，计折银二两九银二分。光绪大婚耗用白银五百五十万两，按当时粮价折算，可购买近四百万石粮食，足够一百九十万人吃一年。"

作为清王朝最高统治者的光绪皇帝，在大婚时的奢靡浪费同其他清朝皇帝并没有什么两样。这是封建制度使然。从中不难看出，封建统治者对人民剥削的残酷性。

光绪大婚之后便是慈禧归政了。

二　慈禧守信　如期归政

光绪十五年（1889），慈禧太后撤销了训政体制，归政光绪帝，光绪帝举行了亲政大典。这次归政，由礼亲王世铎拟定了《归政条目》，在体制上表明了归政光绪帝。御史屠仁守上一奏折，建议"外省密折，廷臣封奏，仍书皇太后圣鉴字样"。这是在讨好慈禧太后。慈禧太后抓住这个典型，进行申斥，罢了他的官，申明永不叙用。这就向中外臣工表明了她归政光绪帝的决心。

光绪帝从此进入了十年的亲政期。

光绪大婚之后，慈禧就忙于归政了。

其实，慈禧早在半年前，即光绪十四年六月十九日（1888 年 7 月 27 日）就明降懿旨："前因皇帝甫经亲政，决疑定策，不能不遇事提撕，勉允臣工之请，训政数

慈禧画像

年。两年以来，皇帝几于典学，益臻精进，于军国大小事务，均能随时剖决，措置合宜，深宫甚为欣慰。明年正月大婚礼成，应即亲裁大政，以慰天下臣民之望。著钦天监于明年二月内敬谨选择归政吉期具奏。"①

慈禧明确表示，明年一月大婚，明年二月归政。这是不可更改的了。她在归政上，态度坚决，不稍游移。从懿旨上看，此时的慈禧对光绪帝还是比较满意的，认为光绪帝已经初步具备了处理"军国大小事务"的能力，可以独立行使最高决策权了。

同一天，光绪帝发下谕旨，表示不敢不遵慈训："兹奉懿旨于明年二月归政，朕仰体慈躬敬慎谦抑之本怀，并敬念三十年来，圣命为天下忧劳况瘁，几无暑刻可以稍资休息。抚衷循省，感悚交深。兹复特沛温纶，重申前命，朕敢不只遵慈训，于一切几务，兢兢业业，尽心办理，以冀仰酬我圣母抚育教诲有加无已之深恩……所有归政届期一切应行典礼事宜，著各该衙门敬谨酌议具奏。"②

这道上谕是根据光绪帝的意图拟就的。此时的光绪帝对慈禧并无明显的恶感。总的来看，他对慈禧是敬畏的，并不亲近。在光绪帝的眼中，慈禧并不是女性的慈母，而是男性的"亲爸爸"。光绪帝对慈禧是唯命是听的。因此，上谕所表达的感情，即欲报答"圣母抚育教诲"之深恩，也是真诚的。

光绪帝是从内心里想要多承担些重任，以使慈禧安心休息，颐养天年。

根据懿旨和上谕，钦天监选定于明年二月初三日归政。

这之后，根据慈禧的懿旨，首席军机大臣礼亲王世铎于光绪十四年十二月初一日（1889 年 1 月 2 日）上一奏折，就归政的有关事宜，拟了一些条目，奏折如下：

> 明年二月恭逢归政大典，除业经归复旧制各事毋庸另议外，
>
> 现在应办之事，有应归复旧制者，有仍应暂为变通者。臣等悉心

---

① 朱寿朋：《光绪朝东华录》，第 3 册，总第 2463 页。
② 朱寿朋：《光绪朝东华录》，第 3 册，总第 2463 页。

商酌，并与醇亲王面商，意见相同，谨拟条目，恭候钦定：

临雍经筵典礼，御门办事，仍恭候特旨举行；

中外臣工奏折，应恭书皇上圣鉴。至呈递请安折，仍应于皇太后、皇上前各递一份；

各衙门引见人员，皇上阅看后，拟请仍照现章。于召见臣等时，请旨遵行；

武殿试向由兵部奏请皇上亲阅考试，拟请归复旧制办理；

兵部奏派查斋大臣……拟请归复旧制办理……

以上各条，恭候皇太后、皇上圣鉴训示，臣等敬谨遵行。①

上列数条，史称《归政条目》（以下简称《条目》）。这个《条目》得到慈禧的认可，懿旨："如所议行。"那么，现在的《条目》与原来的《训政细则》（以下简称《细则》）有什么不同呢？这是需要分析清楚的。主要不同之点是：

第一，皇帝独自召见。原来《细则》规定"设纱屏为障"，现在归复旧制，当然要撤掉纱屏，不再垂帘，实行皇帝独自召见。这是"旧制"，只需恢复，不必再议。因此，《条目》中不再列出。这是关键的一条，是不需研究的"旧制"；

第二，奏折皇上圣鉴。奏折由谁批示，这是权力归谁的大问题。批折权是皇权的集中体现。《细则》原规定由"慈览发下"，即呈交慈禧审看批示。而《条目》明确规定"应恭书皇上圣鉴"，交由皇帝审看批示。这就明确规定，此后奏折的批示权全部交给了光绪帝；

第三，武试皇上亲考。《细则》规定考试"恭候慈览"，而《条目》则明确规定"请皇上亲阅考试"；

第四，人员皇上召见。《细则》规定各衙门引见人员，在召见后，"仍恭候懿旨遵行"，即听慈禧的。而《条目》则规定"皇上阅看"。并"于召见臣等时，请旨遵行"。这个"旨"明显地是指光绪帝的上谕，而不是慈禧的"懿旨"。

---

① 朱寿朋：《光绪朝东华录》，第 3 册，总第 2542 页。

以上四点足以说明慈禧的归政是真心的。她是想把皇权交给光绪帝的。

　　有一点相同之处是，请安折则是皇太后一份，皇上一份。因为请安问候应是针对具体人的，分呈皇太后、皇上是合乎礼仪的。

　　能说明慈禧归政决心的还有慈禧处理御史屠仁守奏折一案。

　　光绪十五年正月二十一日（1889年2月20日），御史屠仁守揣摩慈禧心态，自以为得计，以为借此可以讨好慈禧，便上一奏折，建议"外省密折，廷臣封奏，仍书皇太后圣鉴字样"。这就等于把皇帝的阅折权又拱手交给了慈禧。如果慈禧真有此意，她完全可以乘机把阅折权收回。而如果真的收回阅折权，也就等于又恢复了训政旧制，就无所谓归政了。

　　然而，慈禧没有这样做。她看到屠仁守的奏折后，十分恼怒。立刻发下懿旨，进行申斥："若于举行伊始，又降懿旨，饬令仍书圣鉴，披览章奏，是出令未几，旋即反复。使天下后世视予为何如人耶？"她反复强调："垂帘听政，本属万不得已之举。"认为屠仁守的奏言"甚属乖谬。此事关系甚大，若不予以惩处，无以为逞臆妄言乱紊成法者戒"。将原折掷还，免去御史差使，永不叙用。

　　这一事件发生在慈禧归政前的半个月。

　　慈禧措辞严厉地驳回屠仁守的奏折，并罢了他的官，表示了坚决归政的决心。这个杀一儆百的举措有力地阻止了延缓归政的建白，慈禧可以如期归政了。

　　罢屠仁守官的第二天，慈禧太后和光绪帝在养心殿东暖阁召见了翁同龢。翁同龢当时任户部尚书，仍兼任光绪帝的师傅。由于翁同龢在师傅任上恪尽职守，深得慈禧及光绪帝的信任，为此，在关键时刻单独召见了翁同龢，想就国内外重大问题咨询翁同龢。

　　首先就昨天屠仁守上书而被罢官一事进行了议论。这个对话很有意思，现摘引如下：

　　　　翁对：御史（屠仁守）未知大体，然其人尚是台中之贤者。
　　　　慈曰：吾心事伊等全不知。
　　　　翁对：此非该御史一人之言，天下臣民之言也，即臣亦以为如是。

慈曰：吾不敢推诿自逸，吾家事即国事，宫中日夕皆可提撕，何必另降明发。

翁对：此诚然。

慈曰：吾鉴前代弊政，故急急归政，俾外人无议我恋恋。

翁对：前代弊政乃两宫隔绝致然，今圣慈圣孝融洽无间，亦何嫌疑之有？

慈曰：热河时肃顺竟似篡位，吾徇王大臣之请，一时糊涂，允其垂帘。

（语次涕泣）

翁对：若不垂帘何由至今日？

（次及洋务）

翁对：此第一急务，上宜讲求，臣前日所进《抗议》（内有谈驭夷数条），正是此意。

（次及前日醇亲王折，上似不知抄交毓庆宫者）

翁对：臣因畅论诸臣措语失当，心实无他，凡治天下量以中字为主，否则偏倚，偏倚即不能容人，便不能用人。

（次及铁路）

臣力言津通路未宜开。上力驳并无具呈之人。

翁对：俄开沙漠是远图，法开红江是远图，着腹地则是牟利而已，何远图之有？

（次及海军）

翁对：海军亦急务，但王大臣可恃，而所用之人不可恃。

慈禧又告诫翁同龢作为师傅应对光绪帝起到随时提醒的作用。

翁对，亲政后第一不可改章程。

上曰：断不改。①

---

① 陈义杰整理：《翁同龢日记》，第 4 册，第 2256 页。

翁同龢在日记里的这段记载，大体上涉及五个问题，即归政问题、洋务问题、铁路问题、海军问题及章程问题。

　　归政问题。这里记述了慈禧关于归政的见解及态度。不管是真是假，慈禧表明了归政的决心。

　　洋务问题。当慈禧问到翁同龢应如何看待洋务时，翁同龢斩钉截铁地答道："此第一急务，上（皇上）宜讲求。"翁同龢主张在中国大地上开展洋务运动，并且表示光绪帝应该提倡洋务运动。同时他又把改革派思想家冯桂芬的名著《校邠庐抗议》一书进呈光绪帝，以使光绪帝了解洋务派，支持洋务派。

　　铁路问题。这是修建天津到通州（今北京市通县）的铁路是否可行的问题。修建津通铁路的建议是直隶总督兼北洋通商大臣李鸿章提出来的。但他本人没有直接上奏折，而是以代粤商陈承德递禀的名义提出的。翁同龢反对修筑津通铁路，他认为"未宜开"。在这个问题上，光绪帝不同意翁同龢的意见，"上力驳"。他坚决地驳斥翁同龢的说法。这说明光绪帝是态度鲜明地支持修筑津通铁路的。

　　海军问题。翁同龢认为是急务，但认为办海军的大臣，具体指李鸿章是"不可恃"的，不值得信任。

　　章程问题。翁同龢在慈禧面前袒露心扉地表示："亲政后第一不可改章程。"就是说，不能改动慈禧所实行的既定政策。光绪帝信誓旦旦地说："断不改。"他说的是心里话，表示慈禧太后所制定的章程，自己坚决照办，决不更改。

　　其实，光绪帝此时已开始接触许多国家大事了，并且对许多国家大事已表明态度了。

　　光绪十五年二月初三日（1889 年 3 月 4 日），光绪帝举行亲政大典。先是慈禧太后在慈宁宫接受光绪帝率群臣三跪九拜。然后光绪帝还宫，旋即复出御中和殿，接受执事官行礼。光绪帝再御太和殿，乐作，升座，乐止，鸣鞭三，王公百官行礼，并宣表，颁诏。自此，光绪帝开始正式亲政了。

　　在光绪大婚及亲政前后，慈禧遍赏王公大臣、封疆大吏及蒙古王公等，借以笼络人心、巩固地位。

从垂帘听政，到训政，到归政，从表面上看，慈禧太后把最高的皇权逐步地移交给了光绪帝。光绪帝是她一手训练出来的皇帝，对她是绝对服从的。有人认为："大概言之，慈禧退居仪銮殿、颐和园约有十年。此十年之中，除增加其私蓄之外，未曾干预国政也。"但这只是表面现象。实质上，"太后此时，表面上虽不预闻国政，实则未尝一日离去大权。身虽在仪銮殿、颐和园，而精神实贯注于紫禁城也。"光绪帝"用人行政，仍随时秉承，莫敢违焉"。也有人分析道："是时太后初归政，方借园居娱老。上春秋盛，每事不欲自专，必秉命而行，常时辄一月数问起居。"①

光绪帝在慈禧的淫威下，小心谨慎地做着皇帝。慈禧虽然退居颐和园，但她仍然在幕后操纵着清朝政局。有人评论说："全部的政权依然牢牢地握在太后自己的手掌里，等于她不曾退休一样。"② 这话是入木三分的。

然而，表面也罢，实际也罢，慈禧太后毕竟正式归政了，光绪皇帝毕竟正式亲政了。随着时间的推移和政见的分歧，在清朝的上层就逐渐形成了两个政治中心，即帝党和后党。帝党和后党的形成对晚清政局的影响至为深远。

---

① 胡思敬：《国闻备乘》，《近代稗海》，第 1 辑，第 238 页。
② 德龄：《瀛台泣血记》，第 192 页。

第八章　帝后暗斗　光绪主战

一　帝党后党　暗中争斗

光绪帝亲政后，在其周围逐渐形成了一股政治势力，人们称之为帝党，俗称小孩班。在慈禧太后周围形成了另一股政治势力，人们称之为后党，俗称老母班。帝党的核心人物是光绪帝师翁同龢，后党的核心人物是李鸿藻。帝党和后党对很多问题的看法存在尖锐的矛盾。

慈禧太后虽然归政了，但她仍然隐握朝纲。她对光绪帝的控制丝毫没有减少。

光绪帝虽然亲政了，但许多重大问题的决策仍然必须听命于慈禧。据翁同龢记载："现在办事一切照旧。大约寻常事上（光绪帝）决之，稍难事枢臣参酌之，疑难者请懿旨。"

这里翁同龢把应办之事分为三等，即寻常事、稍难事、疑难者。其中的"疑难者"，即政治、经济、外交、军事方面的重大问题仍然要由慈禧来作决定。

翁同龢在日记里说"现在办事一切照旧"，无意中流露出对慈禧揽权做法的不满，也渗透出对光绪帝地位的同情。

光绪帝亲政后，慈禧太后本应在短时间内就移居颐和园的。怎奈颐和园工程还没有竣工，慈禧就住在西苑的仪銮殿。这可忙坏了光绪帝。光绪帝虽贵为皇帝，但依照祖制及慈禧的训示，他必须每天给慈禧请安。日日如此，从不稍辍。笔者查阅了《清德宗实录》和《光绪朝东华录》，在光绪帝亲政的两年多时间里，他每天都要到仪銮殿向慈禧太后问安。这是个并不轻松的差使。

　　插叙一笔仪鸾殿。仪鸾殿是一个庄严的建筑群。皇宫之西有北海、中海、南海，合称三海，又称西苑、西海子。仪鸾殿就建在中海西岸。光绪十一年（1885），慈禧为退居幕后做准备，她选中了中海西岸这块地方，发下懿旨，重点修建仪鸾殿一组建筑群作为她颐养天年的寝宫。经过三年的修建，到光绪十四年（1888）竣工。光绪十四年七月初一日（1888 年 8 月 8 日），慈禧太后移驾仪鸾殿。此后数年，她大部分时间均住于此。在这组建筑群中，仪鸾殿的规模最大，共五间。正中一间作为召见大臣的地方。和它相临的东次间作慈禧的寝宫。慈禧太后很喜欢这个地方，以后经常居住于此。

　　但仪鸾殿在光绪二十七年二月二十九日（1901 年 4 月 17 日）失火烧毁，仅存在十二年。慈禧回銮后，在仪鸾殿废墟的基础上，于光绪三十年（1904）十月，重新建成了一组西式豪华建筑海宴堂。然而，慈禧不喜欢这个西式建筑，认为中国宫殿"实优于西式之宫殿"。因此，在建造海宴堂的同时，于海宴堂的西北处，又为她建造了一座新的仪鸾殿。新仪鸾殿于光绪三十年（1904）十月竣工，当年十月二十六日慈禧太后重新进住仪

中南海仪鸾殿（今怀仁堂）

85

銮殿。民国初年，此殿改名为怀仁堂。

慈禧坚持让光绪帝到她面前请安的原因，是不言自明的。她要在舆论上和实际上继续维护自己清朝最高统治者的形象。实质上她也确实是一个太上皇。

慈禧在仪銮殿居住的同时，颐和园工程在加紧进行着。

但是，因颐和园工程耗费银两甚巨，大臣们看法不一。一些耿直者颇有微词。御史吴兆泰便顶着逆风上一奏章，请求停止颐和园工程。光绪帝阅后颇为生气，于光绪十六年九月十五日（1890年10月28日）发一上谕，严加申斥，谕曰："御史吴兆泰奏，请停止颐和园工程一折。颐和园殿座，系从前大报恩延寿寺，为高宗纯皇帝（乾隆帝）侍奉孝圣宪皇后三次祝嘏之所。殿宇一切，均系旧有工程。朕仰维慈禧端佑康颐昭豫庄诚寿恭钦献皇太后垂帘听政二十余年，宵旰忧勤，不遑暇逸。朕亲裁大政，自应倍隆颐养，以冀稍近孝思，是以将原有工程量加修葺，恭备慈舆临幸，借资养性怡神。并拟于大庆之年，敬踵乾隆年间成宪，躬率群臣，同伸祝悃。此朕区区尊养微忱，庶几仰报万一。并非创兴土木，自侈游观。光绪十四年（1888）二月所降谕旨甚明，天下臣民当已共谕。该御史备员台谏，岂独未知？乃辄以工作未停有累圣德，并以畿辅被灾、河决未塞等词，撫拾渎陈。是以朕孝养之心全未体会，实属冒昧已极。吴兆泰著交部严加议处。"①

光绪帝在这里为自己辩解，说颐和园工程不是大兴土木，而是在原有工程的基础上，"量加修葺"而已。他的目的是想让慈禧"借资养性怡神"，"以冀稍近孝思"。当然，这是公开的理由。当然，也不排除让慈禧远离紫禁城，以渐次减少慈禧干政的目的。

这道上谕堵住了非议颐和园工程的某些大臣的嘴巴。

直到光绪十七年四月二十日（1891年5月27日）工程大体告竣，光绪帝发布上谕："前经降旨修葺颐和园，恭备慈禧端佑康颐昭豫庄诚寿恭钦献皇太后慈舆临幸，现在工程将次就竣。钦奉慈谕：于四月二十八日幸颐和园，即于是日驻跸，越日还宫。从此慈驾往来游豫，颐养冲和，数十年宵旰勤劳，稍资休息，孺怀实深庆慰。所有一切应行事宜，著各该衙门

① 朱寿朋：《光绪朝东华录》，第3册，总第2790页。

颐和园

敬谨预备。"①

这就是说，四月二十八日是一个标志。自此以后，慈禧太后就常住颐和园。但仍然不时进城居住仪鸾殿，尤其到冬季，就基本居住在仪鸾殿了。

慈禧太后驻跸颐和园期间，光绪帝仍然要去请安。因离得远，所以大体是五天一次，一个月六次。以光绪十八年四月为例，光绪帝去颐和园六次，住九天。

很有意思的是，光绪十八年三月初二日（1892 年 3 月 29 日）借醇亲王奕譞金棺奉安园寝的机会，慈禧发布懿旨，居然安排了光绪帝十天的行止。懿旨曰："四月二十一日醇贤亲王金棺奉安园寝，皇帝于十九日办事后，亲诣园寓行礼致祭，是日驻跸颐和园。二十日，亲诣园寓门外恭送后，还西苑办事。二十六日，皇帝于办事后驻跸颐和园。二十七日，亲诣园寝行礼，仍驻跸颐和园。二十八日，还西苑办事。"②

这个懿旨透露的信息是，慈禧太后对光绪帝有着不容置疑的绝对

---

① 朱寿朋：《光绪朝东华录》，第 3 册，总第 2893 页。
② 《清德宗实录》，第 4 册，第 2793 页。

权威。

慈禧到颐和园去，光绪帝或是先一日到园跪接，或是亲自陪送，或是在福华门外跪送。这些礼节是题中应有之义，是须臾不可缺少的。因为这些礼节的本身就充分显示了慈禧的权威。

此次慈禧到颐和园去，便是光绪帝跪送的。

一进四月，四月二日光绪帝到园问安。四月六日再到园问安。四月十日三到园问安。四月十五日四到园问安。四月十九日五到园问安，根据懿旨，当日驻跸颐和园，次日并到醇亲王奕譞园寓金棺前行礼。四月二十六日六到颐和园。二十七日陪奉慈禧幸醇亲王奕譞园寝行祭奠礼。二十八日光绪帝始还紫禁城。

光绪帝深知，这种请安是松懈不得的。这是对他忠心的一个考验。

随着颐和园工程的逐渐完善，慈禧太后驻跸颐和园的时间愈益增多了。宫中诸事，自然有人向她禀奏。如前所述，"太后亦偶往内城住一二日，皇帝则每月五六次到园请安"。因此，光绪帝的一言一行都在她的掌握之中。"太后极注意于帝之行事，凡章奏皆披览之。此无可疑者。""皇帝每遇国事之重要者，必先禀商太后，然后降谕。"

名义上慈禧太后已归政光绪帝，但实质是慈禧太后仍然牢牢把握着国家政权。光绪帝完全明了此点，因此，他"事太后谨，朝廷大政，必请命乃行"。在亲政初期，"两宫甚相和睦"。这个"和睦"是以光绪帝拱手让出政权为代价的。

但是，光绪帝不是个毫无主见之辈。他不甘心于他的傀儡地位。他的近臣也认为慈禧太后的干政是不正常的。为此，在他的周围便逐渐形成了一股政治势力，便是帝党。

帝党的核心人物为翁同龢。如前所述，翁同龢为大学士翁心存之子，咸丰时一甲一名进士。任同治帝师傅，在弘德殿行走。因学识渊博，恭谨老成，后又任光绪帝师傅，在毓庆宫行走。曾任军机大臣，因中法战争事被罢职，但在五位军机大臣中受处分最轻，有照顾的性质。以后再授户部尚书、军机大臣、总理衙门大臣、协办大学士。翁同龢原来深得慈禧信任，"恩眷甚笃"。

然而，翁同龢后来却渐渐倾向于光绪帝。翁同龢非常忠于光绪帝。据载："常熟（翁同龢）昵于帝，每日先至书房，复赴军机处。颇有各事先行商洽之嫌。一日文正（李鸿藻）入直少早，常熟甫自书房至，文正甚诧。及常熟去，礼邸（礼亲王世铎）云：'公始知耶？殆日日如此！'"①

从中可见，光绪帝与翁同龢的关系非同一般，是十分密切的。时人评说："大员中最为帝所倚任者，乃翁同龢。"这是符合实际的。"常熟实隐持实权"，这话也是不过分的。

当时清廷上层早已分为"南北派"。南派有翁同龢、潘祖荫等；北派有李鸿藻、文祥、徐桐等。翁同龢、潘祖荫为南派之领袖；李鸿藻、徐桐为北派之领袖。"盖太后祖北派，而皇帝祖南派也。当时之人，皆称李党翁党，其后则竟名为后党帝党。后党又浑名老母班，帝党又浑名小孩班。"②

帝党成员骨干是清流派的一些人物，多为词馆清显、台谏要角。他们自视甚高，却无权无势，不是后党的对手。

后党的成员则为京内的王公大臣、文武百官和京外的督抚藩臬，阵营整齐，实力强大。

帝党和后党是分别以光绪皇帝和慈禧太后为核心而形成的两股对立的政治力量。这两股政治力量矛盾斗争的表面化，则表现于1894年的中日甲午战争。

二 光绪主战 意愿难申

光绪帝亲政仅五年就遇到了中日甲午战争。这是中国近代史上一场极为重要的战争。光绪帝态度坚决，一力主战。帝党官员站在光绪帝的立场上，也一力主战。慈禧太后的态度游移，一会儿主战，一会儿主和。而后党官僚，大多主和。其中，以李鸿章为最。

中日甲午战争，中国失败了。慈禧太后有意回护北洋大臣李鸿章。

光绪帝亲政五年，即光绪二十年（1894）爆发了中日甲午战争。围绕这一战争，以慈禧太后为核心的后党和以光绪帝为核心的帝党之间发生了激烈的冲突。

----

① 黄濬：《花随人圣庵摭忆》，第332页。
② 《慈禧外纪》，第126页。

新兴的资本主义国家日本，具有浓厚的封建性和强烈的扩张性。它垂涎中国已久。其基本国策是经充分的准备，在恰当的时机，先吞并朝鲜，再进犯中国。

日本认为时机来了。

光绪二十年春，朝鲜爆发大规模农民起义。日本认为这是千载难逢的好机会，本想大举进兵朝鲜，但苦于没有借口，便采用欺骗的手法诱使中国首先出兵朝鲜。清廷应朝鲜政府之邀，根据中朝亲藩关系的惯例，便决定派兵入朝，帮助朝鲜政府镇压农民起义军。

清廷派军队分三批渡海入朝。

第一批，是太原镇总兵聂士成所统芦防马步军，共九百一十人。五月初三日出发，五月初六日进驻牙山。

第二批，是直隶提督叶志超所带榆防各营，共一千零五十五人。五月初五日启航，五月初七日抵牙山。

第三批，是总兵夏青云率马队一百名，旱雷兵一百名和步队三百名，于五月二十一日抵达牙山。

总之，三批入驻牙山的中国军队达二千四百六十五人。

但是，怀着险恶用心的日本最高决策机构，在密切地注视着中国的动作。当他们探知中国已决定派兵入朝的情报后，便于四月二十九日召开紧急会议，研究日军出兵朝鲜问题。会议一片杀气。据参加会议的日本外务次官林董后来回忆："（当天的会议）不是议论怎么和平解决问题，而是讨论了怎样进行作战和如何取胜的问题。"①

五月初二日，日本正式成立大本营。根据战时大本营条例，整个国家进入战争体制，战备动员、出兵数量、物资管理及运输计划等，都完全归军事统帅掌管，而由大本营决定。内阁大臣在法制方面也不能干预。自此，日本全国进入战时体制。

根据阁议，日本决定尽快派重兵陆续入朝。到五月十三日，日本派驻朝鲜的部队人数达四千人，远远超过了中国军队。日本派兵的借口是保护日本商侨。

当时负有军事及外交重任的北洋大臣兼直隶总督李鸿章，对日本的真

---

① 《林董回忆录》，转引自藤村道生：《日清战争》中译本，第55页。

实意图根本不了解。他对日本抱有不切实际的幻想，甚至总是把日本人说的假话当作真话来听。在军事上，他不是积极备战，而是靠俄、英进行调停，使中国处于被动挨打的地位。

光绪皇帝一直关注着事态的发展，并根据具体情况发来上谕，指示李鸿章加紧准备，不可错过大好时机。在发布宣战诏书前，光绪帝一共发出五道重要的上谕。

第一道上谕。五月二十二日上谕："不可意存轻视，稍涉疏虞。"这是提醒李鸿章不要轻视敌人。

第二道上谕。同日，又发布第

李鸿章

二道上谕："前李鸿章不欲多派兵队，原虑衅自我开，难于收束。现倭已多兵赴汉，势甚急迫。设胁议已成，权归于彼，再图挽救，更落后著。此时事机吃紧，应如何及时措置，李鸿章身膺重任，熟悉倭韩情势，著即妥筹办法，迅速具奏。"

这两道谕旨是在提醒李鸿章日兵已踞汉城，情况危急，应拿出应对的紧急办法。光绪帝是很担心中国方面吃亏的。

第三道上谕。光绪帝在五月二十八日又发上谕："现在倭焰愈炽，朝鲜受其迫胁，势甚岌岌。他国劝阻亦徒托之空言，将有决裂之势。李鸿章督练海军业已有年，审量倭韩情势，应如何先事图维，熟筹措置。倘韩竟被逼携贰，自不得不声罪致讨，彼时倭兵起而相抗，亦在意计之中。我战守之兵及粮饷军火，必须事事筹备确有把握，方不致临时诸形掣肘，贻误事机。"光绪帝指示的核心内容是加强备战，以防不测。而且明确指出俄、英的调解是"徒托之空言"。

第四道上谕。第二天，即五月二十九日再发一上谕，命李鸿章"必须预筹战备"，"外援内防，自宜先事预筹"。谆谆告诫李鸿章做好一切准备。

这时，李鸿章又游说英国派兵舰径赴日本横滨，勒令其自朝退兵。李

91

鸿章认为这是"胜算"。他仍然把宝压在外国调停上。

第五道上谕。光绪帝得知这一奏报后，很为气恼，特于六月初二日发出一道措辞严厉的谕旨，指出李鸿章的错误："倭人肇衅，挟制朝鲜，倘致势难收束，中朝自应大张挞伐，不宜借助他邦，致异日别生枝节。即如英国处此时势，如出自彼意，派兵护商，中国亦不过问；若此议由我而发，彼将以自护之举，托言助我，将来竟以所耗兵费向我取偿，中国断不能允。李鸿章此议非但示弱于人，仍贻后患，殊属非计，著毋庸议。嗣后该大臣与洋人议论，务宜格外审慎，设轻率发端，致误事机，定惟该大臣是问。"

光绪帝狠狠地申斥了李鸿章，告诫他"不宜借助他邦，致异日别生枝节"，责备他"示弱于人，仍贻后患"，责备他"轻率发端，致误事机"，并且进一步约束他要"格外审慎"，否则"定惟该大臣是问"。

光绪帝对李鸿章十分不满！但是，面对光绪皇帝的斥责，李鸿章虽然稍微引起些许注意，开始计划筹饷，然而骨子里，他依然固执己见，我行我素，把注意力倾注在俄、英的调停上，而不是把立足点放在打上。

在战机瞬息万变的时刻，李鸿章一再错过大好时机。

李鸿章是"一意主和"。光绪帝是一边谈判，一边备战。他们的区别即在于此。

以光绪帝为首的帝党是把立足点放在打上的。帝党是主战的。那么，帝党一派的主张是什么呢？在日本不断向朝鲜增兵的过程中，帝党的官员也不断上疏，指出日本居心叵测，应严加注意，并公开提出俄、英根本不可靠。

下列四道上疏很有见地。

第一道上疏。六月初二日给事中褚成博愤然奏道："夫俄之阻我发兵，实欲坐收渔人之利。英之自请助我……阳居排解之功，阴遂要求之计。为英计则得矣，其如我何！"揭露了英、俄所谓调停的阴险目的。

第二道上疏。六月初十日御史张仲炘慷慨陈词："今日本因朝鲜之乱，假以保商为词，调兵至一万数千，据其都宫，守其要隘，居心叵测，夫人而知。乃直隶总督李鸿章观望迁延，寸筹莫展，始则假俄人为钳制，继则恃英人为调停。夫所谓调停者，不过分为保护，如越南故事耳。不意李鸿章办洋务数十年，乃甘堕洋人之术中而不知悟也。"俄、英调停只是为了它们自己。并请求光绪帝严旨责成李鸿章，令其"壹意决战"。除此之外，没有别的办法。我们的前途是"朝鲜断不可弃，日本断不可和，惟有力与之争，期于必克"。

第三道上疏。同一天，侍读学士文廷式上一长折，沉着冷静地分析了当前形势，并条分缕析地提出了解决方案："此次倭人无故忽用重兵，名为保商，实图朝鲜，亦人人所共知也。事涉数月，而中国之办法尚无定见，北洋之调兵亦趑趄不前。"为此，他提出"明赏罚、增海军、审邦交、戒观望"等四条，作为应急措施。他的建议如果得以实行，肯定对中国是有益处的。

第四道上疏。又过了五天，六月十五日礼部右侍郎志锐一针见血地指出："事起之初，则赖俄使；俄使不成，复望英使。英使不成，又将谁易？"揭露俄、英调解对中国毫无益处。并建议李鸿章应该"厚集兵力，分驻高境，克期进发，迅赴事机"。说明对日本不要抱任何空洞的幻想，要在军事上做好充分的准备，以便扭转"彼则著著占先，我则面面受制"的不利局面。

这四份言简意赅的奏折，透露了帝党官僚极力主战的强烈心声。他们与光绪帝下上呼应，给光绪帝以有力支持。

光绪帝对此心领神会。他想让王公大臣展开一次大讨论，进一步贯彻他的主战理论。

日本向中国提出第二次绝交书。自五月十九日，日本向中国提出不能撤退驻朝鲜之兵的第一次绝交书后，六月十二日，日本又向中国提出了第二次绝交书。当天，日本外务大臣陆奥宗光电示日本驻华临时代理公使小村寿太郎，命其向清政府声明："近日，驻贵国之英国公使注重中日两国之友谊，以好意居中周旋，努力调停，然中国政府除依然主张我国由朝鲜撤兵外，不为何等商议；此非中国政府徒好生事而何？事局已至此，将来即发生不测之变，日本政府不任其责。"这个贼喊捉贼的外交声明，就是陆奥所说的"日本政府对于中国政府之第二次绝交书"。这个满纸胡言、倒打一耙的"第二次绝交书"，其实是一个最后通牒。

光绪帝从这个外交声明里看到了日本政府的狼子野心，事态是愈益严峻了。他感到战争已迫在眉睫，必须令全国对此有明确认识，在战略上有新的提法，这就是"一力主战"。

为此，光绪帝于六月十三日向军机大臣发出谕旨：

谕：军机大臣等，本日据奕劻面奏，朝鲜之事，关系重大，亟须集思广益。请简派老成练达之大臣数员会商等语著派翁同龢、李鸿藻与军机大臣、总理各国事务衙门，会同详议，将如何办理之处，妥筹具奏。钦此。①

这是说，光绪帝特派当时尚不是军机大臣的翁同龢、李鸿藻，与军机大臣、总署大臣共同议论朝鲜问题，这透露出光绪帝对军机处与总署衙门的不满。

第二天，在紫禁城内的军机值房即隆宗门五间房，齐集了一班王公大臣。有户部尚书翁同龢、礼部尚书兼署刑部尚书李鸿藻，有军机大臣礼亲王世铎、额勒和布、张之万、孙毓汶、徐用仪，有总署大臣庆亲王奕劻及其他总署大臣。

他们先是阅看有关电报，后是阅看有关奏折。在奏折中，有多份是主战的。大家就这些电报和奏折展开热烈的讨论，但"议无所决"，一时拿不定主意。翁同龢与李鸿藻都主张"添兵"，即增兵，认为可以调东三省及旅顺之军队速赴朝鲜。

当天，光绪帝召见了全体军机大臣，明确表态"一力主战"，同时传达"懿旨亦主战"，即慈禧太后也主战。此时，光绪帝和慈禧太后在对日战与不战的问题上，态度是一致的，都主战。因此，对主战的翁同龢与李鸿藻是信任的。

光绪帝发出上谕，敦促李鸿章，谕曰：

谕：军机大臣等，现在日、韩情事已将决裂，如势不可挽。朝廷一意主战。李鸿章身膺重寄，熟谙兵事，断不可意存畏葸。著懍遵前旨，将布置进兵一切事宜，迅筹复奏。若顾虑不前，徒事延宕，驯至贻误事机，定惟该大臣是问。②

---

① 《清德宗实录》，第342卷，第13页，第5册，第3051页。
② 朱寿朋：《光绪朝东华录》，第3册，总第3429页。

军机处

　　这是光绪帝明确表态："朝廷一意主战"，并敦促李鸿章不得"顾虑不前，徒事延宕，驯至贻误事机"。

　　同时，光绪帝在接见翁同龢与李鸿藻时说，上次中法越南战争你们"办理失当"，这次"须整顿"。对他们二人寄予厚望。光绪帝对军机大臣们是不满意的。翁同龢听说军机大臣受到了光绪帝的责备。

　　六月十五日，光绪帝照常赴毓庆宫书房上课，翁同龢乘机把昨天廷臣议论结果奏明皇帝，主题是一面增兵，一面协商。皇帝态度明朗地说："撤兵可讲，不撤不讲。"即是说，如果日本从朝鲜撤兵，我们可以同他谈判；如果日本不撤兵，那就不能同他谈判。前提是日本必须无条件撤兵。

　　接着，光绪帝又加重语气说："皇太后谕不准有示弱语。"可见，这时的慈禧是坚决主战的。当然，慈禧对日本的经济实力和军事实力知之甚少，她对日本是轻视的。

　　光绪帝对翁同龢及其朝臣们奏折的主题已指示明确。

　　六月十六日，以翁同龢领衔的奏折递上。翁同龢颇以领衔自豪。他记道："余名首列，此向来所无也。从前会议，或附后衔，或递奏片，无前衔。"从翁同龢署名领衔来看，既说明当时主战派在朝廷中比较得势，也反证出光绪帝主战态度之坚决。

这个《覆陈会议朝鲜之事折》，其主要之点："应请谕令李鸿章，即饬派出各军，迅速前进，勿稍延缓。既厚集兵力，声势较壮。中国本有保护朝鲜之权，此次派兵前往，先以护商为名，不明言与倭失和，稍留余地，以观动静。现在倭兵在韩颇肆猖獗，而英使在京仍进和商之说。我既预备战事，如倭人果有悔祸之意，情愿就商，但使无碍大局，仍可予以转圜，此亦不战而屈人之术也。"①

这个奏折的基本思想是主战的，是符合光绪帝意图的，但是在策略上做了调整，即"稍留余地，以观动静"。这样做是合乎当时的实际的。

然而，日本愈走愈远，在侵略战争的路上是不想停步的。

日本向中国提交最后通牒。日本一面在军事上向朝鲜大量增兵，一面在外交上对朝鲜施加压力。

六月十八日，日本驻朝鲜公使大鸟圭介向朝鲜政府提交哀的美敦书（最后通牒）式的照会，勒迫朝鲜驱逐中国军队出境，限三日内答复。

过了两天，即六月二十日大鸟圭介更变本加厉地向朝鲜外务督办赵秉稷致送哀的美敦书："贵政府如不予以满足之回答，则为保护我权利，或须用兵，亦未可知。"②

日驻朝公使大鸟圭介同日军混成旅旅长大岛义昌少将，合谋约定六月二十一日侵入汉城举事。是日清晨，兵分两路，大岛义昌率日兵驰入汉城，包围王宫；大鸟圭介率日兵拥大院君李罡应主持国事，劫持国王李熙，建立傀儡政权。接着，日人逼迫李罡应发布谕旨，声称朝鲜自此为自主之国，不再向中国朝贡。又请日兵代为剿逐驻牙山的中国军队。从此，"朝鲜政令，事无巨细，皆入日人掌握"。这实际是日本吞并朝鲜的第一步。

六月二十三日，日本海军兵舰多艘齐集牙山口外，拦截中国运兵船。他们未经宣战，对中国运兵船发动突然袭击。中国运兵船"广乙"号受重创，"济远"号舵被毁，"高升"号被击沉。同一天，日本侵朝的军队，由

① 《中日战争》丛刊，第2册，第625页。
② 王芸生：《六十年来中国与日本》，第2卷，第70页。

汉城出发，南下进攻驻在牙山的清军。至此，日本挑起了侵略战争。

六月二十八日，总理各国事务衙门就日军首先开衅一事照会各国公使，声明日本人首先开衅，中国"再难曲为迁就，不得不另筹决意办法"。

六月二十九日总理衙门照会日本驻华公使小村寿太郎，内曰："日先开衅，致废修好之约，此后与阁下无可商之处，殊为可惜。"

同一天，日本外务大臣陆奥宗光向中国驻日公使汪凤藻宣布，两国处于战争状态。

七月初一日，光绪帝忍无可忍，愤然发布宣战诏书：

> ……我朝抚绥藩服，其国内政事向令自理。日本与朝鲜立约，系属与国，更无以重兵欺压，擅令革政之理。各国公论，皆以日本师出无名，不合情理，劝令撤兵，和平商办。乃竟悍然不顾，迄无成说，反更陆续添兵。朝鲜百姓及中国商民，日加惊扰，是以添兵前往保护。讵行至中途，突有倭船多只，乘我不备，在牙山口外海面，开炮轰击，伤我运船。变诈情形，殊非意料所及。该国不遵条约，不守公法，任意鸱张，专行诡计，衅开自彼，公论昭然。用特布告天下，俾晓然于朝廷办理此事，实已仁至义尽，而倭人渝盟肇衅，无理已极，势难再予姑容。著李鸿章严饬派出各军，迅速进剿，厚集雄师，陆续进发，以拯韩民于涂炭。并著沿江、沿海各将军督抚及统兵大臣，整饬戎行，遇有倭人轮船驶入各口，即行迎头痛击，悉数歼除，毋得稍有退缩，致于罪戾。将此通谕知之。钦此。[1]

同一天，日本天皇睦仁也下诏宣战。日皇此诏，全是颠倒黑白。

中日两国政府的宣战，标志着中日甲午战争正式爆发。

那么，慈禧对日本侵略究竟持何种态度呢？

中国在陆战和海战的决战上，都失败了。平壤陆战和黄海海战是中日甲午战争的两大决战。这两大决战中国军队均告失利。

---

[1] 《清光绪朝中日交涉史料》，《中日战争》丛刊，第3册，第16页。

八月十七日，日军攻占平壤，中国陆军失败。

八月十八日，黄海大海战，中国海军失败。

当平壤失守的消息传来时，光绪帝十分愤怒。他让军机大臣讨论此事。李鸿藻对李鸿章发来的为自己辩护的电

日本随军摄影师拍摄的甲午战争

文表示不同看法，提出"抗论"，并直指李鸿章"有心贻误"。但军机大臣张之万站在李鸿章一边，与李鸿藻发生激烈争论。其他人不置一词，"皆不谓然"。户部尚书翁同龢综合大臣们的意见，提出自己的看法："高阳（李鸿藻）正论，合肥（李鸿章）事事落后，不得谓非贻误。"认为李鸿藻的意见正确，李鸿章实际是有错误的。对李鸿章如何处置呢？军机大臣拿出两个意见，一是"严议"，即严加议处；二是轻些的处理，即拔去三眼花翎，褫黄马褂。

这两个意见上奏光绪帝，盛怒之下的光绪帝本来欲严处李鸿章，但考虑到他是慈禧的宠臣，而且眼下也没有合适的人选，因此，给了李鸿章以"拔去三眼花翎、褫黄马褂"的轻微处分。

日本随军摄影师拍摄的甲午战争

光绪帝的上谕如下："北洋大臣李鸿章总统师干，通筹全局，是其专责；乃未能迅赴戎机，以致日久无功，殊负委任：著拔去三眼花翎，褫去黄马褂，以示薄惩。"①

李鸿章在接到谴

① 《清光绪朝中日交涉史料》，《中日战争》丛刊，第3册，第10页。

责的上谕后，于八月二十日以陈奏军情为名从各方面为自己辩护，奏折说道："……仰荷圣慈，不加重谴，仅予薄责，策励将来，感激涕零，罔知所报。际此时艰方亟，断不敢自请罢斥，致蹈规避之嫌；惟衰病之躯，智力短浅，精神困惫，以北洋一隅之力，搏倭人全国之师，自知不逮，若不熟思审处，据实陈明，及至贻误事机，百死讵足塞责……"①

李鸿章先是对自己"不加重谴，仅予薄责"，表示极为感谢，然后就是为自己想方设法开脱罪责。

对于李鸿章的这种做法，帝党成员是十分不满的。他们纷纷上奏折，矛头直指李鸿章，意在更换大帅，以挽危局。

日讲起居注官、翰林院侍读学士文廷式愤上奏章，指斥李鸿章误国："祖护劣员，贻误军事，罪无可辞。朝廷仅予薄惩，尤未足尽其欺饰之咎！"并明确地指出必须撤换李鸿章："今日之失机，实出于筹划之疏谬，万万无辞者也。此时若仍恃该大臣一人调度，必至忿恚弃师，不可收拾。"

给事中洪良品于八月二十一日奏参李鸿章，文曰："盖意不在战而在和也。昨蒙恩旨薄惩，该督当知儆惧。不然，金川之役，虽纳亲难逃军法，祖宗朝成例固自在耳……朝廷再简一知近大员为之统帅，以免遥制，而一事权。令李鸿章为之接应粮饷器械等类，功罪同之。"

帝党官员们意在呼风唤雨，造成声势，借此达到军前易帅的目的。

慈禧有意保护李鸿章。这一军前易帅的想法稍一露头，便被精明的慈禧识破。她于八月二十二日发一懿旨，表明态度：

> 谕：军机大臣等，朕钦奉慈禧端佑康颐昭豫庄诚皇太后懿旨：李鸿章奏，军情益急，奉天地广兵单，请特简重臣督办。并沥陈统筹全局情形一折。日人构衅以后，办理军务为难情节，早在深宫洞鉴之中。北洋门户最关紧要。该大臣布置有素，筹备自臻严密。现大东沟素经开仗，须防其进窥海口。畿辅安危所系，该大臣责无旁贷。至奉省边防，同时吃紧。本日已派宋庆为帮办大臣，驰赴九连城驻扎。与定安、裕禄合力筹防。该大臣亦应统筹兼顾，不得稍有诿卸。近闻该大臣因军事劳瘁，气体不甚如

---

① 《李文忠公全书·奏稿》，第78卷，第61页。

常。著随时加意调摄，毋负朝廷委任至意。勉之。将此由四百里谕令知之。"①

这一懿旨，说"该大臣布置有素"了，"筹备自臻严密"了，"著随时加意调摄"了，对李鸿章抚慰有加。不仅未加任何责备，反而爱护之情溢于言表。这等于给帝党当头一棒，帝党易帅的想法成为泡影。

但是，帝党成员并没有因慈禧的懿旨而沉默不语，有的仍然犯颜直谏。甲午年状元、修撰张謇于九月初七日奏参李鸿章："……直隶总督李鸿章，自任北洋大臣以来，凡遇外洋侵侮中国之事，无一不坚持和议。天下之人，以是集其诟病，以为李鸿章主和误国。而窃综其前后心迹观之，则二十年来坏和局者，李鸿章一人而已。"并一针见血地指出，"李鸿章之非特败战，并且败和。"

但这无疑是强弩之末了。对此，翁同龢在一封密信中对他的得意门生张謇说："将不易，帅不易，何论其他？此天也！意中之事已如此，而意外而意中之事亦如此。"翁同龢表露了对政局把握不住的无可奈何的心情。

慈禧在平壤陆战和黄海海战的失利中得出的结论是战则必败，所以她要求和。而求和就必须依靠李鸿章。她保护李鸿章也就不足为怪了。

三 慈禧探询 无果而终

在甲午平壤陆战和海战失败后，慈禧太后曾经秘密特派翁同龢到天津，向李鸿章探询联俄拒日的问题。

甲午战争爆发之后，李鸿章不积极备战，而是展开议和外交。他的联俄幻想导致贻误军机。在整个战争进行中，李鸿章与俄国驻华公使喀西尼始终保持密切联系。李鸿章于七月十三日，曾致总理衙门一电。内称："顷接喀使遣巴参赞，持其国家训条，谓此语颇秘密。译云：朝鲜之事，俄国已有激而起，毫无自利之心。唯有确照西历一千八百八十六年，即光绪十二年，拉德仁在津面订之约办理。此约，准喀西尼本月十二日来电，李中堂（李鸿章）迄今依然承认，即将此意密向中国政府声明为要，等

① 《清德宗实录》，第347卷，第5册，第3100页。

语。查拉署使前订节略，密致总署在案。现朝鲜局势大变，若能照前样办理，与国体旧制尚无大损。看来，俄似有动兵逐倭之意。该使谓如何办法，该国尚未明谕，而大要必不出此。请先代奏。"①

其中所说的"节略"，即指 1886 年巨文岛事件时，李鸿章与俄国公使拉德仁在天津签订的"中国不变更朝鲜政体，俄国亦不侵占朝鲜土地"的节略。这个"节略"中国方面并未签字，因为恐因其受俄束缚手脚，仅由俄国口头承诺不占领朝鲜领土。但现在形势骤变，俄派参赞巴福禄表示承认此约有效，以便为插手朝鲜事务预留地步。此外，李鸿章分析说"俄似有动兵逐倭之意"。其实，这只是李鸿章的一厢情愿。

李鸿章向清廷拍了许多电报，但这封密电却引起了慈禧的注意。八月二十八日（9 月 27 日）在颐年殿东暖阁，慈禧太后和光绪皇帝共同召见了庆亲王奕劻、各位军机大臣、翁同龢及李鸿藻。

翁同龢首先禀奏了前方战事吃紧的状况。之后，慈禧太后突然发问："有一事，翁某（指翁同龢）可往天津面告李某（指李鸿章），此不能书廷寄，不能发电旨也。"

翁同龢甚感奇怪，急忙问道："何事？"

慈禧略微沉吟，试探地答道："俄人喀西尼前有三条同保朝鲜语，今喀使将回津，李某能设法否？"

翁同龢感到事关重大，不可轻易许诺，态度明确地说道："此事有不可者五，最甚者，俄若索偿，将何界之？且臣于此等始未与闻，乞别遣。"

他断然否定同俄使接触，并指出如果要求俄使从中调停，后果不堪设想。同时，他也坚决地表示不能担此重任，请另派他人。

虽然翁同龢一再叩头恳辞，但慈禧不允。最后，慈禧以不容置疑的口吻说："吾非欲议和也，欲暂缓兵耳。汝既不肯传此语，则径宣旨责李某何以殆误至此！朝廷不治以罪，此后作何收束？且退衄者，淮军也，李某能置不问乎？"

翁同龢一看慈禧满脸的不高兴，且声称不是想议和，只是缓兵之计。同时，慈禧又表白现在不是处治李鸿章的时候。话说到这个份上，翁同龢不敢再拒绝，勉强应承道："若然，敢不承。"

---

① 《李鸿章全集》（二），电稿（二），第 880 页。

慈禧看到翁同龢答应了，便又使出花招，柔声说道："顷所言作为汝意，从容询之。"

就是说，到天津后你同李鸿章的谈话，都作为翁同龢你自己的意思来说，别说是我慈禧的意思。慈禧如此交代，目的是为自己预留退步。翁同龢也老谋深算，他深思熟虑地说："此节只有李某复词，臣为传述，不加论断。臣为天子近臣，不敢以和局为举世唾骂也。"

翁同龢表明了自己的态度，只管来回传话，不加个人褒贬，目的是不做千古罪人。对这样的耿介之士，慈禧也别无良策，只得"允之"。慈禧迫不及待地告诉他，明天就动身，来往七天足够了。翁回到府上，"检点行李，秘不便人知，甚苦"。

这整个过程，光绪帝始终在座。他即便不同意议和，也不敢发表不同意见。翁同龢是作为慈禧太后与光绪帝的特命钦差秘密前往天津的。

九月初二日（9月30日）翁同龢到天津，乘小轿赶往直隶总督署，会见李鸿章，传慈禧太后、光绪帝谕旨，慰问李鸿章，然后就前方败局严厉责问李鸿章。

李鸿章诚惶诚恐地认错道："缓不济急，寡不敌众，此八字无可辞。"这哪里是认错，分明是推诿。然后翁同龢又指出陆战、海战失败的原因，表示了自己的不满。此时的李鸿章不加驳诘，"则唯唯而已"。

翁同龢想起了陪都奉天的安危，他忧心忡忡地问道："陪都重地，陵寝所在，设有震惊，奈何？"

李鸿章有气无力地答道："奉天兵实不足恃，又鞭长莫及，此事真无把握。"

翁、李双方就战局"议论反复数百言"。正当此时，从北京送来明发廷寄一道，是寄给北洋大臣兼直隶总督李鸿章及翁同龢的，内云："闻喀使西尼三四日到津，李某如与晤面，可将详细情形告知翁某，回京复奏。"

本来翁同龢此行衔命即此，为什么又尾追一道廷寄？慈禧是否怕翁同龢碍于脸面，难于启齿，空手而回呢？但不管怎么说，也可确知慈禧对此事是如何重视了。

翁同龢乘机道出此事："出京时，曾奉慈谕，现在断不讲和，亦无可讲和。喀使既有前说，亦不决绝。今不必顾忌，据实回奏。"

本来李鸿章以为翁同龢此行是来检查战事准备情况的，不料竟有探询俄国公使喀西尼是否代为调停这个议题，熟谙官场手段的李鸿章当即心领神会，他毫无芥蒂地娓娓道来：

"喀使以病未来，其国参赞巴维福（又译巴福禄）先来，云俄廷深怨倭占朝鲜，中国守十二年所议之约，俄亦不改前意。第闻中国议论参差，故竟中止。若能发一专使与商，则中俄之交固，必出为讲说。"

翁同龢牢记着自己的任务只是来回传话，因此对李鸿章的建议不置一词。

李鸿章见翁不置可否，便又怏怏地说："喀与外部侍郎不协，故喀无权。"

翁同龢看看差不多了，便结论似的说："回京必照此复奏。余未到译署，且此事未知利害所在，故不加论断。且俄连而英起，奈何？"

翁同龢担心亲近俄国会引起英国的不满。李鸿章信誓旦旦地说："无虑也，必能保俄不占东三省。"放心吧，英国不会有事，俄国也不会侵占东三省的。

翁同龢回到北京后，于九月初六日进宫。皇太后在仪銮殿召见他，光绪帝亦在座。翁同龢把赴天津见李鸿章的过程详细禀奏，并着重论述了喀西尼所说的中俄共保朝鲜一事"恐不足恃"。同时，翁又再次申明，同俄国交涉诸事以后应由北洋大臣李鸿章奏明办理，"臣不与闻"。翁同龢仍然不愿意卷入请俄调停一事中来。这说明翁反对议和，但他也拿不出解决难题的方法。

慈禧探询议和的举动引起了帝党的注意。帝党对此也在筹思相应的策略，建议起用恭亲王奕䜣便是其策略之一。

四 起用奕䜣 调停战事

帝党官员认为甲午战败，是由于李鸿章领导不力。因此，他们想起了在家赋闲的资深政治家恭亲王奕䜣。此时的奕䜣，由于痛失密友和亲人，心理受到很大创伤，精力大不如前。光绪帝对奕䜣寄予厚望。但此时老年的奕䜣已不是彼时青年的奕䜣了。他现在要看慈禧太后的眼色行事了。

恭亲王奕䜣力主议和。在当时的历史条件下，议和是不得已的选择。

恭亲王奕䜣于光绪十年（1884）被逐出军机处，在家赋闲十年。慈禧对闲居在家的奕䜣从来没有放松过警惕。

她时刻在注意着奕䜣的一举一动。老谋深算的奕䜣深知慈禧对自己是放心不下的。因此，奕䜣便做出了让慈禧放心的钟情山水不涉政坛的姿态。

奕䜣自述道："年来闲居无事，唯以集句自娱。日与佩蘅相国及朴庵弟往来唱和，几无暇晷。每忆昔人有文战、笔战、酒战、茗战、棋战等名，今特以诗战命题。只取兴到笔随，不尚钩心斗角。"

这里的佩蘅是宝鋆的字。宝鋆原为军机大臣，是和奕䜣同时受处

恭亲王奕䜣像

分的，不过是"原品休致"。他们是几十年的密友。而朴庵是醇亲王奕譞的字。奕譞是光绪帝的本生父，是奕䜣的七弟。在光绪十年的甲申易枢中，奕䜣下台，奕譞上台。这是慈禧为了打击奕䜣而采取的政治手段。当年的奕䜣、奕譞两兄弟的关系便可想而知了。但是，他们毕竟是亲兄弟，毕竟是政治家，官场的开降起伏他们往往会从更高的角度去理解去认识。因此，随着时间的流逝，他们之间的恩怨便逐渐化解，友谊却日渐增长。他们之间来往日多，诗酒唱和便是常有的事了。

宝鋆和奕譞是奕䜣诗战的对手。在诗酒唱和中，奕䜣的心灵得到了慰藉。作为资深的政治家，他是深谙中国历史上政坛的韬光养晦之术的。寄情诗酒，不思政务，这既是他消磨意志的真实写照，又是他韬晦自保的高明策略。

光绪十五年（1889）年末，奕䜣作《冬至闲咏》一诗，吟道：

> 自怜终乏马卿才，苦吟须惊白发催。
> 从听世人忙似火，此心因病亦成灰。
> 前程渐觉风光好，清气应归笔底来。

光绪皇帝

104

官给俸钱天与寿，帝尧城里日衔杯。

世人"忙似火"，但离我很远。我对仕途已毫无兴致，病魔缠绕，此心如灰。我很满足，"官给俸钱"，天与寿命，饮酒吟诗，不做他想，好不惬意！这应该是奕䜣闲居时心理的真实反映。而这种心理状态又是使慈禧十分放心的。

然而，宝鋆于光绪十七年（1891）病逝，享年八十四岁。奕譞于光绪十六年（1890）病逝，年仅五十一岁。奕䜣痛失两位可以谈得来的密友和兄弟，在精神上倍感孤寂。这段时间，奕䜣又连续遭受重大不幸，他先后失去了四位妻妾和三个子女，使他的心理遭到极大打击。政治上的失意和生活上的刺激，使他在精神和肉体方面同十年前相比，都判若两人。光绪二十年（1894）正月，翁同龢见到奕䜣时，他惊异地发现奕䜣已是须发皆白、精神萎颓的老人了。确实，此时的奕䜣已经六十三岁了。

但帝党对此时奕䜣的状态，冥蒙不知。他们把挽救危局的希望寄托在恭亲王奕䜣身上。他们自然联想到了三十四年前处理英法联军入侵北京时的奕䜣。那时年仅二十九岁的英姿勃勃的奕䜣在处理国际事务上显得驾轻就熟，游刃有余。不像现在的李鸿章处处捉襟见肘，无所作为。

早在七月初三日，户部右侍郎长麟即上折奏请起用恭亲王，但此折留中，未予讨论。平壤之战失利后，帝党要求起用恭亲王的呼声日高。

八月二十八日，以咸丰年间进士、礼部侍郎李文田领衔上一奏折，吁请起用恭亲王。当日，翁同龢在日记里写道："及李文田等连衔请饬恭亲王销假折，命看。"

翁同龢对李文田等奏折十分重视，经与军机大臣等会商，拟出奏片，内云："臣等伏思恭亲王勋望夙隆，曾膺巨任。前经获咎，恩准养疴。际此军务日急，大局可忧。恭亲王懿亲重臣，岂得置身事外？李文田等所奏各节，不为无见。谨合辞吁恳天恩，可否恭请懿旨，将恭亲王量予任用之处，伏候圣裁。"

翁同龢和军机大臣都同意李文田的奏折，建议慈禧太后重新起用恭亲王。

这一天，除前文提到的派翁同龢赴天津探询李鸿章联俄拒日问题外，建议起用恭亲王是另一主要议题。翁同龢与李鸿藻同意李文田等的奏折，一致请求起用恭亲王。当时慈禧太后与光绪皇帝都在座。耐人寻味的是，他们坚决不同意，没有任何商量的余地，"上执意不回"。但是，从态度上看，他们并没有恼怒，"虽不甚怒"，然而"词气决绝"。翁、李亦非等闲之辈，一再乞请，来往"凡数十言"，但毫无效果，"皆如水沃石"，都像水浇到石头上，一丝不起作用。

这里需引起注意的是，一是两宫虽然一致反对起用恭亲王，但慈禧似因仍记前嫌，而光绪帝则似有难言之隐。二是两宫虽不同意，却"不甚怒"。这似乎是一个信号，即给人的印象是尚有商量的余地。

其实，光绪帝虽然同意起用恭亲王，但他不能也不敢单独表态，他深知这必须听从母后的意见。

八月二十九日，侍读学士兼日讲起居注官文廷式属稿并领衔，列名者有翰林院等五十七人，共同请求起用恭亲王秉政。这就造成了一个声势。而这个声势恰恰是光绪帝授意陆宝忠去办的。据载，光绪帝在前一天曾单独召见了陆宝忠。接见毕，临退出前，光绪帝热辣辣地说："我今天把心里话都告诉你了，你好好办罢。"光绪帝把秘不示人的心里话告诉陆宝忠，这个心里话，据编修叶昌炽记载："伯葵（陆宝忠）前辈召对，圣意欲得外廷诸臣协力言之也。"陆宝忠心领神会，他利用他的资望，联合文廷式发动了起用恭亲王的请愿。

在大臣士子的一再乞请下，九月初一日，慈禧太后和光绪帝共同召见恭亲王奕訢。时间长达六刻之久，商讨了许多重大问题。这一天，连发两道懿旨。第二天，又发一道懿旨。

第一道是：

> 本日召见恭亲王奕訢，见王病体虽未痊愈，精神尚未见衰。著管理总理各国事务衙门事务，并添派总理海军事务，会同办理军务。

第二道是：

> 恭亲王奕訢，著在内廷行走。

第二天，又发一道懿旨：

恭亲王奕訢病体尚未痊愈，步履未能如常，加恩免其常川入直。遇有应奏事件，呈递膳牌。一切祭祝差使，毋庸开列。昨派内廷行走，著免其随扈，以示体恤。[①]

两天时间连发三道懿旨，对恭亲王奕訢重新委以重任，授予他外交、军事及内政诸大权。当然，现在给的是参与重大事务的议事权，还不是直接的调遣权和指挥权。尤其是当务之急的军事权，给予他的是"会同"办理，而不是全军指挥的决定权。

对此，帝党官员耿耿于怀，仍不满意。

九月初七日，檀玑折请恭亲王总理枢务，即重新主持军机处，恢复其十年前首席军机大臣之职。慈禧未予理睬。

九月初十日，陈其璋奏请派恭亲王为全军统帅，全国部队归其调遣，慈禧亦未答应。

慈禧不可能一下子给奕訢最高的权力，她还要观察奕訢如何动作。

不管怎样，起用奕訢，帝党认为是他们的一个胜利，"人心为之一舒"。他们认为奕訢是会和他们站到一起的。但这种想法也只是一厢情愿。他们不会料到，老年的奕訢已非青年的奕訢。老年的奕訢是要看着慈禧的眼色行事的。

奕訢深知慈禧太后允其重新复出，意在危急关头利用他的政治影响在外交上进行调停斡旋工作。于是奕訢便把主要精力放在议和上面。

且看奕訢如何动作。

重新复出后，慈禧太后几乎天天召见奕訢，一是想听听他的意见；二是欲探探他的虚实。

九月初八日，礼部右侍郎，瑾妃、珍妃二妃的胞兄志锐上一奏折，欲以二三千万两白银，诱使英国出兵，联合起来共同伐日。

九月初九日，奕訢遵旨在总理衙门面见总税务司赫德，就志锐所奏联英伐日的可能性进行探询。这位熟谙中英双方情况的英国人"中国通"断

① 《光绪朝东华录》，第 3 册，总第 3467 页。

然答道："不能。"很有意思的是，日讲起居注官、侍读学士文廷式等三十八位翰林，也于这一天上一《奏请密连英德以御倭人折》。说明帝党官员在主战的同时也没有放弃外交上的努力。

九月初十日，奕䜣把面询赫德的情况奏报光绪帝，光绪帝感到很失望。这一天接到中国驻英法意比四国公使龚照瑗电，内称法国"肯诸事相让，实意与华和好，愿助华讲说"。法国肯出面调停，进行游说。奕䜣感到有了希望。

九月十四日，南书房师傅、资深政治家李文田等领衔上奏，犯颜直谏，请停止为慈禧六十大寿所设的点景工程。光绪帝虽然同意李折观点，但不敢表态，而让军机大臣转奏慈禧："请懿旨办。"

九月十五日，礼亲王世铎传达慈禧懿旨："一切点景，俱暂停办。"慈禧太后总算接受了李文田等人的建白，但也只是停办点景而已。这一天，奕䜣禀承慈禧旨意，在总理衙门召见了英国驻华公使欧格纳，"议各国保护事"。

九月十六日，在总理衙门，就欧格纳的要求一事，大臣们发生激烈争论。奕䜣说，欧格纳说如让日本停止进兵，须放弃朝鲜，且要缴费赔偿。军机大臣孙毓汶和徐用仪别无良策，气急败坏地说，还是接受的好。并认为不如此不能保住陪都盛京和祖宗陵寝。对这种主和议论，翁同龢与李鸿藻坚决反对。他们认为，英使的条件是偏袒日本，"要挟催逼"，不能答应。可以答复欧格纳，"上（光绪帝）意不允"，作为托词。他们没有取得一致意见。

此时慈禧太后分三次召见了他们。头一起是奕䜣，第二起加上翁同龢与李鸿藻，第三起加上全部军机大臣。慈禧在单独召见奕䜣的头一起，便定了调子，那就是要议和。所以翁同龢与李鸿藻虽然仍慷慨论战，慈禧已听不进去了。慈禧关于议和事作了大篇论述，"语极长"，且态度坚决，"天意已定，似不能回矣"。翁同龢至此看透了慈禧的真实用意是在议和，而且是不惜一切代价地议和。

慈禧在关心议和的同时，还关心自己的六十大寿。在前方战事如此吃紧的情况下，慈禧还念念不忘祝寿的贡物问题。

九月二十一日，翁同龢记载："昨日内奏事处口传奉旨：所有应进皇太后六旬万寿贡物之王大臣以及外省各大臣等，均着于本月二十五日呈进，其蒙古王公等于二十六日呈进，俱入福华门。钦此。"

上有所好，下必甚焉。开始翁同龢与李鸿藻仍想婉拒不纳，各位军机大臣也想仿效，只是首席军机大臣礼亲王世铎"尚犹豫"。但是，后来诸军机无一例外都进了贡物，"初犹秘之"。被翁、李询得后，他们也只得乖乖送上厚礼。

到九月二十五日，是懿旨进献寿礼的一天。恭亲王奕䜣、礼亲王世铎、军机大臣额勒和布、张之万、孙毓汶和徐用仪及参与军机事务的翁同龢及李鸿藻等穿戴齐整，到瀛秀门外的五间房去照料贡物。

翁同龢记道："今日进贡之内阁、六部及将军、督抚咸集，先赏饭，旋赏物件，诸臣皆入仪鸾殿，皇太后升座，诸臣三次叩头出。"

而具有讽刺意味的是，这一天正是五千清兵不守、鸭绿江防线全线崩溃的一天。

此后，前方传来的消息越来越坏。

九月二十八日，慈禧召见，恭亲王奏对前方战争情形，而礼亲王却还是"商量庆典"。

九月二十九日，慈禧在召见时，心事重重，神色俱疲。"太后焦劳，色甚不怿，论军事语颇多。"

十月初一日，日军打过鸭绿江，侵占凤凰城，形势急转直下。

十月初三日，在隆宗门外大公所，对前途感到渺茫的翁同龢遇到奕䜣，他痛哭流涕地恳求奕䜣，"请持危局"，但奕䜣对谈判已失去信心，"卒无所发明"。这一天，光绪帝召见了恭亲王奕䜣、庆亲王奕劻、李鸿藻及翁同龢，地点是东暖阁。这是光绪帝第一次召见恭亲王。恭亲王抓住机会，"奏对甚多，不甚扼要"。大体是前方战事如何处置。同一天，慈禧太后单独召见礼亲王和庆亲王，研究的"皆系庆典"，还是关系自己寿诞之事。礼、庆两亲王也感到"令人嗟诧"！

十月初四日，慈禧太后召见庆亲王、恭亲王、全体军机大臣及翁同龢、李鸿藻。奏对良久。慈禧脸色阴沉，语气冷峻，阴阳怪气地问："你们有什么好招儿吗？"诸臣回答不得要领。庆亲王奕劻"力陈恭亲王宜令督办军务"，即给予奕䜣以统率部队的全权。慈禧沉吟再三，感到复出后的奕䜣是在按照自己的意旨办事，可以委以更大的权力，于是，"允之"。

第二天，发布上谕："现在畿辅大兵云集，著派恭亲王督办军务。所有各路统兵大员，皆归节制。如有不遵号令者，即以军法从事。庆亲王奕劻，著帮办军务。翁同龢、李鸿藻、荣禄、长麟，并著会同商办。"

同时，又颁一谕，设立巡防处，谕云："著派恭亲王，庆亲王奕劻，户部尚书翁同龢，礼部尚书李鸿藻，步军统领荣禄，右翼总兵、礼部左侍郎长麟，办理巡防事宜。"

这个巡防处便是督办军务处。它是同军机处具有相同权威的在慈禧太后及光绪帝领导下的战时最高军事指挥机关。从七月初一日光绪帝对日正式宣战算起，已过去三个多月了，直到此时，才成立最高军事指挥机关，清朝决策层的无用可见一斑。

这个军务处，又称督办处，其最高负责人便是恭亲王奕䜣。这时的奕䜣才取得军事和外交的最高指挥权，但不是决策权。因为他还没有被授为军机大臣。这说明慈禧太后对他的使用还有保留。

从以上谕旨的发布过程不难看出，重大的决策和重要的任命必须事先得到慈禧太后的首肯，否则光绪皇帝是不敢作出决策的。

而奕䜣的起用也使对其寄予厚望的光绪帝及帝党官员甚感失望，因为他非但不主战而且极力主张议和。

第九章　慈禧寿诞　坚决主和

一　慈禧寿诞　光绪重视

　　1894 年十月初十日是慈禧太后的六十大寿。每逢寿辰，慈禧太后总是不大顺利。四十大寿，1874 年适逢中日战争；五十大寿，1884 年适逢中法战争；六十大寿，1894 年适逢甲午战争。慈禧太后对她的六十大寿是极为重视的，提前一年就做了准备。光绪帝发布上谕，成立庆典处，总司其事。提前十个月，把大庆十五天的日程颁布天下。不料，1894 年发生了中日甲午战争。但是，在战争激烈进行的过程中，慈禧太后礼物照收，庆典照开，戏目照演。慈禧太后的个人私欲得到充分的宣泄。

　　光绪帝只能听之任之，违心地扮演着尴尬的角色。

　　奕䜣在刚被任命督办军务的第二天，即十月初六日，便迫不及待地召见英、德、俄、法、美各国公使到总理衙门晤谈，放手地商请各国进行战争调解。先由军机大臣兼总署大臣孙毓汶介绍中日交涉的历史过程，然后由奕䜣讲述中日战争的现实情况，最后向各国公使提交了内容相同的照会，以光绪帝和慈禧的名义郑重地要求各国公使向本国政府提议出面调停。同一天，奕䜣又电令驻英法意比公使龚照瑗、驻美公使杨儒、驻俄德荷奥公使许景澄，向英、俄、法、德、意、美各国外交部商洽调停事宜。

　　不仅如此，第二天，奕䜣又以允许朝鲜独立、向日本赔偿战费为条件，进一步要求各国公使出面调停。

　　奕䜣意在促成西方各国联合干涉。退一步讲，也要由某大国出面调停，但是，奕䜣的幻想终于破灭了。因为侵略气焰正炽的日本不愿有所收敛。他们企图用武力攫取到更大的权益：到嘴的吃食岂能轻易放弃？

奕䜣之所以毫无顾忌地请求各国调停，也是作为资深政治家对国内政坛和中日战局筹思的结果。他认为，首先，就中日两国的现状，中国不能取胜；其次，正值慈禧六旬寿诞，慈禧想草草结束战争；最后，光绪皇帝虽已亲政，但有名无实，重大决策仍听命于慈禧。他只要按慈禧的旨意办事就可以了。因此，奕䜣便一味地寻求议和。

志得意满的慈禧太后

十月初十日是慈禧的六十大寿。六十年为一甲子，中国人历来对六十大寿是特别重视的。慈禧亦不例外。慈禧还有一个心愿，即六十大寿这一年不要出不吉利的大事。因为四十寿诞时发生中日战争，五十寿诞时发生中法战争。她企望六十寿诞时要平平安安、欢欢喜喜地大庆一番。

早在光绪十八年十二月初二日（1893 年 1 月 19 日），光绪帝便发布上谕，申明"甲午年，欣逢花甲昌期，筹宇宏开，朕当率天下臣民，胪欢祝嘏"，郑重委派礼亲王世铎、庆亲王奕劻及其他重臣，"总办万寿庆典"。

十二月二十一日，慈禧发布懿旨，一面对皇帝率天下臣民为她祝六旬寿辰加以首肯，一面又虚情假意地强调"毋得稍滋糜费"。

光绪十九年（1893），光绪帝命成立庆典处，专门负责六旬大寿庆典事宜，可见有多么重视。

在慈禧的授意下，查照乾隆年间办理庆典筹备情况，定于在颐和园受贺。庆典期间，慈禧太后自颐和园进宫所经过的道路两旁要修葺一新，并分段搭建龙棚、龙楼、经棚、戏台、牌楼、亭座，"以昭敬慎，而壮观瞻"。

光绪十九年六月二日（1893年7月14日），礼亲王世铎奏请，在京王公大臣及外省文武官员，为共襄慈禧六旬万寿应报效银两，并拟出清单，在京各官应报效二十六万三千九百两，外省各官应报效九十四万三千两，中外各官共报效一百二十万零六千九百两。这些报效银两统交户部，然后由庆典处"随时支取备用"。

光绪十九年十二月二十七日（1894年2月2日），光绪帝发布上谕，申明依据皇太后懿旨，将光绪二十年十月初三日至十七日这半个月，六旬庆典期间的日程表颁布天下。提前十个月安排了庆典日程，考虑不可谓不周。

光绪十九年这一年，庆典处屡上奏章，光绪帝频发谕旨，为慈禧六旬庆典做着充分的准备。

转过年去，一到光绪二十年（1894），刚进正月，光绪帝便连发谕旨，筹备庆典。计算一下，从一月初三日到一月二十七日，光绪帝共发布上谕三十条，而其中专为庆典的即达十三条，占三分之一强。一月初三、初四、初五这三天连续发布八道谕旨都为庆典事。而其中初三日这一天就连发五道谕旨。这五道谕旨都是光绪帝转发的慈禧太后的懿旨。

第一道是为醇亲王福晋，即慈禧之胞妹叶赫那拉氏每年著加赏银三千两；

第二道是为几位妃子"特晋荣封"，其中包括瑾嫔晋封瑾妃，珍嫔晋封珍妃；

第三道是"施恩懋赏，在廷臣工"，其中包括户部尚书翁同龢著赏戴花翎并赏用紫缰，礼部尚书李鸿藻著赏戴双眼花翎并交部从优议叙；

第四道是奖赏所有南书房、上书房行走；

第五道是加赏各省文武大臣，列首位的便是大学士直隶总督李鸿章，著赏戴三眼花翎。

光绪帝作为皇子是以诚心的孝对待慈禧母后的六旬大寿的。慈禧则毫不掩饰地直接发布懿旨为自己的六旬大寿做舆论的、心理的准备。光绪二十年一开头连珠炮式的上谕的公布，足以表明六旬庆典是这一年的压倒一切的头等大事。

一个国家把最高领导者寿诞庆典作为最重要的事来抓，那就足以说明这个国家上层的腐败已达到了无可救药的程度了。

日本的情报部门分析了中国的情况，深知此时发动侵华战争是难得的机会："日（日本）知今年慈圣庆典，华（中国）必忍让。"

毋庸讳言，此时的光绪帝是把慈禧的六旬大寿作为他心目中的第一件大事全力以赴来办的。

但自甲午战争爆发以后，随着清军的节节败退，光绪帝对六旬庆典在规模上有所考虑。他私忖，如果仍然建设点景，耗资太过。但他又不便直接向慈禧提反对意见，于是他想到了利用内外臣工采取条陈的方法以达到目的。翰林院侍讲张仁黼深领其意，上奏请停办点景，将此款移作军费，慈禧听后十分恼怒，向御前诸臣咬牙切齿地说："今日令吾不欢者，吾亦将令彼终身不欢。"这样恶劣的表态自然便吓阻了一切有益的建白。因此，一方面是前方将士的浴血奋战；另一方面是后方统帅的寻欢作乐。

八月十五日，日军向平壤发起疯狂的进攻。

同一天，心急如焚的光绪帝不得不耐着性子先到太和殿阅视表文，然后到慈宁宫向慈禧恭进册宝。除原有的端佑康颐昭豫庄诚寿恭钦献徽号外，又新进"崇熙"二字。大礼完成之后，正式颁诏天下。

八月十七日，日本第一军占领平壤。此前，大同镇总兵卫汝贵率盛军、高州镇总兵左宝贵率奉军、提督马玉昆率毅军、副都统丰升阿率练军等四大军入朝参战，先敌进入平壤，本来居于优势地位。但四大军在败将直隶提督叶志超的率领下，不是积极备战，而是连日置酒高会，往来应酬。日军利用这一时机，调兵遣将，周密部署。战斗一打响，虽然有左宝贵的顽强抵抗，终因寡不敌众，而导致平壤失守。叶志超故技重演，率军狂奔五百里，渡鸭绿江退入中国境内。日军强行占领了朝鲜全境。

两天之后，中国北洋海军在黄海大海战中又败给了日本海军。

自此，战火无情地烧到了中国境内。

直到此时，慈禧才感到事态的严重。她于八月二十二日发下懿旨："现当用兵之际，必应宽备饷需，除饬户部随时指拨外，著由宫中节省项下发去内帑银三百万两，交由户部陆续拨用，以收士饱马腾之效。"

这是慈禧用实际行动支援前线的一个表示。又于八月二十六日再发懿旨："兹者庆辰将届，予亦何侈耳之观，受台莱之祝也？所有庆辰典礼，著仍在宫中举行。其颐和园受贺事宜，即行停办。"①

慈禧太后期盼着率王公大臣赴山色秀丽、湖光潋滟的颐和园举办六十大寿的庆典。这样从西华门到颐和园必然要设立点景。对此，慈禧着实痴迷得很。即便中日甲午战火迭起，她也没有松口。直到陆上平壤失守、海上北洋失败，她才如梦初醒，感到再去颐和园祝寿已不合时宜，只有在紫禁城内举行了。但是，点景工程仍未停止。

有良知的大臣们在关注此事。终于，三朝元老、礼部侍郎李文田领衔率南书房、上书房的帝师们于九月十四日慨然上疏，请求慈禧停办点景。翁同龢十分赞同此举，认为"持论极正"。光绪帝内心极表赞成，但事涉母后最关注的大事，他不敢表态，因此推托道："请母后的懿旨办吧！"

第二天，礼亲王世铎传达了慈禧的懿旨，一切点景俱暂停办。工程已立架油饰的，不再添彩绸。灯盏陈设等一律收好，等来年补祝。

这对慈禧来说已做了最大的让步。

但这时前方战事愈益紧张，日军在谋划强渡鸭绿江，侵略中国本土。

且看清廷中央在忙什么。

九月二十一日，光绪帝口传谕旨："所有应进皇太后六旬万寿贡物之王大臣以及外省各大臣等，均著于本月二十五日呈进，其蒙古王公等于二十六日呈进，俱入福华门。钦此。"光绪帝不敢也不能违拂慈禧的心愿，但在中日战争正在紧张进行之时，他感到用明发上谕让王公大臣进贡似又不妥，不得已而改为口传谕旨。听到谕旨后，虽"群议纷纷"，但最终都表示要进贡品，即使是位极人臣的军机大臣们也"欲进矣"。只有翁同龢与李鸿藻这二位耿介之士直率地说道："至敬无文。"就是说，真正的尊敬不需要什么虚假的文饰，也就是说，用不着送礼。同时，又引用光绪十八年慈禧发布的懿旨，凡是贡物绸缎均毋庸呈进。大臣们都认为他们二位说得有道理，只有礼亲王世铎还心存疑虑，不知如何是好。

但大臣们当面一套，背后一套。

第二天，翁同龢探知："枢廷诸君仍进贡物，初犹秘之。"人家是背着他，秘密地呈献贡物。翁同龢毕竟是官场中人，不得不从众。他和李鸿藻托内务府大臣立山代办，每人送如意九枝，大缎九联，并送了一些小费。

① 《光绪朝东华录》，第 3 册，总第 3465 页。

九月二十四日，光绪帝发下谕旨，公布了六旬大寿庆典的日程表，著各该衙门认真准备。

第二天，日本侵略军便强行攻过了鸭绿江，自此战火烧到了中国境内。而就在这一天，光绪帝命庆亲王奕劻、礼亲王世铎两邸、军机大臣额勒和布、张之万、孙毓汶、徐用仪四枢及翁同龢、李鸿藻二帝师，皆穿花衣到瀛秀门外五间房"照料贡物"。而内阁、六部及将军、督抚等，都纷纷来进贡。

九月二十六日，光绪帝又发一上谕："当庆典届期，该王公大臣等仍循旧例呈进贡物，系属出于至诚。若仍不允准，无以申臣下将敬之忱，转若近于矫情，均著加恩赏收。所有此次呈进贡物之王大臣等，著各赏给福字一方，寿字一方，如意一柄，蟒袍一件，尺头二匹，用示行庆施惠至意。"①

慈禧终于揭去了虚伪的遮羞布，赤裸裸地表示"加恩赏收"贡物，并予以回报，以表"行庆施惠"之意。

九月二十七日，具有讽刺意味的是，日本第一军侵占九连城，日本第二军在花园口登陆。翁同龢焦急地记道："事孔棘矣！"确实，前线已焦头烂额了。

九月二十八日，光绪帝召见恭亲王奕䜣，奕䜣奏前敌情形。又召见礼亲王世铎，世铎"则犹商量庆典"。这位首席军机大臣心目中唯有慈禧，唯有慈禧的庆典。商议完毕，翁同龢已"腹枵气沮矣"。

十月初二日，翁同龢记载了当日慈禧太后乘坐金辇祝寿的情景，光绪帝及诸位王公大臣自然必须作陪。翁记道："寅正二刻（四时三十分）至西华门外恭俟。是日辰初（七时许），皇太后乘金辇出蕉园门、三座门、北长街，入西华门，由协和门至锡庆门降辇（蕉园、锡庆皆有彩殿，北长街皆有点景），入皇极门、宁寿门，先至阅是楼，后还乐寿堂。上（光绪帝）于蕉园门跪送，步行前引，至北长街后，跪，先由神武门至锡庆门，辇至，跪迎。凡辇前从官皆执如意一柄，余（翁同龢）等亦然，先叩头三，谢昨日赏长寿字、绸缎、帽纬。跪候过起，济济焉盛典哉！"

十月初三日，慈禧召见礼亲王世铎、庆亲王奕劻，"今日所言，皆系

<hr>

① 《光绪朝东华录》，第 3 册，总第 3482 页。

庆典"。

十月初九日这一天，日本侵略军攻占金州。也就是从这一天起，为慈禧六旬庆典在宁寿宫听戏三日。光绪帝不敢明令禁止唱戏，但却对大臣们说："听戏三日，诸事延搁，尽可不到也。"

十月初十日是慈禧的六十大寿正日。翁同龢记道："同诣皇极门外敬俟，第一层皇极门，第二层宁寿门，王公在宁寿门阶下，皇上于慈宁门门外。巳初（九时许），驾至，步行由西门入，折东阶，皇太后御皇极殿，先宣表，上（光绪帝）捧表入宁寿门，授内侍，退出门，率群臣三跪九叩，退至新盖他

庆亲王奕劻

达换衣。巳正二刻（十时三十分），入座听戏刻许，遂退。"

翁同龢在日记里接着写道："大连告警，宋军南趋复、金（复州、金州）。"实际上，因守将赵怀业弃炮台先行逃走，日军不费一枪一弹，唾手占领了至关重要的大连湾。前线将领的怯懦无能同后方统帅的纸醉金迷，臭味相投，遥相呼应，怎能不屡战屡败？在慈禧淫威下的光绪帝尽管对此时的祝寿已深表不满，但他也回天乏力，不得不一而再地违心扮演着尴尬的角色。

十月十一日，旅顺告警。但庆典依旧安然进行。十时三十分，翁同龢"入座听戏，叩头毕，即退，实坐不能安也"。翁同龢不得不虚应故事，走走过场。"实坐不能安也"，实在是不能安稳地坐下去，表露了他为国事焦急的心情。

十月十二日，翁同龢记道："皇极殿宴近支王公，上（光绪帝）亲进舞。卯正三刻（六时四十五分）入宴。"光绪帝在上谕里申明："十二日，朕率领近支王公等诣皇极殿筵宴进舞。"看起来，光绪帝在祝寿上做的是很认真的。

117

十月十三日，慈禧升皇极殿宝座，皇后率领妃嫔、公主、福晋、命妇等诣皇极殿筵宴，皇后向慈禧进酒爵、进舞。

十月十四日，光绪帝召见军机大臣和总署大臣，商议明天接见各国公使接受祝寿国书后，赏赐宝星一事。赐宝星是光绪皇帝提出来的，但两衙门大臣

总理各国事务衙门

都不同意。光绪帝发了脾气，"声色俱厉，意在必行"。

十月十五日，光绪帝御文华殿会见了美国使臣田贝、俄国使臣喀希尼、英国使臣欧格讷、德国使臣绅珂、法国使臣施阿兰、比国使臣陆弥业、瑞国使臣柏固、日国（日斯巴尼亚，即西班牙）使臣梁威哩。他们呈递国书，恭祝慈禧六旬大寿。

十月十六日辰初（七时许），总管两名奏请慈禧太后由乐寿堂乘八人花杆孔雀顶轿出养性门，至锡庆门外彩殿降舆，乘金辇，光绪帝率王公大臣跪送。然后，光绪帝步行前导至御箭亭，再跪送。慈禧大轿走后，光绪帝乘轿由景运门出神武门，至蕉园门外降舆，至黄幄次等候。过了一会

总理各国事务衙门大门

儿，慈禧乘金辇至，光绪帝率王公大臣跪接。慈禧由金辇换轿走后，光绪帝急乘轿进东三座门，由御汉桥进福华门至遐瞩楼后角门降舆，步行至颐年殿等候。此时慈禧的孔雀顶轿至纯一斋后角门降舆，步行

至颐年殿。先期到达的光绪帝率皇后、瑾妃、珍妃跪接，然后是伴侍膳，进果桌，陪看戏。看戏完毕，光绪帝率皇后、瑾妃、珍妃跪送，慈禧步行，从纯一斋后角门乘轿还仪銮殿。

慈禧的六旬大寿庆典，到此总算结束了。

据户部奏称，这次六旬万寿庆典，各衙门承办工程差务等项共需银五百四十一万六千一百七十九两。而在整个甲午战争中，户部给前线的两次筹款却只有二百五十万两，还不到庆典支出的一半。

慈禧庆典的巨额耗费对急需经费的前线清军是个很大的冲击。慈禧大肆进行六旬寿典，激起人民的义愤，有人撰写对联讥讽慈禧："万寿无疆，普天同庆；三军败绩，割地求和。"还有人把贺词"一人有庆，万寿无疆"，改为"一人庆有，万寿疆无"。

光绪皇帝对慈禧太后的六旬庆典在态度上是诚心尽意的，在行动上是全力以赴的。

光绪帝是在对母后尽孝道。

正由于此，光绪帝便不能全身心地处理前方战事。而这一切都源于慈禧太后的权势与淫威。慈禧太后在六旬庆典后便一味主和了。

二　慈禧决策　坚决主和

甲午战争失败后，慈禧太后走到台前，一味地主张议和。为了扫清议和路上的障碍，她连续发布旨令，以打击主战的帝党成员。慈禧太后发布的旨令，包括惩治瑾妃、珍妃，将其降为贵人；斩杀珍妃的总管太监高万枝；将光绪帝的支持者，瑾妃、珍妃的堂兄志锐贬斥到边远的乌里雅苏台；撤掉满书房，光绪帝书房的师傅对光绪帝极为支持，撤掉满书房，就等于撤掉光绪帝的臂膀；将直斥慈禧太后的监察御史安维峻革职，发往军台效力。

慈禧的一系列动作，沉重地打击了抵抗议和的帝党力量，也使光绪帝的锋芒大为收敛。这就为议和扫清了道路。从此以后，帝党和后党在议和问题上意见渐趋一致。

慈禧可以放手地进行议和谈判了。

十月初四日，慈禧太后召见庆亲王、恭亲王、军机大臣及翁、李二帝师，问各位大臣有什么良策。军机大臣孙毓汶奏陈可以请各国进行调处。对此，翁同龢明确表示："请各国调处之事肯定办不成。退一步说，即或能办，我也不想参与。因为一旦参与，我就再也没脸为国家办事了。"翁同龢坚决反对议和，但作为不谙世界大势的一代儒者，虽可洁身自好，却也献纳不出救国的良策。不过，慈禧却自此倾向议和了。

慈禧对现在的军机处不甚满意，意欲先向军机处掺沙子。十月初六日慈禧发布懿旨，补授翁同龢、李鸿藻、刚毅为军机大臣。这样做也是符合光绪帝心意的。

此时的光绪帝最信任的大臣是他的师傅翁同龢。翁同龢对光绪帝也非常满意。他在日记里对光绪帝颇为赞美："上（光绪帝）英爽非复常度，剖决精明，事理切当，天下之福也。"

甚至光绪帝每阅一份奏折，都主动征询翁同龢的意见，问他如何处理为好。对此，翁同龢感慨系之："盖眷倚极重，恨臣才略太短，无以仰赞也。"这倒也是实情。面对复杂的中日战局，作为基本上是知识分子的翁同龢也拿不出锦囊妙策。

十月初九日，日本军队攻陷大连湾。前方战事吃紧，光绪帝如坐针毡，在陪伴慈禧听戏的间隙，抽空召对军机大臣，垂问详切，神情焦急，并指示说："你们不可早散。"

十月十三日，有人进言请光绪帝下罪己诏。光绪帝动心了，觉得自己错误深重，应该下诏罪己。对此，军机大臣翁同龢进言道："下罪己诏这样做当然是皇帝圣明道德的体现，然而皇帝要想做到秉笔直书却很难。举例来说，大兴土木、宦官揽权等大事，你敢条分缕析地开列出来吗？抑或是为尊者（指慈禧）隐讳，而笔下留情不敢写出？隐讳了，就是不诚实；写出吧，事实上又做不到。依我看，皇帝的自我检查，应该留在自己身边，随时反省阅看，并以此来规范自己的行为，就不必下罪己诏了。"毕竟翁同龢是老练的政治家。他深知皇帝下诏罪己，有些事必然要触怒慈禧，因此劝谏光绪帝不能这样做。

翁同龢既不赞成同日议和，又拿不出对日交涉的总体方案，但他对后党对日和谈的做法则采取不合作态度。十月二十四日，奕訢商同军机处决定派天津海关税务司德国人德璀琳赴日乞和，翁同龢自称"未过问"，明显地表示消极抵抗。德璀琳赴日前，请求授予他头品顶戴，即给予他正一品最高官衔的待遇，李鸿章"权宜授之"，授给了他。翁同龢对此甚为不满，表示"可诧也"，甚为惊讶。

十月二十五日，恭亲王奕䜣、庆亲王奕劻，请求慈禧皇太后接见。因为昨天美国驻华公使田贝到总理衙门，自称他奉本国电，命其为中日两国进行调处。田贝带来一份调处文书，大意是：大清国大皇帝、大美国大皇帝同派田贝调解日本和中国之间的战事，中国答应朝鲜自主，并同意赔偿日本兵费。先行停战，然后再议赔偿具体数额。如果调解不成，再行开战，云云。田贝请在此文书上加盖总理衙门关防。将文书原稿呈送光绪帝审看时，光绪帝明确提出质疑："冬三月倭人畏寒，正我兵可进之时，而云停战，得毋以计误我耶?"当时军机大臣孙毓汶、徐用仪答复："万无此事。"光绪帝怀疑美国人调处的动机，也表明他反对中日进行议和。但平心而论，此时的光绪帝也拿不出有针对性的可行之策。

而形势急转直下，战局愈发不利。

十月二十七日这一天，是中央的王公大臣们十分难过的一天。据翁同龢在日记里写到，他是在这一天得知旅顺于十月二十四日失守的消息的，他"为之惊悸"。见起后，他邀请恭亲王奕䜣、庆亲王奕劻及办理团防的敬信，意在商讨旅顺失守后的对策，但是很令人失望。他们面面相觑，"相对无一策"。午休时，他睡不着觉，心事重重，"默坐永叹"。到督办处，"恭王、庆王相继联翩去"，只有李鸿藻、长麟同他在一起坐谈"抵暮"。夜晚他给朋友致函，充分抒发了他的感情，"愤虑填膺，恨不速死"。

从翁同龢对旅顺失守的强烈反应，可以意识到旅顺的重要性，也可以预见到战局的危险性。旅顺号称"东方第一要塞"。清政府"经营凡十有六年，糜巨金数千万，船坞、炮台、军储冠北洋"的旅顺，竟然沦入敌手，这对清朝中央刺激很大。也就是从此时开始，慈禧决心不顾一切地寻求同日本议和。为此，慈禧甚为恼怒光绪帝及帝党消极抵抗的态度，准备实施手段，打击帝党力量，并从而敲山震虎，以便为议和扫清障碍。

慈禧娴于此术，她开始主动出击。

第一，惩治二妃。十月二十九日，慈禧召见军机大臣于仪鸾殿。她情绪低沉，面色暗冷，首先询问了有关旅顺陷落的情况，然后话锋一转，便直斥瑾、珍二妃。这使诸位军机大臣瞠目结舌，不知这位善变的女人葫芦里卖的什么药。慈禧似旁若无人，信马由缰地指责瑾、珍二妃，说她们

121

"有祈请干预种种劣迹"，并越说越气，下令立即撰写懿旨，将她们"降为贵人"。军机大臣们闻听此言不知如何是好。翁同龢反应得快些，向慈禧"再三请缓办"。但是慈禧不答应。不巧当天光绪帝未在座。翁同龢便问慈禧："上（光绪帝）知道这件事吗？"慈禧痛快地答道："皇帝正是这个意思。"其实，光绪帝根本就不知此事。说完，不耐烦地摆手让他们统统退下，前后也只用了十五分钟。翁同龢回到直房，起草处治二妃的懿旨，然后递上去，慈禧命将懿旨公布。懿旨全文如下："本朝家法严明，凡在宫闱，从不干预朝政。瑾妃、珍妃承侍掖廷，向称淑慎，是以优加恩眷，洊陟崇封。乃近来习尚浮华，屡有乞请之事。皇帝深虑渐不可长，据实面陈。若不量予警戒，恐左右近侍借以为夤缘蒙蔽之阶，患有不可胜防者。瑾妃、珍妃均著降为贵人，以示薄惩而肃内政。"①

第二天，光绪帝表现得异常冷静，神态自若，"意极坦坦"。虽然懿旨里假借他的名义，说处治二妃是他主动提出的，他也隐忍下来了。

这一天侍读学士兼日讲起居注官文廷式特上奏章，弹劾军机大臣孙毓汶，诋訾过当，光绪帝也没有发怒。

当然，文廷式是帝党成员，又是瑾、珍二妃之季父长善、兄弟志锐、志钧的世交旧谊，同时二妃未入宫前文廷式曾为之授教，即文廷式曾为二妃之老师。而且，文廷式的头名状元，也是光绪帝朱批的。同时，他所奏参的孙毓汶恰是后党主将。因此，光绪帝"不甚怒"就不足为怪了。光绪帝似有某种预感，因之对孙毓汶也未加刻责，只是温语有加："只要你尽心竭力办事就行，我不责备你。"

慈禧对二妃心存恶感，不依不饶。在接见王公大臣时，先是对文廷式弹劾心腹之臣孙毓汶表示不满，指斥文廷式"语涉狂诞"，等急事稍定，即要加以整顿。次及二妃，"语极多，谓种种骄纵，肆无忌惮"。慈禧处治二妃意在打击帝党，也是在警告光绪帝。

第二，斩杀内监。慈禧对珍妃之太监总管高万枝恨之入骨，命交刑部，即日正法。翁同龢奏言写明发上谕，有伤国体，应该交内务府逮捕斩杀。慈禧认为说得有理，交内务府当日杀掉了"诸多不法"的高万枝。慈禧处治高万枝意在警告珍妃。

---

① 《光绪朝东华录》，第 3 册，总第 3498 页。

　　第三，贬谪志锐。志锐（1853—1912），字伯愚，满洲镶红旗人。祖父裕泰，曾任太子太傅，湖广总督。父亲长敬，四川绥定府知府。瑾、珍二妃是他的堂妹。光绪二年（1876），志锐中举人，六年中进士，选庶吉士，授编修。光绪十五年（1889）光绪帝大婚，瑾、珍二妃入宫。活泼美丽、善解人意的珍妃颇受光绪帝的宠爱。爱屋及乌，博学多才的志锐也受到光绪帝的青睐。十八年春，光绪帝把志锐由正三品的詹事擢升为正二品的礼部侍郎（副部长）。

　　甲午战争爆发，志锐在和与战等重大问题上自然和帝党官员一致。他频繁上书，为光绪帝出谋划策，引起光绪帝的特殊注意。光绪帝毅然召见他，与他共议关系国家生死存亡的大事。志锐侃侃而谈，激动时流下感人的热泪。

　　随着战事的日益加紧，帝后两党的斗争也日趋激烈。七月十六日，志锐弹劾军机大臣孙毓汶、徐用仪把持军机，指斥孙毓汶"专愎成性，任意指挥，不顾后患"，揭露徐用仪仰承孙毓汶鼻息，"操纵自由，暗藏机关，互相因应"，并要求光绪帝将孙、徐立即罢斥，逐出军机处。

　　对此，光绪帝经慎重考虑，未予采纳，而是将志锐的原折交孙、徐阅示，并"温语慰劳"，令其"照旧办事，仍戒饬改过"。但是，志锐激烈的情绪和犀利的言辞却深深地刺激了后党的官僚们，并从而引起一意主和的慈禧的反感。但慈禧隐而不发。

　　七月二十三日，志锐敏锐地意识到前线缺少统帅，上折建议"派重臣视师"，并察看"北洋病状"。但他的建议被军机处驳回。

　　九月初八日，志锐折请联英伐日，答应给英白银两三千万两。志锐的单衔奏折同文廷式等三十八人的连衔奏折，主题不谋而合，都是请联英伐日。恭亲王奕䜣就此事询问赫德。这位任中国海关总税务司的英国人断然否定道："不能。"即英国不会冒险同中国联合共同对付日本。赫德说的是心里话。从志锐和文廷式的奏折看，帝党虽然主战，也对西方列强寄予希望。

　　志锐上折的同时自请募勇设防，光绪帝认为可以采纳，于是派他赴热河（今承德）练兵，未及一月恩赏副都统衔。

　　正当志锐踌躇满志之时，不意祸事已经向他逼来。在斩杀太监高万枝的第二天，即十一月初三日，慈禧便命志锐回京当差，招募团练停办，剥夺了他的兵权。十一月初七日，慈禧将志锐贬斥到边远的乌里雅苏台任参赞大臣。乌里雅苏台为现蒙古人民共和国辖地，地处边疆。这就使志锐远离京都，免得在自己身边聒噪。把志锐外放到边远地区，这是对他的一个薄惩。

第四，撤满书房。光绪帝主战，为造声势，便面谕内廷行走人员，暗示内外臣工，多上主战条陈。于是南书房、上书房两斋人员轮流上封奏，主战论盛极一时。然而，慈禧由最初的主战转为主和，使光绪帝无所适从。

一天，光绪帝召见南书房行走陆宝忠，询问如何对待慈禧。陆宝忠答道："社稷为重，母后只可婉劝，而不可奉命惟谨。"光绪帝不无忧虑地叹道："拂意太过，于孝有亏。"

同时，南书房、上书房人员，多次上奏慈禧在六旬万寿时停办点景，移作军费，也使慈禧很为恼怒。慈禧气恨地说："今日令吾不欢者，吾亦将令彼终身不欢。"因此，慈禧甚为憎恶南、上两斋人员。于是，在十一月初八日，慈禧命撤销满汉书房。众臣愕然。只有翁同龢据理力争，不同意撤，但无人赞同。

第二天，光绪帝得知慈禧欲撤满汉书房，十分不满，对翁同龢发牢骚说："我学得好好的，干吗把书房撤了？"但光绪帝又不敢对慈禧当面提出，只得命刚被任命为军机大臣的恭亲王奕䜣在向慈禧太后谢恩时言之。

恭亲王奕䜣不负所托，真的在慈禧太后面前论及书房事，并得知撤销与否尚未定论。翁同龢乘慈禧召见而光绪帝未在座之时，力陈书房不可辍。慈禧感到教训光绪帝的目的已达到，便给恭亲王奕䜣一个面子，改口说道："此恭亲王所请，前日予所论太猛，今改传满功课及洋字均撤，汉书不传则不辍之意可知。"这样就撤掉了满书房，汉书房保留了下来。

第五，革安维峻。虽然革安维峻职是光绪帝的上谕，但却是在慈禧的淫威下，光绪帝被迫作出的。十二月初二日御史安维峻上一奏折，略谓："（李鸿章）此举非议和也，直纳款耳。不但误国，而且卖国。中外臣民，无不切齿痛恨，欲食李鸿章之肉。而又谓和议出自皇太后，太监李连英实左右之。此等市井之谈，臣未敢深信，何者？皇太后既归政皇上，若仍遇事牵制，将何以上对祖宗，下对天下臣民？至李连英是何人斯，敢干政事乎？如果属实，律以祖宗法制，李连英岂复可容？惟是朝廷受李鸿章恫吓，不及详审，而枢臣中或系私党，甘心左袒，或恐李鸿章反叛，姑事调停。而不知李鸿章久有不臣之心，非不敢反，直不能反。"①

这份奏折，指斥李鸿章卖国，责备李连英干政，揭露慈禧太后牵制。如此明目张胆地在奏章中直接揭露慈禧，这在慈禧掌权的清代官场中是极为罕见的，真可谓胆大妄为。

这个安维峻是何许人也？安维峻（1854—1925），字晓峰，甘肃秦安人。光绪元年（1875）中举人。六年（1880）中进士，改庶吉士，授编修。十八年（1892）十一月，任福建道监察御史。安维峻担任御史仅一年多，便上奏折六十余件，参劾枢臣督抚等大小官僚达数十人。因此，以骨鲠见称，深为同僚敬重。

甲午战争爆发后，他忧心如焚。后党主张屈辱媾和，他上《力阻和议疏》，指出英、法、俄、美诸国同日乃一丘之貉，都在企图鲸吞中国。一旦媾和，将后患无穷，"至此之后将赔兵费，割重地，视为救急之良图，无复自强之一日矣"。他主张应抵抗到底，才能民族自救。

二十年（1894）十月，旅顺沦陷。后党加紧进行同日议和。安维峻闻此，"感愤填膺，痛不可忍"，决心拼死力阻和议。奏章呈上，赢得了朝野爱国人士的由衷赞誉，以此"直声震中外，人多荣之"。当时人钦佩地评价他："吴柳堂（吴可读）后一人也。"

前在光绪五年，吏部主事吴可读服毒自尽。他在遗留的密折里说，慈禧太后为咸丰帝立子，没有为死去的同治帝立嗣，是"一误再误"。他要求将来大统仍归同治帝的嗣子。由于他在遗折里公开而勇敢地指责慈禧，而成为清代官场在奏章中直接揭露慈禧的第一人。安维峻又成了吴可读后的第一人。

奏章震动了在朝的王公大臣。军机大臣翁同龢阅到安维峻的奏章后记道："始发看，则请杀李鸿章，劾枢臣无状。而最悖谬者，谓和议皇太后旨意，李连英左右之。"翁同龢对李鸿章不满，也是反对和议的。但作为政治家，他在日记里也可能写些言不由衷的话。

光绪帝览奏后，十分震怒。他深知如不严加惩处，可能兴起大狱，因为慈禧一定要深予究诘的。光绪帝当即饬令将安维峻交刑部议罪，在廷诸

———————————

① 《光绪朝东华录》，第 3 册，总第 3515 页。

位大臣也随声附和，力言应严加惩办。翁同龢尚较冷静，沉着地从容论说，"以为究系言官，且彼亦称市井之言不足信"。光绪帝沉吟良久，反复思忖，最后命将其革职，发往军台效力。

其实，安维峻部分地说出了光绪帝想说的话，尤其是"皇太后既归政皇上，若仍遇事牵制，将何以上对祖宗，下对天下臣民"这句话，简直说到了光绪帝的心里。但是，光绪帝在强硬的慈禧面前，不敢公开地支持安维峻。光绪帝在冷静下来后，又不想将安维峻置于死地。革职发遣，也许是光绪帝对安维峻的保护性处置。

以上惩治二妃，斩杀内监，贬谪志锐及撤满书房，都是慈禧针对帝党的核心人物光绪帝而发的。甚至从光绪帝违心地革安维峻职一事，也看到了慈禧背后的巨大力量。

慈禧的一系列动作，沉重地打击了抵抗议和的帝党力量，也使光绪帝的锋芒大为收敛，这就为议和扫清了道路。从此以后，帝党和后党在议和问题上意见渐趋一致。

慈禧可以放手地进行议和谈判了。

第十章　三次遣使　屈辱签约

一　一次遣使　被拒而返

早在旅顺沦陷之前，奕䜣、奕劻便在谋求议和。先是寄希望于俄、英、法、德、美居间调停，后发现缓不济急，便希图另谋新策。《翁同龢日记》透露了个中信息。其两天日记均有记载。

十月十一日记道：

> 诣巡防处，见北洋丑刻电，南关岭已失，徐邦道败退，旅顺仅半月之粮，此绝征矣。仍发电，令合肥（李鸿章）速援，毋坐视。谈密事，直至黄昏，月上始归。

十月十二日记道：

> 寅初二（凌晨三时三十分）到直房，电报已不及看矣。寅正（凌晨四时），偕孙兄（家鼐）入见。旋见起二刻余。退后，闻宁寿宫叫起，趋往。而恭邸（奕䜣）又到直房看折。内侍云："先在上（光绪帝）前叫起。乃折回直房。良久，见于养心殿，两邸（奕䜣、奕劻）及李公（李鸿藻）同。邸以昨事上陈，上（光绪帝）可之。出，再诣保和门。巳正（十时），入见于宁寿宫，四人（两邸、翁、李）一起，军机一起。恭邸奏昨事，太后遍询臣等。臣对："释疑忌则可，其他未敢知，且偏重尤不可。盖连鸡

127

不飞，亦默制之法。"凡四刻，乃退。是日，恭（奕䜣）奏对语颇杂，不得体，余不谓然。出至直房，孙（毓汶）、徐（用仪）拟密寄，自书之，不假章京手。待递下，未初三刻（十三时四十五分）矣。余携之赴督办处，两邸咸在，樵野（张荫桓）亦来，当面交讫。申正（十七时），余与邸语不洽，拂衣先归。①

十月初十日大连失陷。十月十一日清廷得知大连失守的电信，旅顺自然告警。翁同龢认为旅顺患的是病入膏肓的"绝症"，无药可救了。甚至连派广东提督外号"唐矮子"的唐仁廉赴旅顺救援，他也认为："唐以只身蹈海，何济于事哉？"

帝党中坚翁同龢从大连的失陷中看出清朝军队的无能，也在寻求救治的良方。

十月初十日恰是慈禧的六旬大寿。十一、十二日正是大寿的高潮。而从日记看，十一日，翁同龢等枢密大臣在巡防处商谈"密事"，直至黄昏，漏夜筹商，月上始归。

十二日，光绪帝在养心殿召见恭亲王奕䜣、庆亲王奕劻、翁同龢、李鸿藻。奕䜣把昨天商议的"密事"禀报皇上，光绪帝明确表态可行，即"上可之"。慈禧也极关心此事，在祝寿听戏之间隙，于十时在宁寿宫分两起召见枢密，头一起奕䜣、奕劻、翁、李，第二起军机大臣。奕䜣禀奏昨天商谈的"密事"，慈禧普遍征询诸位大臣的意见。出到直房，军机大臣孙毓汶、徐用仪拟"密寄"，自己书写，不用军机章京起草。翁同龢亲自拿着起草的密函来到督办处，亲手交给张荫桓。

除头一天密商到深夜，第二天从凌晨三时三十分又密商到午后四时，达十二小时之久。他们所商议的"密事"及最后所写成的"密寄"，其内容到底是什么呢？

翁同龢虽然没有言明，但从前后分析来看，这是指派员同日议和之事。翁同龢对同日议和是持否定态度的。他认为，这次派员赴日不要期望过高，只能试探着摸摸日本的底，解释自己方面的疑忌。同时，也不能把立足点放在和谈上。即"偏重尤不可"。在策略上，他提出让俄、英、法、

① 《翁文恭公日记》，《中日战争》丛刊，第 4 册，第 509 页。

德、美几国互相牵制进行调停，所谓"连鸡不飞"，这是对日的"默制之法"。

十月十三日，户部左侍郎、总理衙门大臣张荫桓和督办军务处文案景星，携密函前往天津，去拜见李鸿章。密函说："阁下数月以来，独任其

奕譞与李鸿章（右）、善庆（左）摄于天津海光寺行辕

难，九重业已深悉。此时应如何设法了结之处，阁下受恩深重，义无旁贷。且系奉旨归我等数人办理，必可合力维持。"

清廷指令李鸿章，命其在战争进行的白热化时刻，"设法以期了结"。李鸿章与张荫桓反复协商，并从而得出了"遣谍（派员）径达伊藤，较联衡说合为捷"。

那么，派谁径赴日本合适呢？李鸿章反复比较，挑中了津海关税务司德璀琳。德璀琳（1842—1913），德国人，1864年进中国海关。1884年，在中法战争中，他周旋于中法之间，从而签订了《简明条款》，即《李福协定》，也就是李鸿章同法国水师总兵福禄诺之间的协定。

李鸿章

李鸿章于十月十六日致函奕䜣，推荐德璀琳，函略谓："六七月间，曾闻日人之意非不愿款（谈判讲和），但欲中国自与商办，而不愿西人干预。目下彼方志得气盈，若速由我特派大员往商，转虑为彼轻视。鸿章与樵野（张荫桓）等再三斟酌，唯有拣择洋员之忠实可信者前往。既易得彼中情伪，又无形迹之疑。查有津海关税务司德璀琳，在津供差二十余年，忠于为我。六年俄事，十年法

事，彼皆暗中襄助。十一年伊藤来津与鸿章订约，该与伊藤幕友某英员相识，从旁赞导，颇为得力。若令其前往察酌办理，或能相机转圜。否则，暂令停战，以待徐商，亦解目前之急。如以为可，拟由钧处迅速请旨派往，以重事权。该洋员到日后，一切筹议情形，随时电商，即转达钧署裁夺。是否有当，悉候主持。未尽之言，均由樵野两君面陈。"[1]

十月十九日，张荫恒和景星匆匆回到北京，向军机处报告德璀琳东渡事。清廷不假思索地批准了这个方案。

十月二十四日，奕䜣等王公大臣电询德璀琳的行期，意在促其速行，翁同龢对此不抱希望，于是采取不加理睬的策略，"余未过问"也。赴日前，德璀琳要求授予他头品顶戴，以壮观瞻。李鸿章权宜授予，后补报两邸。

李鸿章又起草了致日本总理大臣伊藤博文的照会。内称："遵即令头品顶戴德璀琳立即驰赴东京，赍送照会，应若何调停复我平安旧例之处，应请贵总理大臣与德璀琳筹商，言归于好。"

十月末，德璀琳携李鸿章的照会抵日本的神户港。日本兵库县知事周布公平将有关情况电告东京。日本政府认为，李鸿章的照会不具国书效力，德璀琳是德国人，不是中国官员。

因此，日本不予开议，德璀琳吃了闭门羹，只好悻悻而归。就这样，清廷第一次遣使赴日失败了。

二　二次遣使　使臣受辱

十一月初一日，日本给美国驻日公使谭恩一个备忘录，内称："中国政府通过驻北京及东京美国代表提出的作为靖和条件的基础，日本不能同意。由目前情况来看，中国政府尚无在令人满意的媾和基础上进行谈判的诚意。中国政府如真诚希望和平，可任命具备正当资格之全权委员，日本政府当于两国全权委员会商时，宣布日本政府之停战条件。"

本无和平诚意的日本却肆意指责中国无诚意，这是贼喊捉贼，是侵略者惯用的伎俩。日本要求中国派"全权委员"，目的是索要更多的权益。

① 《李文忠公全集》，译署函稿，第20卷，第56页。

谭恩将日本此意电告北京。清廷想在两国正式商谈前得知日本"打算商议的问题"的主要内容，摸清日本的底牌，从而确定相应的对策。但清廷的这一外交努力没有奏效，日本政府坚决拒绝。十一月初六日，日本政府又给谭恩一个备忘录，让其经由美国驻华公使田贝转告清廷。内称："查此次要求停战，系出自中国而不是日本。是以日本政府不得不重申前电所述：'如果不经过具备正式资格之全权委员的会商，日本不能宣布媾和条件。若中国政府对此不能同意，则此次之商议，即可暂告中止。'"

战场上取得胜利的日本在和谈上持强硬态度。你不同意我的要求，和谈即告"中止"。完全是威胁言辞。

十一月初七日，光绪帝在仪銮殿分别召见恭王奕䜣和张荫桓，研究日本来电，决定派员赴日谈判。

十一月初八日，应恭亲王奕䜣之请，翁同龢、李鸿藻、孙毓汶、徐用仪等军机大臣及张荫桓等跟随奕䜣，在仪銮殿谒见光绪帝，进一步商讨派员赴日的具体问题。光绪帝接见完毕，突传慈禧太后接见。慈禧满肚子不高兴，神态严肃，言辞刻薄。首先论说了美国驻华公使田贝接到日本来电一事，并听取了枢直的一些意见，同意派员赴日。其次命授予恭亲王奕䜣军机大臣职，直到此时，奕䜣才又恢复了军机大臣职。这是慈禧想加强同日议和的力度。

光绪帝虽同意派员赴日，"圣意遣员已定"，但不同意立刻停战，"唯停战则不可"。光绪帝的意思是以战求和。战场上的胜利可以增加谈判桌上的砝码。

不过，战场上传来的消息不妙。日本于十一月十三日攻陷复州，十七日攻陷海城。清廷面对日本的凌厉攻势，感到束手无策，王公大臣"议论奉天兵势，恐十日中沈（沈阳）必告警"，恭王奕䜣与诸大臣"皆无言"。

十一月二十日，慈禧太后在仪銮殿召见军机大臣。大臣们奏陈辽沈紧急情形，陪都奉天危在旦夕。慈禧闻此，心情沉重，面色沉郁，以致啜泣起来。

翁同龢此时感到一味打下去也不是办法，极力建议"讲事宜豫（预）筹，派员赴彼（日本）一节，亦宜参活着"。① 这里的"讲事"，是指同日本和谈事。翁同龢认为，和谈之事应该提到议事日程上来了。派员赴日，

---

① 《翁文恭公日记》，《中日战争》丛刊，第 4 册，第 522 页。

犹如弈棋，也许是一着活棋。翁同龢原来是一意主战的，但随着战局的变化，他的主张也发生了变化。

清廷与日本几度电报往返，决定派张荫桓、邵友濂两人为议和代表，地点定在上海，经田贝于十一月二十四日电致东京，内称："中国政府为商订和议，任命尚书衔总理衙门大臣、户部左侍郎张荫桓及头品顶戴、兵部右侍郎、署湖南巡抚邵友濂为全权委员派往日本，与日本政府全权委员会商。中国为往返便利，请日本选定与上海相近的地点为会议场所。"

日本政府于十一月二十六日经谭恩复电北京，内称："日本政府将任命具有全权资格之委员，与中国政府任命之两全权委员议和缔约，日本政府选定广岛为全权委员之会议地点。在中国全权委员到达广岛后四十八小时以内，召开两国全权委员会议。至于会商之时日及地点，在中国全权委员到达广岛后可尽速通知。"

日本认可了张荫桓和邵友濂两位全权委员，并指定了广岛为会商地点，看起来张、邵东渡可以成行了。

光绪二十年（1894）十二月初十日，张荫桓陛辞。张荫桓由恭亲王奕訢带领，光绪帝及慈禧分别接见了他。光绪帝特降谕旨云："朕钦奉慈禧端佑康颐昭豫庄诚寿恭钦献崇熙皇太后懿旨：张荫桓、邵友濂现已派为全权大臣，前往日本会商事件。所有应议各节，凡日本所请，均著随时电奏，候旨遵行。其与国体有碍，中国力有未逮之事，该大臣不得擅行允诺。慎之，慎之！钦此。"[1]

这一天的接见情形，翁同龢在日记里写道："是日，特降谕旨，饬其请旨再办，如割地及力不逮者，万勿

光绪帝载湉画像

① 《中日战争》丛刊，第3册，第293页。

光绪皇帝

擅许。"①

很明显，张、邵虽名为"全权委员"，但慈禧及光绪帝实际上并没有授予他们任何权力。所有应议各节，均须"请旨再办"。特别强调"割地""万勿擅许"，这表明慈禧及光绪帝对同日本和谈的忧虑心情。

张荫桓于十二月十一日自北京出发，十六日出塘沽，十八日到上海，与邵友濂会晤。到上海后没有立即启程赴日，而是逗留不前，以观风色。他们等待最后一道出国赴日的谕旨。

这期间，前方战事仍无起色，十六日盖平失守。光绪帝为前方的节节败退焦急不堪，而向军机大臣们讨办法，"诸公相对，一筹莫展"。

十二月十九日，慈禧在养心殿接见军机大臣。军机大臣原来草拟了一道电谕，命逗留在上海的张、邵二使即赴日本广岛，不必再等候一道正式谕旨了。此事奏明慈禧，慈禧表示不同意发出，又说光绪帝也不知此事，因此电谕只好撤掉不发了。

对此，翁同龢提出了自己的看法："臣于和议向不敢阿附，唯兹事亦不可中止。使臣已遣而逗留，恐彼得借口。且我之议和，正欲得其贪吻之所出，先做准备耳。幸少留意。"翁同龢劝说慈禧同意发出电谕，让张、邵二使尽快赴日。然而，慈禧决定了的事情轻易不改，"终不能回"。从翁同龢的劝说中透露出一个重要信息，即此时的帝党及光绪帝倾向于和谈了。

十二月二十八日，张荫恒等电告军机处，遵旨启程。

十二月二十九日，总理衙门电旨，着克日出洋。

光绪二十一年正月初一日（1895年1月26日）自上海放洋，迂道长崎，在神户登岸，正月初五日抵广岛。

日本内阁总理大臣伊藤博文和外务大臣陆奥宗光作为日本的全权办理大臣。他们在一开始便对张荫桓和邵友濂百般挑剔，意在挤走张、邵二使，并暗示中国如以恭亲王奕䜣或李鸿章为全权大臣，最为适宜。

张、邵抵广岛后，日本不准发密电，中国来电亦留难不交。互换敕书后，又谓使权不足，不能开议，应即出境。同时以广岛屯兵为词，令赴长崎候信。翁同龢叹道："则近于辱矣！"

---

① 《翁文恭公日记》，《中日战争》丛刊，第4册，第527页。

正月十二日，慈禧在养心殿召见奕䜣、奕劻等军机大臣。慈禧气愤地说道："战事屡挫，今使臣被逐，势难迁就，竟撤使归国，免得挫辱。"①

慈禧的态度是强硬的。听到慈禧的话，在场的奕䜣、孙毓汶、徐用仪等小心翼翼地规劝道："宜留此线路，不可决绝。"又借用美驻华公使田贝的话："若决绝则居间人亦无体面。"用心良苦，措辞委婉。但慈禧直率地问道："若尔，中国体面何在?"慈禧气势汹汹，诸臣着意劝慰。此时翁同龢提出一个修改国书的折中意见："允给使臣以订约画押权，可以将此添入国书。那么，遵旨批准一节，也应该写在国书里。也许这样做比较合适。"慈禧赞同，并说："顷间上（皇帝）请安时，亦言若不待批准，则授权一介矣。"于是决定修改国书，添上全权大臣有权在议定的条约上签字，同时经皇帝批准，"亦轻笔逗出"。

但是，上述努力终皆付如流水。日本拒绝同张、邵会谈。要求清廷派遣"位高望重"的全权委员前来日本。不得已，中国代表张荫桓、邵友濂等于光绪二十一年（1895）正月十八日，离长崎归国。

三 三次遣使 鸿章遭创

在日本的要求下，清政府不得不派遣直隶总督、北洋大臣李鸿章为全权大臣赴日议和。日本要求中国谈判大臣必须拥有割让土地的全权。这就是说，在正式谈判之前，就已经定下了割让土地的基调。李鸿章知道此行的艰巨性，但又没有推脱的办法。慈禧太后既支持议和，又在千方百计地逃脱责任。光绪帝被推到了台前。

在清廷欲与日本议和的期间，前方战事对清廷越发不利。正月十四日，刘公岛失陷，北洋海军舰队覆灭。刘公岛位于威海卫港湾前方，面积约八万平方公里。岛上除建有水师公所外，还建有许多配套的海军军事设施。守卫刘公岛的海军共四千人。

刘公岛成了中日海军争夺的焦点。

北洋舰队的海军和刘公岛的守军，同日本侵略军进行了一周的鏖战，终因损失惨重，援师不到，又因洋员作祟，北洋舰队残部投降。

① 《翁文恭公日记》，《中日战争》丛刊，第 4 册，第 533 页。

北洋舰队的全军覆没，标志着甲午海战的结束。

翁同龢得知这一噩耗的反应很强烈："早阅电，知刘公岛已失，水师覆没，愤懑难言。"北洋舰队的全军覆灭及刘公岛的陷落，其严重性翁同龢是深知的。这在某种程度上来说，无异于门户洞开，日军可以长驱直入了。京畿震动，清廷焦忧。

正月十五日，光绪帝忧心忡忡地诘问诸位军机大臣："国事如此，你们有什么御敌的良策吗？"诸臣沉默不语，翁同龢亦无言以对，以致流汗沾衣。

光绪帝感到很失望，让军机大臣下去拟谕旨。军机大臣孙毓汶、徐用仪根据具体情况草拟一道谕旨，经光绪帝同意发出。谕旨曰："李鸿章电奏海军各舰被击覆没情形，览奏无胜愤懑。北洋创办海军，殚尽十年财力，一旦悉毁于敌，隳防纵寇，震动畿疆。李鸿章专任此事，自问当得何罪！唯现值海防益急，若立予罢斥，转得置身事外。兹特剀切申谕，李鸿章当自念获咎之重，朝廷曲宥之恩，激发天良，力图补救……著仍遵前旨，速调聂士成统带所部，星夜进关。现在畿辅之防，更急于关外。北路诸军，不得再行请留。即著李鸿章分电关外各统帅，一体知悉。钦此。"①

这道谕旨有两层意思。第一层，说明对获罪的李鸿章不加处分的原因；第二层，申明速调聂士成部进关的意义。其实，在同一天，光绪帝已先明颁一道上谕曰："本日据李鸿章电奏，仍请调聂士成带营回直。现在海军战舰尽失，畿辅防务万紧，急需得力之军，以资捍御；已照所请，仍令聂士成速即启行，不准宋庆等再行奏留矣……该提督接奉此旨，著即拔队入关，以期力遏寇氛，克膺上赏。"

急调有战斗力的部队回防京畿重地，是正确的决策。但除此而外，清廷中央对扭转整个战局，仍束手无策。失败情绪笼罩着清廷。

正月十六日，翁同龢对此有逼真而形象的记载，略云："上（光绪帝）召余至书房（东暖阁），问时事，兼及里边事。见起四刻。上（光绪帝）以唐景崧巡幸语，问诸臣。时事如此，战和皆无可恃。言及宗社，声泪并发。臣（翁同龢）流汗战栗，罔知所措矣。孙（孙毓汶）、徐（徐用仪）

---

① 《中日战争》丛刊，第3册，第408页。

皆奏使臣事，余以为特梦呓耳。退后，郁郁不能食。"①

翁同龢记了三件事。

第一，关于巡幸之事。这是署台湾巡抚唐景崧电奏清廷的。唐景崧（1842—1903），字维卿，广西灌阳县人。同治四年（1865）进士。中法战争时，自请赴越，抗击法军。后曾任台湾布政使。光绪二十年（1894），升任署台湾巡抚。在日军进攻威海之前，唐景崧给光绪帝发来一封电报，内称："伏查攻威海已有明征，又不就和议，志在犯京无疑。计无可抵御者，忧恻之重。銮舆迁幸，似万不可迟。必求皇太后、皇上安处无惊，而后臣民得以设谋泄愤。迁陕太远，不得已或请暂幸热河，似去敌氛略远。"②

唐景崧建议慈禧及光绪帝暂幸热河，以避敌氛。光绪就此询问诸臣，诸臣也拿不出什么好主意。

第二，关于战和之事。光绪帝声音凄婉地说："时事如此，战和皆无可恃。"说到宗庙社稷，光绪帝"声泪并发"。光绪帝和他的大臣们一样，面对危局，都不知如何是好。

第三，关于遣使之事。军机大臣孙毓汶、徐用仪就往日本派遣使臣问题，上了奏折。翁同龢认为他们在说梦话。

总之，此次召见，没有形成倾向性的一致意见，没有找到摆脱困境的有效方法。

正月十八日，光绪帝和慈禧太后分别召见有关大臣。

光绪帝召见军机大臣，问："昨天派李鸿章为赴日全权大臣的事定下来了吗？"答："已经决定了。"光绪帝问："李鸿章可不必来京请训。"答："是。"

九时三十分，慈禧太后召见军机大臣及恭亲王奕訢、庆亲王奕劻。慈禧精神萎顿，身体不适。她说："今日强起，肝气作疼，左体不舒，筋起作块。"接着议论起军事形势："即及田贝（美国驻华公使）信所指自是李某（李鸿章），即著伊去，一切开复，即令来京请训。"奕訢委婉地说："皇帝不让李鸿章来京请训，如照您说的办就同早上所奉的谕旨不符了。"慈禧固执地答："我自面商，既请旨，我可作一半主张也。"退下后由孙毓

① 《翁文恭公日记》，《中日战争》丛刊，第4册，第535页。
② 《中日战争》丛刊，第4册，第407页。

汶秉笔撰拟廷寄李鸿章稿，明早发出。

正月十九日，军机大臣将廷寄电津，略云："现在倭焰鸱张，畿疆危逼。只此权宜一策，但可解纷纾急，亟谋两害从轻。李鸿章勋绩久著，熟悉中外交涉，为外洋各国所共倾服。今日本来文，隐有所指，朝廷深维至计。此时全权之任，亦更无出该大臣之右者。李鸿章著赏还翎顶，开复革留处分，并赏还黄马褂，作为头等全权大臣，与日本商议和约。直隶总督北洋大臣著王文韶署理。李鸿章著星速来京请训，切毋刻迟。"①

此前，光绪二十年（1894）八月十八日，因平壤失守，光绪帝谕旨，给予李鸿章以"拔去三眼花翎，褫去黄马褂"的薄惩。现在处分一律取消，命其轻装上阵。

清廷于正月二十三日，把委派李鸿章为全权大臣的消息，通过美使田贝转电日本政府。

日本政府考虑到时机已经成熟，如再拖延恐于己不利，遂于接到电报的当天，电达北京美国公使田贝，透露出所提谈判条件的基本内容，尤其强调来使必须拥有割地的全权。

电报略云：

> 日本政府认为，中国政府除再派具有以下列条件为基础而进行谈判之全权使臣外，即使派遣任何媾和使节，亦无法完成其使命：中国应在赔偿军费、确认朝鲜独立外，并由于战争的结果，须割让土地。②

清廷被迫接受了日本的无理要求。这就是说，在李鸿章出国之前，割地求和的基调已经定下了。

正月二十八日，光绪帝召见李鸿章。李鸿章是昨天到京请训的，今天早早赶到乾清宫。他和军机大臣同时谒见。李鸿章碰头讫，光绪帝温和地问道："途间安稳否？"然后直切主题，商议同日本谈判事。光绪帝责成恭

---

① 《光绪朝东华录》，第 4 册，总第 3540 页。
② 《蹇蹇录》（中译本），第 130 页。

亲王奕䜣传达他的旨意，命李鸿章相机妥办。

此时割地之事，已成为大臣们的中心话题。李鸿章深知这是和谈中的最大难题。他直白地挑明道："割地之说不敢担承。假如占地索银，亦殊难措，户部恐无此款。"军机大臣、户部尚书翁同龢立即表态："但得办到不割地，则多偿当努力。"然而，军机大臣孙毓汶、徐用仪却无可奈何地说："不答应割地，便不能开办。"虽是一副悲观论调，但却是实情。

光绪帝又关切地询问了海防情况。李鸿章照实答道："实无把握，不敢粉饰。"尔后，李鸿章与诸大臣先后退下。

后来太监传旨慈禧准备召见李鸿章。过了一会儿，又传旨："慈禧感冒，持药书看，按系肝疾挟风。"慈禧以患病为由，免于召见李鸿章，也就不必触及割地这个棘手的话题了。

此后，李鸿章、奕劻及军机大臣等齐集养心殿，商讨同日本和谈之细节。李鸿章为减轻压力，故意邀请光绪帝信赖的翁同龢一同前往日本和谈。翁同龢推辞道："若余曾办过洋务，此行必不辞。今以生手办重事，胡可哉？"这是老实话。李鸿章也不勉强他，又再一次明确表态："割地不可行，议不成则归耳。"语气甚为坚决。对此，孙毓汶、徐用仪颇为担心。如和谈不成，前途不堪设想。他们的意思是想尽办法让和谈成功，"意在撮合"。诸位大臣相对无言，不置一词。翁同龢的看法同以前一样，说："偿胜于割。"李鸿章仍然对英、俄调停抱一线希望，孙毓汶、徐用仪认为办不到。然而，翁同龢却赞同李鸿章的做法，认为可以一试。帝党翁同龢的主张，部分地体现了光绪帝的意图。

正月二十九日，光绪帝召见李鸿章、奕劻和翁同龢等。李鸿章自知推辞不掉，便艰难地挑起了赴日全权大臣的重担，"无推诿意"。因其子李经方通晓日本语，且曾任驻

李鸿章

日公使，与日本外务大臣陆奥宗光有旧情，故请令李经方同往。光绪帝批准了这个请求。接着，光绪帝关切地问道："你身体气脉怎样?"同时，又直率而周密地纵论各国国情。

正月三十日，在养心殿，李鸿章、奕劻及五位军机大臣议论要事。李鸿章把他赴各国使馆的情况说了一遍。虽意在联结，但没有得到各国的支持，"计无所出"。孙毓汶说："不割地怕不行。"翁同龢说："割地不可。"李鸿章说德国驻华公使申珂对他说：若不迁都，势必割地。奇怪的是，翁同龢一方面坚持说不应割地，另一方面又在日记里赞许申珂的话，认为是"至言哉"。总之，清廷上层围绕割地问题展开了激烈的争论。割地问题极大地冲击着清廷上层。

二月初一日，光绪帝召见两起。头起单独召见李鸿章，四刻钟；二起召见军机大臣，一刻十分。李鸿章奏报，昨天英、俄、德公使去谒见他，一般的探问性质，"然无切实相助语"，又简略地议论了和谈不割地怕是不行，应有割地的思想准备。奕䜣亦赞同这个说法。翁同龢"未敢雷同"。其他军机大臣沉默不语，"亦寂寂也"。

二月初二日，光绪帝召见军机大臣。光绪帝陈述了他今晨面见慈禧的情况。当慈禧听说李鸿章、奕䜣奏陈的欲割地求和之说后，大为不满，气愤地对光绪帝说："任汝为之，毋以启予也。"似乎割地"大拂慈圣之意"。① 这使光绪帝大惑不解，不知慈禧底蕴何在。

二月初四日，光绪帝召见军机大臣。奕䜣奏："美国公使田贝说：初二日倭回电，驳敕书稿何以用汉字。"于是，改成洋文，再电去。光绪帝依据此事谨慎地说："此借事生波矣。汝等宜奏东朝（慈禧），定使臣之权。"并命李鸿章速来等候慈禧接见。不料，奏事太监传慈禧口谕："慈体昨日肝气、臂疼、腹泄，不能见。一切遵上旨可也。"慈禧是真的患病，还是以病为托词躲在幕后，就不得而知了。

二月初六日，李鸿章上奏折，审明赴日议约有关情形。他说："顷军机大臣、恭亲王等传奉皇上面谕，予臣以商让土地之权。闻命之余，曷胜慷惧。"李鸿章用上奏的方式，以文字的形式将皇帝授予的商让土地之权公诸于世。

---

① 《翁文恭公日记》，《中日战争》丛刊，第 4 册，第 539 页。

二月初七日，光绪帝向李鸿章发出廷寄谕旨：

　　此次特派李鸿章与日本议约，原系万不得已之举。关系之大，转圜之难，朝廷亦所洞鉴。该大臣膺兹巨任，唯当权衡于利害之轻重，情势之缓急，通筹全局，即与议定条约，以纾宵旰之忧，而慰中外之望，实有厚期焉。将此密谕知之，钦此。

　　同一天，针对慈禧上次大为光火的具体情况，军机大臣等共同向慈禧上一奏折，以说明原委，奏云："臣等伏思倭奴乘胜骄恣，其奢望不可亿计。现在勉就和局，所最注意者，惟在让地一节。若驳斥不允，则都城之危，即在指顾。以今日情势而论，宗社为重，边徼为轻，利害相悬，无烦数计。臣等前日恳请召见，旋奉传谕，命臣等请谕旨遵办。皇上深维至计，洞烛时宜，令臣等谕知李鸿章，予以商让土地之权，令其斟酌重轻，与倭磋磨定议。"

　　二月初八日，李鸿章请训，光绪帝单独召见他。屏去左右，直面独对，话语简洁，时间短促。谈了些什么，无从知晓。翁同龢记道："可异也。"我们分析，不外乎光绪帝口头给予他割地等权限问题。

　　这一天，光绪帝授予李鸿章敕书，书云："大清国大皇帝敕书：现因欲与大日本国重敦睦谊，特授文华殿大学士、直隶总督、北洋大臣、一等肃毅伯李鸿章为头等全权大臣，与日本国所派全权大臣会同商议，便宜行事，预定和约条款，予以署名画押之全权。该大臣公忠体国，夙著勋劳，定能详慎将事，缔结邦交，不负朕之委任。所定条款，朕亲加查阅，果为妥善，便行批准。特敕。"①

　　二月初九日，李鸿章出都返津。十七日，自津登轮，扬帆出海。二十三日，驶抵日本的马关。马关，亦称下关，日本本州西南端港口。等待他的是艰难而痛苦的行程。

　　二月二十四日，李鸿章与先一日至马关的日本内阁总理大臣伊藤博文和内阁外务大臣陆奥宗光在春帆楼相会。首先交换全权证书，互相验看后，陆云：日皇敕书是否妥协？李云：甚妥。我国敕书是否妥协？伊云：

---

① 《中日战争》丛刊，第 3 册，第 470 页。

以此敕书甚妥。然后中国代表把要求停战的英文节略面交伊藤。伊藤略思片刻，答以明日作复而散。这是第一次谈判。

二月二十五日，中日双方全权大臣第二次谈判。伊藤提出极为苛刻的停战条件，目的是迫使中国打消停战的念头。李鸿章见到日方复文，知其故意刁难。经同伊藤反复辩论，推迟下次答复。

此次谈判后，李鸿章当日电告总理衙门云："顷会议，伊藤等交到停战要款云：日本兵应占守大沽、天津、山海关所有城池堡垒，我军驻各处者，应将一切军需交与日本军队暂管。天津至山海关铁路，由日本军务官管理。停战期限内军事费用，应由中国支补。如允以上各节，则停战期限及两国兵驻守划界，及其细目再商等语。要挟过甚，碍难允行。"

这一电报于第二天达清廷。光绪帝阅后，看到日本还想占领天津等地，感到日本逼人太甚，十分愤慨。想立即把电报呈送慈禧，然慈禧圣躬未平，逡巡而退。后来翁同龢在向慈禧递送奏片时，将电报一并递上。须臾发下，慈禧未作任何表示。慈禧还是不表态，保留事后批判权。

二十八日，中日全权代表举行第三次谈判。午后三时，谈判完毕。李鸿章离开春帆楼，将至行馆，被日本人小山本太郎枪击。子弹击中左颧，嵌入颊骨，流血甚多。子弹如取出，难保无虞，决定留弹合口。

一个战败国的外交使节，在和谈时，被战胜国的歹徒枪击，这是一桩野蛮而丑恶的举动，对战胜国十分不利。消息传开，日本国内立即呈现一种狼狈紧张的气氛，世界舆论也为之哗然。为了扭转被动的局面，日本提出无条件停战。陆奥宗光还到行馆视疾，深表忧歉之意。这无疑猫哭老鼠。但李鸿章被这一假象所蒙蔽，以为将来所订和约会容易通过。他在致北京电中说："中堂身受重伤，幸未致命。中堂不幸，大清举国之大幸，此后和款必易商办。"

但无情的事实给了他迎头一击。

三月初七日，李鸿章接到日方交来的和约底稿，限于四日内答复。这个和约最主要之内容为：（一）朝鲜自主。（二）奉天南边、台湾、澎湖列岛割让给日本。（三）赔偿日本军费库平银三万万两。

日本这个和约条款，要求割让大量土地，索取巨额赔款。极端苛刻的条件反映出日本极度无厌的贪欲。李鸿章将日本提交的和约底稿电报北京总理衙门："日本如不将拟索兵费大加删减，并将拟索奉天南边各地一律

141

删去，和局必不能成，两国唯有苦战到底。"

李鸿章电达北京后，清廷中央反应不一。三月初十日，光绪帝召见军机大臣商议对策。光绪帝本人"意总在速成"，表现了急于求成的心理。翁同龢力陈台湾决不可放弃，因此同庆亲王奕劻、礼亲王世铎发生龃龉，闹得很不愉快。孙毓汶则力主"战"字不能再提。恭亲王奕䜣有病在家，其表态已无任何意义。由此，当天王公大臣没有形成一致看法，无法电复李鸿章。

廷议未决，四日期限已到。三月十一日，李鸿章在没有得到清廷电复的情况下，针对日方和谈底稿，答复一个说帖。除承认朝鲜自主外，对让地、赔款与通商各项均有所驳论。当天，李鸿章电总理衙门称："若欲和议速成，赔费恐须过一万万，让地恐不止台湾。"

三月十二日，光绪帝再次召见军机大臣。军机大臣之间意见尖锐对立。关于割让台湾问题，争论最为激烈。翁同龢旗帜鲜明地主张台湾不可弃，态度激昂。恰巧所上奏折中也有持相同观点的，翁同龢认为此说有理。但是，同僚们都不赞成他的观点。因而，他们之间冲突激烈，形同水火，乃"大龃龉"。关于尽早签约问题，争论也互不相让。翁同龢认为，应慎重从事，不然可能从此失掉天下人心。也有的人认为，日军进逼陪都重地，而且密迩京师，如不尽早签约，恐失去优势。

三月十四日，总理衙门电复李鸿章称："先将让地应以一处为断，赔费应以万万为断，与之竭力申说。"

同一天，伊藤博文邀请李鸿章之子李经方赴他的行馆。李经方时已任钦差全权大臣，协助李鸿章工作。伊藤以威胁的口吻说："谈判一旦破裂，中国全权大臣离开此地，能否再安然出入北京，恐已不能保证。"一副流氓无赖的嘴脸。

三月二十日，光绪帝经总理衙门电复李鸿章，内云："原冀争得一分有一分之益，如竟无可商改，即遵前旨与之订约。"这是光绪帝批准李鸿章签订《马关条约》的最

签订《马关条约》

后一道上谕。光绪帝认可了这个屈辱的和约。李鸿章得此旨准，才签订了《马关条约》。

光绪二十一年三月二十三日（1895 年 4 月 17 日），在日本马关春帆楼，中日两国全权大员签订了讲和条约。清朝的全权大臣、文华殿大学士、北洋大臣、直隶总督李鸿章和他的儿子前驻日公使李经方，与日本全权大臣伊藤博文和外务大臣陆奥宗光，在《马关条约》上签字。《马关条约》的主要内容：

1. 承认日本对朝鲜的控制。

2. 割让辽东半岛、台湾全岛及其附属岛屿、澎湖列岛给日本。

3. 开放沙市、重庆、苏州、杭州为通商口岸，日船可以沿内河驶入以上各口，搭客载货。

4. 赔偿军费二亿两白银，分八次交清。

5. 唯许日本臣民在中国口岸进行工艺制造。

这是自鸦片战争以来中国丧权最多、损失最大的空前屈辱的不平等条约。《马关条约》给中国人民套上了新的枷锁，给中国社会造成了新的灾难，加深了中国半殖民化的程度。

消息传来，举国震动。

四　条约签订　群议纷纷

三月二十四日，即签约的第二天，李鸿章乘轮归国。船至大沽，派随员尽先补用副将杨福同，由大沽乘火车至天津，星夜赴京，赍送约本与总理衙门。李鸿章到达天津，称病不入京。二十六日，奏报签约经过，对谈判签约之艰难，多所表白。

条约既已签订，只等双方皇帝批准了。根据规定，待各自皇帝批准后，定于光绪二十一年（1895）四月十四日，即明治二十八年五月八日，亦为公历 1895 年 5 月 8 日，在烟台换约。

马关条约已然签订，割地赔款，开埠许利，割地之多，赔款之巨，前

143

所未有。举国震动，群情激愤。因此，有识之士纷上奏章。然其见解却不尽相同。大体有以下八种意见：

第一种意见，主张重新审议条约。如贝勒载濂认为："饬下王公大臣、大学士、六部、九卿、翰詹、科道，妥为会议，酌其可行者允之，其必不可行者驳斥之。"条约中可行的，加以批准；条约中不可行的，加以驳斥。

第二种意见，主张公开条约内容。如侍郎陈学棻认为："以皇太后、皇上不得已之苦衷，能委曲以成和局，岂非大幸？无如人心惶惶，谣诼之言遍满闾巷，民情浮动，甚于未定和议以前。畿内如此，传播天下，变本加厉，势必激成内患。伏求朝廷即日将和议已成宣示中外，并约订条目一一详布，使天下之人皆释然于皇太后、皇上爱民顺民之心，无所疑惧，则浮议自息，隐思自消。"敢于公布的，一定是合于人心的；不敢公布的，"则必大拂人心"。以这种方法来决定条约内容的弃取，很显然，是做不到的。

第三种意见，主张杜妄议、毁和约。洪官品认为："窃思宗社安危，视此一举。事已至此，臣若恋禄不言，是为负国，故不惜尽发根株，以达聪听。敬恳圣明独断，立毁和约，勿徇一切纷纭，以杜妄议。"毁和约以

乾清宫

144

后怎么办呢？他没有说。这种表态式的书生之见于事无补。

第四种意见，主张借外援以救急。署南洋大臣张之洞认为："此时欲废和约，保京城，安中国唯有乞援强国一策。俄国已邀法、德阻倭占地，正可乘机恳之。乞援非可空言，必须予以界务、商务实利。窃思威、旅乃北洋门户，台湾乃南洋咽喉，何不即以赂倭者转而赂俄、英乎？所失不及其半，即可转败为胜。唯有恳请敕总署及出使大臣，急与俄国商订立密约，如肯助我攻倭，胁倭尽废全约，即酌量划分新疆之地，或与南路回疆数城，或北路数城以酬之，并许以推广商务。如英肯助成，则酌量划分西藏之后藏一带地让与若干，以酬之，亦许以推广商务。外洋通例，若此有联盟密约，有战事即可相助，不在局外之例。"①

作为封疆大吏的张之洞居然提出这等幼稚而可笑的意见，足见当时上层官员对西方世界的无知达到何种程度。用割让国土的愚蠢办法来制服日本，无异于杀鸡取卵。这种愚不可及的建议竟然堂而皇之地在奏章中出现，令人啼笑皆非。

第五种意见，主张以赔费济军饷。署理长江水师提督彭楚汉认为："宜趁此军势以图自强之计，决不可堕人诡术，遂其奸谋，使各国轻视，海内气阻。与其竭天下财利以饱豺狼欲壑，曷若自济军饷以图力战？约计以所议赔之费，可支数年之久。久则必困，困则必生内变，此可逆料而操乎成算者也。万事安危，争此一间。"②

这个主张其实也是纸上谈兵，没有实行的可能性。

第六种意见，主张废和约与日战。广东陆路提督唐仁廉认为有"十可战"，因为日本"显有外强中干之态"，"反复兴师糜饷，势将利在速战，久必不支"。黑龙江将军伊克唐阿一针见血地指出和议为害之甚："各国见我待日本小邦且复如是，不能不启瓜分蚕食之心。俄人虎视眈眈，蓄志已久，必将进据吉林、黑龙江及蒙古、新疆诸地，而直隶、山东亦在意计之中；英人既有香港、缅甸、西藏，必将进据广东，出腾越以图云南，出黎雉以图四川；法人既得越南，前年已有事于暹罗，必将出镇南关以窥广西，则江、浙、福建沿江沿海之处兵祸骚然矣。""一与议和，不出一年，

---

① 《中日战争》丛刊，第4册，第18页。
② 《中日战争》丛刊，第4册，第136页。

我遂不能自立矣。"认为我国"但能力与之持,不过一年,彼必死亡殆尽"。不能不说,这些将领的见解是高明的、勇气是可嘉的。

第七种意见,主张实行持久抵抗。刘坤一虽曾愚蠢地建议以土地赂俄、法、德三国,但他也提出坚持持久战的真知灼见:"夫利钝本难逆睹,但倭奴远道来寇,主客之形,彼劳我逸。近得探报,倭新卒多以老弱充数,饷亦不继。在我只需坚忍苦战,否则高垒深沟,严为守御。倭奴悬师远斗,何能久留?力尽势穷,彼将自为转圜之计。况用兵两年,需饷不过数千万,较赔款尚不及半,而彼之所费愈多。'持久'二字,实为现在制倭要著。"

第八种意见,主张迁都以避敌锋。陕西巡抚鹿传霖奏道:"我皇太后、皇上暂时西幸,以避敌锋,犹远胜于听其要挟不能自存。而各军帅知乘舆已发,无内顾之虞,更可专力放胆,纵横荡决。"

实行持久战有没有取胜的可能呢?答案应该是肯定的。当时许多有远见卓识的人对此都作了颇具说服力的分析。然而,实行持久战的首要条件是领导者的决心和信心。领导者必须有实行焦土抗战的思想准备,不怕打破坛坛罐罐。

慈禧和光绪帝对抗战到底已失去信心,因此持久战也就不能实行了。

五　光绪被迫　批准条约

李鸿章虽为赴日谈判全权大臣,但签约中的赔款数额及割地若干都须得到光绪帝的旨准,他是不敢越俎代庖的。在与日本谈判的过程中,重大问题李鸿章决不擅自做主,而是每事必请。

三月十七日,在日本总理大臣伊藤的一再催逼下,李鸿章电报请示光绪帝。电云:"鸿思所索各款,唯台湾倭兵未到,即欲相让,无理已极,断难轻允。然伊(伊藤)昨面谈,话已决绝。今又来此函,似是哀的美敦书,应如何应付之处,伏候速示遵办,请代奏。"

这是李鸿章电总理衙门,再由该衙门转奏光绪帝。哀的美敦书,即最后通牒之意。光绪帝览电后,即刻与军机大臣商议,但也无甚良策。只是电令李鸿章再与日本进一步讲价,目的是减少赔款、割地。然而,光绪帝为免决裂,明令授予李鸿章不待再商即行定约之权。三月十八日,光绪帝命总理衙门电复李鸿章云："著该大臣将以上两节（指赔款、割地），再与竭力辩论，冀可稍益大局。伊藤连日词气极迫，倘事至无可再商，应由该大臣一面电闻，一面即与订约。"

过了两天，即三月二十日，光绪帝经总理衙门再降谕旨："奉旨：李鸿章十九日三电均悉。十八日所谕各节，原冀争得一分有一分之益，如竟无可商改，即遵前旨与之定约。钦此。"①

这是光绪帝批准李鸿章签订《马关条约》的最后两道上谕。李鸿章得此旨准，才签订了《马关条约》。《马关条约》签订的消息传来后，群情激愤，纷上奏章。这使本来一直处于矛盾状态中的光绪帝，陷入更加矛盾的状态中。

在是否批准和约的问题上，光绪帝陷入了极大的彷徨与痛苦之中。他咨询了许多人。其中，有慈禧太后，有恭亲王奕䜣，有帝师翁同龢，有两江总督刘坤一，有直隶总督兼北洋大臣王文韶。但是，他们都没能拿出像样的策略。光绪帝只能批准这个屈辱的和约了。

太和殿

三月二十七日，即《马关条约》签订的第四天，日本明治天皇便批准了条约。日本又急忙任命内阁书记官伊东巳代治为全权办理大臣，准备随时前往烟台换约。四月初一日，由美国驻日公使谭恩转电北京，催问中国何时批准条约。

光绪帝在犹豫徘徊。

光绪帝在这个重大问题上，首先想到应该请示慈禧太后。四月初一日，光绪帝命军机大臣偕同庆亲王奕劻，请见慈禧，面陈中日和战之事。并将两天内所收奏折十五件一并递上。本来凡是奏折都已递交慈禧，昨天因赴恭亲王府邸，未及递送。

慈禧以有病为由，拒绝接见，命内监传旨："今日偶感冒，不能见，一切请皇帝旨办理。"次日，又传慈禧懿旨："和战重大，两者皆有弊，不能断，命枢臣妥商一策以闻。"联想到三月十四日，慈禧懿旨："两地皆不可弃，即使再战亦不恤也。"这使二十五岁的光绪帝摸不清慈禧太后的真实意图。到此，慈禧太后对《马关条约》的签订，没有任何明确的表示。也就是说，签订和约是好是坏，她没有任何责任。

在众多的建议中，光绪帝比较看重"以夷制夷、联交御日"之策。光绪帝寄希望于俄、德、法三国，想减轻条约中具体条款的内容，并不是想毁约再战。他命军机大臣电俄、德、法三国："换约日期已迫，所商情形如何，能否暂缓互换之期，务希在中历四月初七日以前示复，以免迟误。"

除发电询问外，又直接面见驻华公使，以求帮助。三月二十九日，光绪帝追问军机大臣徐用仪："昨天你面见俄国驻华公使喀希（西）尼，谈话结果如何？"徐用仪据实奏道："喀希（西）尼云：'得本国电码多误，不能读，今电

慈禧太后近身照

回国。但云辽东不允倭占，请缓批准约章。'又云：'俄廷不食言。'至问以如何办法，则无确实语。"这"无确实语"是最关键的一句话。很明显，喀西尼说的一通话是不负责任的外交辞令。然而，缺乏政治经验的光绪帝，不能洞悉喀西尼的本意，反而抱着很大幻想，"遂命奕劻、孙毓汶、荣禄，今日往见喀使，传感谢之意，并告以批不能过缓，即电俄要确音"。光绪帝还在期盼俄国给以准确答复。同时，又发电给驻俄、德、荷、奥公使许景澄，命其迅速做通俄国的工作。这真是强人所难了。

俄、德、法三国不愿卷入中日争端，因此不予回音。后来许景澄回电，内称："俄不能用力，语转松懈。"俄国是在虚与委蛇。翁同龢也认为："是日许（景澄）电语虽云可无误限期，其实皆延宕耳。"俄国是在敷衍推托。直到四月初七日，许景澄才回一电，从电文看，"未得确实语"。至此，对俄国的期望全部破灭。

光绪帝想到应请富有政治经验的恭亲王奕䜣为自己谋划策略。他命军机大臣去探望患病的奕䜣，并将刚收到的议论谈判的奏折十一件交给他，与之面商。奕䜣病势沉重，彻夜不眠，语多即汗。看折后，只是说了点"廷议徒扰，邦交宜联"等无关痛痒的话，而对于是否批准和约，却"一无断语"，没有任何决断的语言。看来，奕䜣是指望不上了。

但是，光绪帝不依不饶。过了几天，他又命军机大臣去奕䜣王府，令定和战之议。翁同龢与李鸿藻一同前往，其他军机大臣也都到场。奕䜣的病稍有转机。孙毓汶把草拟的批准签约的宣示中外的谕旨交给奕䜣修改。奕䜣从此宣示稿看出，光绪帝既然让军机草拟了一个待条约批准后的告群臣之词，那么，光绪帝"大意已偏在和字"，只是没有明说而已。因此，可以想见，奕䜣也是完全主张"和"的。

光绪帝也极想倾听帝党核心人物、他的座师翁同龢的见解。但此时翁同龢的表现，着实令人失望。下面我们按时间顺序摘引《翁文恭公日记》里的一些话，看一看翁同龢都做了些什么。

三月初六日，翁斥责草拟给李鸿章电旨的军机大臣："秉笔者直欲以海疆拱手让人耳，可恨可恨！"

三月初八日，台湾割让事，署台湾巡抚唐景崧来电坚决反对。翁对给唐景崧电旨不满意："观电旨予唐景崧者不惬意，因与秉笔者削去二十余字。彼在汤火中，忍不援手哉？"

三月初九日，接到李鸿章发来的和约十条电报，心情抑郁，"邀高阳（李鸿藻）至馆略谈，胸中磊块，未易平矣"。

三月十二日，翁"力言台不可弃，气已激昂"，在书房独对光绪帝时"不觉流涕"。

三月二十二日，翁头痛发燥。

三月二十四日，翁"连日因台事与同官争论，入对时不免愤激"。"退与高阳（李鸿藻）谈于方略馆，不觉涕泗横集也。"

三月二十五日，对于和约，翁同龢坚执缓批。"极言批准之不可速，然无益也。""归后无客，恍恍如病，昨夜作热亦真病矣。"

三月三十日，翁同龢感到如批准签约定失人心，不批准签约又做不到。因此，"则叹息抑郁淤伤成疾矣"。

四月初四日，关于是否批准和约，翁同龢也无主张。翁同龢已逐渐明了，书生之论于事无补。"书斋所论，大抵皆极为难。"这个"大抵"，是说事物的根本，即大主意。在书斋里尽可议论纵横，然而要光绪帝最后拍板，的确是很难的。翁同龢也只是"臣憾不能碎首以报"。此外，就是"访高阳（李鸿藻）于黄酒馆，痛谈，相对欷歔。归后未决，如在沸釜中"，也是借酒浇愁，别无高招。

作为军机大臣及皇帝老师的翁同龢是光绪帝最为信任依赖的人物。在危急关头，他的表现是"不免流涕""涕泪横集""相对欷歔"，更有甚者，是"恍恍如病""淤伤成疾"。

他坚持的政治主张是缓批条约。除以上对自己的道德谴责和心理折磨外，就是坚持缓批条约了。此外，再也拿不出像模像样的应对之策了。

光绪帝对他身边的近臣颇感失望。与此同时，他想到了封疆大吏。四月初一日，光绪帝命军机处电寄刘坤一、王文韶谕旨，旨曰："新定和约条款，刘坤一、王文韶谅皆知悉。让地两处，赔款二万万，本皆万难允行之事，而倭人恃其屡胜，坚执非此不能罢兵。设竟决裂，则北犯辽沈，西犯京畿，皆在意中。连日廷臣章奏甚多，皆以和约为必不可准，持论颇正。而于沈阳、京师两地重大所关，皆未计及。如果悔约，即将决战；如战不可恃，其患立见，更将不可收拾。刘坤一电奏有云：'战而不胜，尚可设法撑持。'王文韶亦有：'聂士成等军颇有把握，必可一战'之语。唯目前事机至迫，和战两事利害攸关，即应立断。著刘坤一、王文韶体察现在大局，安危所系，及各路军情战事，究竟是否可靠，各抒所见，据实直陈，不得以游移两可之词，敷衍塞责。钦此。"①

光绪帝让他们就目前形势表态，战局"究竟是否可靠，各抒所见，据实直陈，不得以游移两可之词，敷衍塞责"。这是向刘坤一、王文韶要真话。不要表态式的话，而要负责任的话。

刘坤一（1830—1902）原任两江总督，兼通商事务大臣并帮办海军事务。光绪二十年（1894）十二月初二日，光绪帝命刘坤一为钦差大臣，到山海关驻节，节制关内外各军，指挥对日作战。

王文韶（1830—1908）原任云贵总督。光绪二十年（1894）中日甲午战争爆发，光绪帝特诏王文韶进京陛见。后派充帮办北洋军务大臣。李鸿章赴日议和期间，王文韶奉命署理直隶总督兼北洋大臣。《马关条约》签订后，李鸿章失势，奉旨入阁办事，王文韶则实授为直隶总督兼北洋大臣。

他们二人手握兵权，光绪帝问计于刘坤一和王文韶就是顺理成章的了。

四月初六日，署直隶总督王文韶自天津电复光绪帝，略谓："旨意以不和即战，计及沈阳、京师两地重大所关，务筹万全之策。仰见圣虑深远，急其所急，臣在津言津。如提督聂士成，总兵吴宏洛、章高元、陈凤楼等军，声气联络、必可一战。其榆关以迄辽沈各路军营，亦各有可用之将，究竟是否可靠，臣实不敢臆断。现在事可胜不可败，势成孤注，与未经议约以前情形又自不同。传闻俄、法、德三国颇肯助我，外间未审确实。事关全局安危，应请饬下军机大臣、督办军务处、总理衙门通盘筹议，请旨定夺。"②

王文韶的意见是说，归我管辖的北洋各军，我可保证"必可一战"；不归我管辖的其他各军，"臣实不敢臆断"。此外，和战之事关系重大，应由你们中央决定，尤其是你光绪帝决定。言外之意，我王文韶管不着这段。王文韶虽然信誓旦旦，但接着就有人致书翁同龢，"言津防诸将不可恃"。光绪帝阅过王文韶电奏后，更感到毫无把握。

---

① 《中日战争》丛刊，第4册，第17页。
② 《中日战争》丛刊，第4册，第42页。

同一天，钦差大臣刘坤一亦复电，提出了"持久"战的思想。其中尤其说道："'持久'二字，实为现在制倭要著。"前文已论及，这是难能可贵的名言誓语。刘坤一虽然满篇皆言可以与日决一死战，但军机大臣们从鸡蛋里挑骨头，硬是从字里行间"颇摘其一二活字"，然后得出结论说，刘坤一"非真有把握也"。翁同龢没有说其"同列"所"摘其一二活字"为何字。如细审刘之电文，大体如"未必""万一""何能""彼将"等可作亦此亦彼两义理解之词为"活字"，因而得出刘坤一没有抗战到底的决心。

刘坤一和王文韶也使光绪帝颇为失望。光绪帝陷入极度痛苦之中。该问的都问了，该做的都做了，但仍然没有找到解决难题的答案，没有觅到走出险地的坦途。光绪帝"以和约事徘徊不能决，天颜憔悴"。

恰在此时，于四月初八日，天津突然暴雨成灾。翁同龢记道："北洋报，初四、五天津大风雨，初五寅卯间海啸，新河上下各营被冲，水深四五尺，淹毙甚多，计六十余营被其害，北自秦王岛，南至堼子口皆然。此时值此奇变，岂非天哉?"初四、五日两天天津突如其来的暴雨海啸，给北洋各军造成重大损失。这个损失不仅是物质的，也是心理的。那时的人们笃信天象示警的古训，所以翁同龢惊诧地叹道："此时值此奇变，岂非天哉!"

也许有感于此，四月初八日，光绪帝出人意料地作出惊人之举，幡然批准了和约。翁同龢急忙询问："如果俄、德、法三国来电，我们怎样对待?"光绪帝从容答道："须加数语于批后，为将来地步。"翁同龢战栗哽咽而退，到得书斋，君臣相顾挥泪，景象至为凄惨。于是，在李鸿章奏中日会议和约已成折后，光绪帝朱批道："依议。单图并发该衙门知道。唯闻俄、德、法三国现与日本商改中日新约，将来如有与此约情形不同之处，仍需随时修改。"

四月十四日，光绪帝派二品顶戴候选道伍廷芳和三品衔升用道联芳为钦差大臣，与日本全权办理大臣伊东己代治，在烟台互换条约。《马关条约》至此正式生效。

毁约再战，不惜一切地坚持持久战，这是最终取得胜利的切实而可行的唯一途径。这样做，需要的是领导者义无反顾的决心。1812 年，俄国的库图佐夫元帅打败法国拿破仑入侵的战争；1945 年，苏联的斯大林打败德国希特勒入侵的战争；中国共产党领导的中国人民打败日本帝国主义侵略的战争，都无可辩驳地证明了这一真理。而取得胜利的首要条件是战争指导者破釜沉舟的决心。

中日甲午战争则不然。躲在幕后保留批判权的慈禧，虽然外表显得很强硬，但不想北狩热河，如 1860 年咸丰帝时那样，是不言自明的。

秉承慈禧意旨行事的傀儡式的光绪帝，自然不敢逾越雷池一步。慈禧的阴影始终笼罩着他。光绪帝稚嫩的肩膀担负不起祖陵奉天失陷和京都北京迁移的两副重担。他不得不违心而痛疚地选择了签约这一历史性的屈辱。

签约的全权代表是李鸿章，他当然不能辞其咎。作为最终批准者的光绪帝，我们也无须为尊者讳，而替他开脱应负的责任。

清朝有一位叫易顺鼎的人，写了一本名《盾墨拾余》的书，其中一节《四月十四日换约始末》。其中言道："济宁（孙毓汶）捧约逼上（光绪帝）批准，海盐（徐用仪）和之。"又记："初八日，恭邸（恭亲王）销假，四小枢劫之上。"又说："而天津报海啸又至，济宁（孙毓汶）乃据以逼上（光绪帝），词色俱厉，各枢不敢有异词，遂不候各国复语，竟定批准矣。"[1]

这一记载与参与其事、身在其侧的翁同龢的记载完全相反。不说孙毓汶无此逼迫皇帝批准的胆量，而且光绪帝也绝不是毫无主见之辈，任人随意驱使的。易顺鼎如此记载，是他的为尊者讳的思想在作怪。

近来有一本书说什么"光绪帝在顽固派的挟持之下"批准签约，则是易顺鼎的"逼上说"的进一步发展，而成为莫须有的"挟持说"了。光绪帝还不至于如此无能，作者意欲爱之，不想实则害之了。

六　下诏罪己　渴求人才

《马关条约》的签订，刺激了资本主义列强的胃口。俄、德、法三国出于本国利益的考虑，干涉日本归还辽东半岛给中国。诸列强纷纷向中国

---

① 易顺鼎：《盾墨拾余》，《中日战争》丛刊，第 1 册，第 126 页。

伸出罪恶之手，在中国攫取了许多权益。光绪帝在国难当头之际，没有失去信心，仍然思振作，图进取。

《马关条约》虽已如期批准交换，但愤激的人心难以平定。为此，光绪帝于批准换约的第四天，即四月十七日颁布一个上谕，以抒人们的愤激之情。上谕曰：

> 谕：军机大臣等。日本觊觎朝鲜，称兵犯顺。朕眷怀藩服，命将出师。原期迅扫敌氛，永弭边患。故凡有可以裨益军务者，不待臣工陈奏，皆已立见施行，何图将不知兵，兵不用命，畀以统领之任而偾事日深，予以召募之资而流氓麇集，遂至海道陆路无不溃败。延及长城内外，险象环生。比来戎马骎骎，有进无退。甚将北犯辽沈，西犯京畿，危急情形，非言可喻。和战两事，必应当机立断。念朕临御天下二十余年，宵旰忧勤，未尝稍释。今乃忽有此变，实唯菲躬凉德有以致之。且天津海啸为灾，冲没营垒，为史策所仅见。上天示警，尤可寒心。

> 乃尔诸臣工于所议约章，或以割地为非，或以偿银为辱，或更以速与决战为至计。俱见忠义奋发，果敢有为。然于时局安危得失之所关，皆未能通盘筹划。万一战而再败，为祸更难设想。今和约业已互换，必须颁发照行，昭示大信。凡此已成之局，均不必再行论奏。唯望京外文武大小各员，自今以后，深省愆尤，痛除积弊，咸知练兵筹饷为今日当务之急。切实振兴，一新气象，不可因循废弛，再蹈前辙。诸臣等均为朕所倚畀，朕之艰苦，当共深知。朕之万不得已而出于和，当亦为天下臣民所共谅也。[1]

光绪帝在这道谕旨里说了三层意思：

第一层，阐述了战败的原因。

第二层，说明了签约的苦衷。

第三层，表示了振兴的决心。

---

[1] 《光绪朝东华录》，第4册，总第3595页。

光绪帝向天下臣民表白了一个心迹：“朕之万不得已而出于和，当亦为天下臣民所共谅也。”而要达到的目标则是“切实振兴，一新气象”。这道上谕实质是一个罪己诏。

自视甚高的泱泱大国居然败给了近在肘腋的蕞尔小夷，这使整个中国感到震惊。丧权辱国的《马关条约》的签订对光绪帝是一个极大的刺激。但他没有因此而灰心、颓废，他在思振作、图进取。

条约签订两个多月，即在闰五月二十七日，光绪帝颁布上谕，征询渡过难关的良策，略谓：“自来求治之道，必当因时制宜。况当国事艰难，尤应上下一心，图自强而弭祸患。朕宵旰忧勤，惩前毖后，唯以蠲除积习，力行实政为先。选据中外臣工条陈时务，详加披览，采摘施行。如修铁路、铸钞币、造机器、开铁矿、折南漕、减兵额、创邮政、练陆军、整海军、立学堂，大约以筹饷练兵为急务，以恤商惠工为本源。此应及时举办。”①

光绪帝将此道上谕传知各省督抚藩臬，并限一月之内拿出办法复奏。同时强调“当此创巨痛深之日，正我君臣卧薪尝胆之时”，应加倍努力，共闯难关。让封疆大吏在短短一个月时间里拿出疗救病入膏肓的清王朝的良方，不仅是强人所难，而且是痴人说梦。但从中不难看出，年轻的光绪帝企望重新振作的急迫心情。不过，这道上谕没有渗透出任何新思想的火花，所表露的只是洋务派思想的翻版。光绪帝虽然心急如焚，但他此时踏上的仍然是被实践证明了的走不通的老路。

光绪帝深知，如欲图强振作，必须广揽人才。为此，在此前的闰五月十三日便颁一上谕，命荐举人才，谕曰：“为政之要，首在得人。前谕中外臣工保荐人才，业经次第擢用。当兹时事多艰，尤应遴拔真才，借资于济。著各部院堂官及各直省将军督抚等，于平日真知灼见、器识闳通、才猷卓越、究心时务、体用兼备者，胪列事实，专折保奏。其有奇才异能、精于天文地舆、算法格致、制造诸学，必试有明效，不涉空谈，备举专长，殚资节用。”②

这道上谕同以往上谕在用人观上有较大的不同。它强调要选拔两种

---

①《光绪朝东华录》，第 4 册，总第 3631 页。
②《光绪朝东华录》，第 4 册，总第 3625 页。

人：一种是"究心时务"的；另一种是精于实学的。

同时，光绪帝又在人事上进行了重大调整。整个六月进行了一系列的人事任免。六月五日，免去孙毓汶的军机大臣和兵部尚书职。六月十六日，免去徐用仪的军机大臣和总署大臣职，任命礼部左侍郎钱应溥为军机大臣，任命翁同龢、李鸿藻兼任总署大臣。六月二十一日，任命荣禄为兵部尚书。

光绪帝希望通过人事调整，能使中央"一新气象"。但实践证明，收效是有限的。

《马关条约》的签订，刺激了西方资本主义列强贪婪无厌的胃口。他们也想在中国这块巨大而病弱的躯体上割一块肉，于是，掀起了瓜分豆剖中国的狂潮。

先是俄、德、法三国联合干涉还辽。《马关条约》规定中国把辽东半岛割让给日本。因为这触及了列强的既得利益，引起列强的不满。

俄国早就把中国东北视为自己盘中的一块肥肉，不准任何人染指。日本占领辽东半岛，简直就等于从自己口中抢夺食物一般，是决不可容忍的。俄国财政大臣维特强硬主张："我们不能容许日本占领南满。"因为如让日本占领南满，就无法实现俄国称霸远东太平洋的野心。

德国同俄国联合行动，一则是企图"移转俄国视线于东方"；二则是阴谋在中国获得一个"海军停泊或屯兵之所"。

法国的算盘是为了巩固新订未久的俄法同盟和乘机渔利，也积极地参加了三国的联合干涉。

俄、德、法三国对日本进行了军事示威和外交恫吓。疲惫不堪的日本不得不完全屈服。日本表示放弃永久占领辽东半岛。但最终中国向日本偿付三千万两库平银作为"赎辽费"，赎回了本来属于自己的国土。

光绪二十二年四月二十二日（1896年6月3日），李鸿章在俄国的威胁下，签订了《中俄密约》。根据《翁同龢日记》记载，《中俄密约》是经恭亲王奕䜣、庆亲王奕劻、李鸿藻、翁同龢、荣禄、张荫桓等军机大臣和总署大臣将李鸿章"所有密电录稿公阅，遂议照办，既定议，乃拟旨一通"。四月十七日，将光绪帝批准密约的"谕旨排讫发出（申初），后将约文全篇改定排发（戌正）"。光绪帝"含泪批准此约"。《中俄密约》的签订，是列强瓜分中国的一个信号。列强之瓜分中国，"其端皆自此约启之"。①

光绪二十三年十月二十日（1897年11月14日），德国借口山东曹州府巨野县两名德国传教士被杀，派军舰悍然霸占胶州湾，夺占青岛炮台。而经光绪帝批准之电旨则只说："唯有镇静严扎，任其恫吓，不为之动，断不可先行开炮，衅自我开。"表现得软弱无力。

俄国以保护中国为借口，趁火打劫，于十一月二十二日派军舰占领了旅顺口、大连湾。

光绪二十四年二月十四日（1898年3月6日），李鸿章、翁同龢同德国公使海靖签订了《胶澳租界条约》。允许德国租借九十九年，租期内胶州湾由德国管辖；允准德国修筑胶济铁路，铁路沿线两旁各三十里内的矿产德国有权开采。自此，山东变成了德国的势力范围。

光绪二十四年三月六日（1898年3月27日），李鸿章、张荫桓与俄代办巴布罗福签订了《旅大租地条约》，将旅顺口、大连湾及附近水面租与俄国，租期二十五年，又允准其修筑南满铁路。自此，东北成为俄国的势力范围。

继德、俄之后，法、英也相继在中国划分了势力范围。偌大的中国，面临着任人宰割、供人啖食的严酷的民族危机。

总之，《马关条约》的签订给中国造成了四大危机，一大危险。

四大危机是：瓜分危机、经济危机、社会危机、政治危机。

瓜分危机。《马关条约》签订后，帝国主义看到日本从中国割去了很多领土，刺激了他们的贪欲。于是，帝国主义在中国疯狂地抢夺海港，划分势力范围，掀起了瓜分中国的狂潮。这中间，俄国充当了帝国主义的急先锋。《马关条约》中"割让辽东半岛"一款，触动了俄国在中国东北的既得利益，俄国十分恼怒。他勾结德国、法国，三国联合干涉日本归还辽东半岛。德国、法国各自打着自己的算盘，积极地参与了三国干涉还辽。在俄、德、法三国的军事威胁和外交恫吓下，疲惫不堪的日本被迫退还辽东半岛给中国，但向中国索取了"赎辽费"——白银三千万两。

三国干涉还辽是19世纪末列强瓜分中国的开端。自此，德国占领了胶

---

① 梁启超：《中国四十年来大事记》，《饮冰室全集》专集之三。

州湾，夺取了青岛炮台，山东成了德国的势力范围；俄国占领了旅顺口和大连湾，东北成了俄国的势力范围；法国强行租借广州湾，广东、广西、云南成了法国的势力范围；英国除扩展香港的租借地外，还强行租借了威海卫，并将长江流域变成了它的势力范围；日本除强行占领台湾外，又把福建变成了它的势力范围；美国提出了"门户开放"政策，高唱各帝国主义国家在华利益"机会均等"，也分得了一杯羹。此时的中国已是千疮百孔，气息奄奄了。中国陷入了深深的被列强瓜分的危机之中。

经济危机。《马关条约》赔偿日本军费两亿两白银，加上"赎辽费"三千万两，总计两亿三千万两白银。这笔巨额的战争赔款压得清朝喘不过气来。清朝当时全年的财政收入是八千万两白银，而全年的财政支出也是白银八千万两，因此，清廷根本无力偿还这笔巨额赔款。根据条约的规定，清廷要分八次还清。第一次要在条约签订六个月时偿还五千万两，第二次要在条约签订十二个月时偿还五千万两，其余的一亿两要分六次在七年内还清。清廷无力偿还，只得举借外债。列强认为这是控制中国的大好机会，纷纷兜揽借款。

清廷在甲午战争后的三年多的时间里，先后三次向列强借款。第一次是向俄法集团所借的"俄法洋款"。"俄法洋款"的总额为四亿法郎，折银九千八百余万两；第二次是向英德集团所借的"英德洋款"。"英德洋款"的总额为一千六百万英镑，折银九千七百余万两；第三次是再次向英德集团续借"英德洋款"。此次借款总额为一千六百万英镑，折银一亿一千二百余万两。除以上三次大借款外，清廷还有其他一些借款。据统计，从1895年到1900年，清廷共向列强借款四亿五千一百余万两白银，约为当年财政收入的五倍半。这些借款，利率高，折扣大，还附加政治条件。自此，清廷陷入了严重的经济危机。

社会危机。屋漏偏遭连夜雨。甲午战争后的几年间，中国连续遭受自然灾害的侵袭。直隶、奉天、山东、河南、江苏、浙江等十四省发生严重的水灾或旱灾。1896年，湖南发生特大水灾。1897年，湖南出现大旱。1898年、1899年，黄河连续两年大决口，哀鸿遍野，饿殍满地。百年未遇的特大天灾，加深了人为的灾害，促使社会不稳，人心思动。清朝的社会出现了严重的危机。

政治危机。甲午战争的失败导致的瓜分危机、政治危机、社会危机，

光绪皇帝

使中国社会的各阶层对清廷深感失望。清廷出现了是否能够继续统治下去的政治危机。

以上的四大危机，突现了一大危险。这就是亡国灭种的危险。所谓亡国灭种的危险，就是中国面临灭亡的危险，中华民族面临灭种的危险。面对此情此景，国内的思想精英从各自的角度思考民族的前途和救国的出路，发出了"救亡图存"的呼声，并进而导致"戊戌变法"。

可以说，《马关条约》的签订引起的四大危机和一大危险，是光绪皇帝进行戊戌变法的根本原因。

对此，亲自批准签约的光绪帝，既感奇耻大辱，又思奋发进取，他在寻觅着摆脱困境、走向坦途的新人新策。

第十一章　变法前奏　总署辩论

一　戊戌变法　奏响序曲

光绪帝为了使祖国繁荣富强，急寻良策。此时出现了资产阶级维新派主将康有为。康有为在十年时间里，向光绪帝上了七封奏疏，这就是著名的七封《上清帝书》。康有为系统地、完整地提出了资产阶级维新变法的政治纲领和实施步骤。

在这期间，光绪帝还命五大臣接见了康有为。五大臣把同康有为的对话上报给了光绪帝，光绪帝受到很大震动，感到如鱼得水。所有这些，都构成了戊戌变法的前奏。

对《马关条约》签订之后的国内反响，维新派思想家梁启超一针见血地评道："吾国四千余年大梦之唤醒，实自甲午战败割台湾偿二百兆以后始也。我皇上赫然发愤，排群议，冒疑难，以实行变法自强之策，实自失胶州、旅顺、大连湾、威海卫以后始也。"

而历史学者黄鸿寿亦一语破的地指出："及甲午败于日本，各国租港湾之事，相逼而来，瓜分支那之说，腾沸于全球。于是国人大哗，志士奋起，痛论变法之不可缓。帝亦知非实行变法，不能立国。"[①]

这就是说，甲午战败，着实使一向妄自尊大、自以为是的清廷中外臣工大吃一惊。他们开始正眼去看待整个世界，也开始认真思考母亲中国。因此，蕴含着各种救国方案的大小奏章便不失时机地纷至沓来。它们构成了戊戌变法的前奏曲。

---

① 黄鸿寿：《清史纪事本末》，《戊戌变法》丛刊，第4册，第256页。

这个前奏曲的最强音当是康有
为的七封《上清帝书》。自光绪十
四年（1888）至光绪二十四年四月
二十三日（1898年6月11日）光
绪帝颁布"诏定国是"上谕前十年
间，康有为曾先后七次上书光绪
帝。在这七封《上清帝书》中，康
有为系统地、完整地提出了资产阶
级维新变法的政治纲领和实施
步骤。

康有为

上清帝第一书。光绪十四年
（1888）十二月初十日，三十岁的
布衣康有为上《上清帝第一书》。
他以日本为例颇有预见地论道：
"日本崎岖小岛，近者君臣变法兴
治，十余年间，百废俱举，南灭琉球，北辟虾夷。欧洲大国，睨而不敢
伺。况以中国之方之大，物产之盛，人民之众，二帝三王所传，礼治之
美，列圣所缔构，人心之固，加以皇太后、皇上仁明之德，何弱不振哉？
生谓变法，则治可立待也。"①

这道奏章呈递给都察院，都察院转交翁同龢。翁阅后，认为"语太讦
直，无益，只生衅耳"，而拒绝代呈。这道奏章未能送达光绪帝。但其书
稿广为传抄，流布甚远，影响至大。

上清帝第二书。《马关条约》签订的消息传来，光绪二十一年四月八
日（1895年5月2日），三十七岁的康有为联合在京会试的举人，发动了
著名的"公车上书"。这个上书，在国家政治制度方面，提出了请光绪帝
实行"议郎议政"制度。这些"议郎"具有"上驳诏书，下达民词"之
权力。这种"议郎议政制"，同西方君主立宪国的国会和议院制度十分相
似。这项建议，实际上是要在中国实行资产阶级的代议制。这个上书，得
到了在京的十八省一千三百名举人的声援，形成了一场影响深远的政治运

① 《戊戌变法》丛刊，第4册，第129页。

161

康有为《大同书》手稿

动。但这次上书，由于遭到主张签约的军机大臣、兵部尚书孙毓汶的反对，而未能上达光绪帝。然而，可以想见，这次上书的内容光绪帝是应该知道的。这是《上清帝第二书》。

上清帝第三书。光绪二十一年五月初六日（1895 年 5 月 29 日），已授进士并任工部主事的康有为把《上清帝第三书》上呈都察院。第三书开篇慷慨激昂地言道："窃近者朝鲜之衅，日人内犯，致割地赔饷，此圣清二百余年未有之大辱，天下臣民所发愤痛心者也。然辱国之事小，外国皆启觊觎，则瓜分之患大；割地之事小，边民皆不自保，则瓦解之患大。社稷之危未有若今日。然殷忧所以启圣，外患所以兴邦，为安为危，仍视皇上之措置而已。"

同时，具体而微地提出了富国、养民、教士、练兵之四策，并进而着重强调了选拔人才的重要性。都察院经数日研究，于五月十一日将原折进呈光绪帝。这是光绪帝第一次看到康有为的上书。光绪帝以极为欣喜的心情认真阅读奏折，十分满意，"皇上嘉许"。并命阁臣将其另行抄录三份，一份呈送慈禧，一份留在乾清宫，一份发往各省督抚会议。而他自己则把奏折置于案头"留览十日"，乃"毅然有改革之志"。这充分说明其奏折引起了光绪帝的高度重视。

与《上清帝第三书》同时上奏的折片引起光绪帝重视的还有：

1. 五月十七日，顺天府府尹胡燏棻《条陈变法自强事宜折》。

2. 闰五月初七日，南书房翰林《急图自强敬陈管见折》及《请饬督抚荐举人才片》。

3. 闰五月初七日，委散秩大臣信恪《请开办矿物折》。

4. 闰五月十六日，翰林院侍读学士准良《富强之策铁路为先请饬廷臣会议举办折》。

5. 闰五月十九日，协办大学士徐桐《遵议兴利裁费敬陈管见折》。

以上折片及其他的折片，其有益的部分，对光绪帝起到了拓宽视野及掘深思路的作用。

上清帝第四书。光绪二十一年闰五月初八日（1895年6月30日），康有为又上第四书。这篇上书的主旨是建议光绪帝"确知旧习之宜尽弃，补漏之无成功"。反对零敲碎打的"补漏缝缺之谋"，主张整体效果的"再立堂构之规"。提出了"设议院以通下情"的政治主张。这比"公车上书"中所说的议郎议政制，在更高层次上表达出变封建专制制度为资本主义议会制度的政治要求。该书又未能上达光绪帝。

此时康有为在京创办报纸，每日刊送十份于朝士大夫，上载朝士闻所未闻的外国政事风俗。此报引起了翁同龢的注意。翁同龢专门拜访康有为，未遇。康有为回谒，两人终于相见。翁同龢就光绪十四年（1888）不代康上书之事表示歉意，亦后悔当时不用康之谏言。接着两位博学之士就变法之事进行了广泛深入的讨论，翁同龢不耻下问，反复询诘，时间不知不觉地滑过，自午后一时畅谈到五时，谈话十分融洽，真是相见恨晚。翁同龢甚至泄露了心底的秘密："与君虽新见，然相知十年，实如故人。姑为子言，宜密之，上实无权，太后极猜忌。"后来，向康有为索要其论变法的著作。"自是翁议论专主变法，比前若两人焉。"从此以后，翁同龢的议论专门主张变法，和以前相比像两个人。

翁同龢与康有为的会见是某种历史性的机遇。整个甲午战争期间，翁同龢虽然一意主战，但在日本强大的军事压力面前，也往往表现得束手无策。见到康有为，他犹如黑夜遇灯塔，久旱逢甘霖，猛然间找到了救世的良方。他激动不已。他"以康之言达皇上，又日以万国故，西法之良，启沃皇上，于是皇上毅然有改革之志矣"。翁同龢向光绪帝不厌其烦地举荐康有为，使得光绪帝相信康有为，重用康有为，这是翁同龢的最大功劳。

《上清帝第四书》由于受到守旧大臣的阻格，以致投递无门。康有为一筹莫展，遂南返入江宁，道出上海，回归广州，继续游历讲学。

上清帝第五书。忧国忧民的康有为时刻在关注着祖国的命运。德国强占胶州湾的消息传来，他食不甘味，寝不暖席，急匆匆地从广州赶到北京，于光绪二十三年十一月十二日（1897年12月5日），第五次呈上一封六千余言的上皇帝书，这就是《上清帝第五书》。

《上清帝第五书》在康有为的诸多上书中是很值得深入玩味的一份文件。康有为敏感地预见到，德国强占胶州湾只是列强瓜分中国的肇端。"日本议院日日会议，万国报馆议论沸腾，咸以分中国为言，若箭在弦，省括即发。""胶警乃其借端，德国固其嚆矢耳。"形势险恶，必须奋起。

他强烈要求光绪帝要做到：

（一）下发愤之诏，先罪己以励人心。

（二）集群材咨问以广圣德。

（三）求天下上书以通下情。

（四）明定国是，与海内更始。

（五）国事付国会议行。

（六）大召天下才俊，议筹款变法之方。

（七）采择万国律例，定宪法公私之分。

（八）官吏疲老不才者，皆令冠带退休。

（九）未游历外国者，不得当官任政。

（十）察阅万国得失，以求进步改良。

他反复强调："夫今日在列强竞争之中，图保自存之策，舍变法外别无他图。"

为此，他又言简意赅地提出变法三策：

翁同龢一笔"虎"字

第一策，采法俄日以定国是。

第二策，大集群才而谋变政。

第三策，听任疆臣各自变法。

他进一步论证道："凡此三策，能行其上，则可以强；能行其中，则犹可以弱；仅行其下，则不至于尽亡。唯皇上择而行之。"

最后，他又声泪俱下地写道："职诚不忍见煤山前事也。"煤山前事是指明朝最后一个皇帝崇祯帝朱由检在明末起义军攻进北京城后，在煤山上吊自杀一事。从中可见康有为炽热的爱国之心和难抑的忧国之情。

这道上书，由于工部尚书（部长）松溎的阻格，而没能及时送达光绪帝。但是，京师中许多官员士子却转相传抄，天津、上海的报纸也加以披露，上海大同译书局迅速印出单行本，长沙《湘报》全文刊载。梁启超记道："诸大臣士人共见之，莫不嗟悚。"有人形神毕肖地叙述："康工部有为五次上书，为大僚所格，未达九重。原文传布，登沪上报章，展阅一周，言有过于痛哭者。"①

康有为看到上书无望，又忆起广州万木草堂的学生，感到滞留京师无益，意欲南归。十一月十八日，正值隆冬的北京，寒风刺骨。康有为早已准备好行装，待到天明即将启程。凌晨，康有为还没起床，翁同龢冒着寒风，推开房门，径入南海会馆的汗漫舫，紧紧握住康有为的手，恳切地说："不要走。我今天早朝向皇上极力举荐你，说：'康有为的才能超过老臣百倍，请全国都听从康有为的主张。'皇上就要大大地起用你了，不应该走。"第二天，给事中高燮曾上书，奏请皇帝召见康有为，并请加卿衔出洋。

光绪帝已对康有为很感兴趣，因此，千方百计地想亲自召见康有为。不过，他的想法遭到了老资格政治家恭亲王奕䜣的反对。奕䜣不动声色地谏道："本朝成例，非四品以上官不能召见。今康有为乃小臣，皇上若欲有所询问，命大臣传语可也。"康有为是六品官，皇帝无权接见，但奕䜣找到了一个变通的办法，即命大臣传话。

光绪帝不敢违背祖制，接受了奕䜣的建议，命总理衙门大臣于光绪二十四年正月初三日（1898年1月24日）接见康有为，询问天下大计，变

---

① 《戊戌变法》丛刊，第1册，第536页。

法之宜，并令如有所见及有著述论政治者，由总理衙门进呈。

光绪帝急切地盼望着来自康有为的信息。

光绪二十四年（1898）正月初三日，京师虽已是深冬，但阳光微曛，天气晴和。四十一岁的康有为乘着马车兴致勃勃地直

光绪帝画像

奔总理衙门。这一天，总理大臣特意约见他。对于这次约见，他是有充分心理准备的。跨进总署的西花厅，定睛一看，五位大臣，一字儿排开，个个神态庄重地坐在上面。这五位大臣是大学士李鸿章、协办大学士户部尚书翁同龢、协办大学士兵部尚书荣禄、刑部尚书廖寿恒、户部左侍郎张荫桓。其中翁、廖又兼军机大臣。五位清一色的都是一二品朝廷重臣，而康有为只不过是小小的六品工部主事（略高于处长）。

阵容严整，说明对这次约见的重视。

五大臣待之以宾礼，赐座问话。荣禄眯缝着小眼，似看未看地冷冷地脱口而出："祖宗之法不可变！"欲为变法先定一个基调。

康有为早有准备，不卑不亢地从容驳道："祖宗之法，以治祖宗之地也。今祖宗之地不能守，何有祖宗之法乎？即如此地为外交之署，亦非祖宗之法所有也。因时制宜，诚非得已。"

廖寿恒不失时机地追问："那么，应该怎样进行变法呢？"把问话巧妙引入正题。

康有为画龙点睛地答道："宜变法律，官制为先。"

李鸿章略一沉吟，故作惊讶地径直问道："然则六部尽撤，则例尽弃乎？"明了国内外大事的著名政治家竟然提出如此幼稚可笑的问题。他是故意装聋作哑。

康有为胸有成竹，侃侃而谈："今为列国并立之时，非复一统之世。

今之法律官制，皆一统之法，弱亡中国，皆此物也，诚宜尽撤。即一时不能尽去，亦当斟酌改定，新政乃可推行。"

翁同龢最关心变法所需经费："如何筹款呢？"

康有为爽朗乐观地回答："日本之银行纸币，法国印花，印度田税，以中国之大，若制度既变，可比今十倍。"

接着康有为把话题引导到介绍西方和日本各方面情况上来。他言简意赅地介绍了西方国家有关法律、度支、学校、农商、工矿、铁路、邮信、会社、海军及陆军等方面的情况，并分析了日本的维新变法，推崇日本"仿效西法，法制甚备"，认为日本"与我相近，最易仿摹"。同时，自荐了他编撰的《日本变政考》和《俄彼得变政记》，极有参考价值，可供皇帝"采鉴"。

这次约见，从午后三时直到黄昏。时间之长，探索之微，追问之详，几乎前所未有。

荣禄对康有为怀有极大的政治偏见，没等接见完毕，便先行扬长而去。

第二天，光绪帝迫不及待地召见了军机大臣和总署大臣，焦急地垂询五大臣约见康有为的详细情况。军机大臣、总署大臣翁同龢上奏了约见的全过程。光绪帝听罢，很感欣慰，不负所望，总算寻觅到了一个理想的变法人才。

光绪帝极想立即召见康有为，但奕訢仍认为不妥，加以阻拦。他认为，可以命康有为条分缕析地上奏自己的变法主张，如果皇帝认为有可取之处，再命召见不迟。光绪帝面对资深权重的奕訢的反对，无可奈何，只得同意，便下谕命康有为条陈所见，并进呈康有为自撰的《日本变政考》和《俄彼得变政记》。

西花厅的接见是一次引人注目的重要接见。五位重臣集体接见一介小吏这个事情本身便耐人寻味、非同寻常，更何况这五位重臣又分属洋务派、维新派和守旧派呢！由于有了这次考察兼考试性质的接见，才使得光绪帝与康有为的进一步联系有了可能。

上清帝第六书。问话后的第五天，即光绪二十四年（1898）正月初八日，康有为又向光绪帝上第六书。他痛斥了顽固派高唱的"祖宗之法不可变"的谬论，指出新法有无比的优越性："新则和，旧则乖；新则活，旧则板；新则疏通，旧则阻滞；新则宽大，旧则刻薄。自古开国之法无不新，故新为生机；亡国之法无不旧，故旧为死机。"他热望光绪帝审量时势，决定国是，尽弃旧习，发愤更始。康有为认为明治维新的主要经验是开制度局，因为如何取万国良法，如何采天下舆论，均须由制度局商定。光绪皇帝读了这份上书深受启发，对世界竞争的大势更加明了。康有为在第六书中提出的政治主张和建议，正是指导"百日维新"变法的纲领。

上清帝第七书。康有为在编纂《俄彼得变政记》完工之后，于光绪二十四年二月二十二日（1898年3月12日）第七次上书光绪帝，即《译纂〈俄彼得变政记〉成书可考由弱致强之故折》。在这一奏折中，康有为以俄国彼得大帝变法图强的历史，说明中国变法莫如模仿彼得大帝，他认为"考之地球，富乐莫如美，而民主之制与中国不同；强盛莫如英、德，而君民共主之制，仍与中国少异。惟俄国其君权最尊，体制崇严，与中国同"，"故中国变法，莫如法俄，以君权变法，莫如采法彼得"。康有为认为，中国要变法，就应该学习俄国彼得大帝提供的历史经验。只要你光绪帝把《俄彼得变政记》置于桌上，认真阅读，日日揣摩，时时领悟，就会产生奇迹，中国变法就能成功。

总之，康有为给光绪帝的七封上书，在中国大地上产生了巨大的反响。它成为了资产阶级维新派的思想武器，为光绪帝的百日维新奠定了理论基础。

二 诏定国是 决心变法

光绪帝要实行变法，首先必须得到慈禧太后的准许。慈禧太后答应在"不违背祖宗大法"的前提下，支持光绪帝变法。光绪帝于是颁布了"明定国是"的上谕，在社会上引起极大反响。这道上谕，实际是光绪帝决心变法的誓言书，也是实行变法的动员令。

光绪帝拿到《日本变政考》和《俄彼得变政记》，如获至宝。他连夜捧读，反复品味，饥渴的心田，犹如恰逢一场适时的春雨。光绪帝折服于康有为的雄见宏论，由衷地感到必须立即着手变法，如再迟延，社稷难保。

然而，光绪帝并不拥有真正的皇权。他处处受制于慈禧太后。像实行变法这样关系国家前途命运的头等大事，当然必须首先征得慈禧太后的同意。

光绪帝怕碰钉子，不得已，向庆亲王奕劻表露心迹："太后若仍不给我事权，我愿退让此位，不甘做亡国之君。"奕劻把这话转呈慈禧，慈禧一听，怒从心头起："他不愿坐此位，我早已不愿他坐之。"当然这是说的气话，后经奕劻耐心解劝，慈禧心气渐平，才答应说："由他去办，俟办不出模样再说。"这话有股秋后算账的味道，然而总算得到了慈禧的首肯。

奕劻把慈禧同意变法的话转告光绪帝。光绪帝心中有了底，便兴冲冲地赴颐和园面见慈禧。慈禧直视着光绪帝，严肃地说："凡所施行之新政，但不违背祖宗大法，无损满洲权势，即不阻止。"这是说，凡是施行的新政，只要不违背祖宗的大法，没有损害满洲的权势，我就不加阻止。

慈禧答应光绪帝在"不违背祖宗大法"的前提下可以实行变法。

这是政治改革方面的重大许诺。

慈禧为什么允许光绪帝实行变法呢？我认为，大体有三点原因。

一是列强的环逼。甲午战后，中国面临被列强瓜分豆剖的危机。在失掉显赫皇权的威胁面前，慈禧与列强之间的矛盾便异常尖锐起来。她不能不顾及她的祖业、她的江山和她的皇位。她自然地想到了行之多年的"自强"。慈禧在召见盛宣怀时曾颇动感情地表白："必须做到自强。但是现在外国欺我太甚，我所以十分焦急。"同时，她在后来同她的侍卫女官德龄也袒露心声："我希望我们中国将来会强大。"变法是自强之一途，为此，她同意变法。据载："后（慈禧）尝告德宗（光绪帝），变法乃素志。同治初，即纳曾国藩议派子弟出洋留学，造船制械，凡以图富强也。"慈禧表白自己"变法乃素志"，即"变法是我向来的志愿"。并且举出同治年间派人留洋、造船制械等新政，都是经她旨准而得以实行的实例来证明确实如此。慈禧那时还分不清政治体制上的变法维新同工商实务上的洋务新政的区别。但是，一开始慈禧主观上赞同变法，此言不虚。

二是臣下的奏陈。甲午战败，外衅危迫，四邻交逼，分割立至。当此之时，上自朝廷，下至士民，都在酝酿变法。康有为发动的"公车上书"最具代表性。据载，康有为的上书曾感动过慈禧。苏继祖记道："恭邸（恭亲王奕訢）薨逝，康（康有为）复见用，太后亦为所上之书感动，乃极力排挤谗谤皇上及康也。"苏继祖的意思是说，慈禧曾经被康有为的上书所感动，保护过遭受攻击的光绪帝及康有为。此话出自对慈禧向无好感的帝党官员苏继祖之口，应当是可信的。

三是皇帝的坚请。光绪帝对待新书，犹如久别的恋人，只要到手，便昼夜不辍地阅读。他读过刘瑞芬的《英法政概》、宋育仁的《采风记》和黄遵宪的《日本国志》。这些书都生动地介绍了西方的体制和日本的变法。他把阅读所得原原本本地讲给慈禧听，即"遂为后（慈禧）言"。同时明确地申明了自己的观点："徒练兵制械，不足以图强。治国之道，宜重根本。"意识到从根本的政治体制上进行改革才是图强之路。

而且，他进一步把冯桂芬的《校邠庐抗议》"进后（慈禧）览"。《校邠庐抗议》初作于咸丰十一年（1861）。当时虽未正式刊印，但其主张被洋务派的高官显宦们广为传播，已为人们所熟知。光绪十一年（1885）正式刊印，流传更广。这部名著不是洋务派思想的一般启蒙读物，而是新兴的"学西方、谋自强"的时代精神的论纲。慈禧浏览过后，"亦称其剀切"。慈禧同意光绪帝变法，"第戒帝毋操之过蹙而已"，只是告诫光绪帝，不要操之过急而已，并且明确表态："苟可致富强者，儿自为之，吾不内制也。"只要是能够使中国富强的举措，你光绪帝就自行去办，她不加以牵制。

慈禧明确表态同意光绪帝变法，这给光绪帝吃了一颗定心丸。

但他高兴得未免有些太早了。近在咫尺的浓雾散去，更大范围的乌云压来。

这时出现了一个意外情况，恭亲王奕䜣突然病逝。他于光绪二十四年（1898）四月初十日病逝。奕䜣之死，特为重要。暮年的奕䜣对变法持慎重态度。"王（奕䜣）亦非顽固守旧之流，但康党所欲行之政策，必多为王所不取，且深恶之。""䜣持祖宗旧制不可尽更，新进之士不可遽用，帝亦听之。"奕䜣主张变法不可过急。由于奕䜣的特殊地位，慈禧亦让其三分，光绪帝也能听进去。

但奕䜣更多的是约束光绪帝。光绪帝欲召见康有为，屡为奕䜣谏阻，"不能行其志"。奕䜣于四月初十日病卒，遗折谆谆告诫光绪帝"凡事皆谨遵太后之意旨而行"。他似乎已朦胧地预感到帝后之间的矛盾。奕䜣在世，"上（光绪帝）及太后皆严惮之，亦多赖其调和。至死，而翁同龢独持朝

170

政，两宫之声气始隔矣"。奕䜣之死，使得慈禧与光绪帝之间失去了一个重要的中间调解人。这就使得他们之间的矛盾尖锐化了。奕䜣死后十三天，戊戌变法开始。

顺插一笔。慈禧与光绪帝之间的另一个重要调解人是慈禧之胞妹。这位叶赫那拉氏是光绪帝之生身母、醇亲王奕譞之嫡福晋。光绪二十二年五月初八日（1896年6月18日）也因病逝去。她是在其丈夫醇亲王奕譞死去九年之后而故去的。她是慈禧与光绪帝之间的缓冲阀。慈禧在处理同光绪帝的矛盾时，不能不顾及到她这个唯一的亲妹妹，更何况这个亲妹妹一直是听从她这个铁腕姐姐的摆布的。但是，现在她撒手人寰。"太后与帝和爱之联系，及调停之居间者，遂失其人。而非常之变，生于是矣。"于是，帝后两宫之间的龃龉便肆无忌惮地完全暴露出来。

既然得到慈禧的首肯，光绪帝便决意实施变法了。

光绪帝为加快变法的步骤，紧紧依靠他最信任的老师加宠臣翁同龢。光绪帝经常单独召见翁同龢，一起探讨变法事宜。他们之间的感情越来越深厚，超越君臣，亦不类师徒，而形同父子。实际翁同龢此时已经位同宰相了。这就引起守旧派大臣的嫉恨。他们群起而攻之，甚至恶人先告状，到慈禧面前告翁同龢，说什么"一切只有翁同龢能承皇上意旨"。慈禧咬牙切齿地答道："俟到时候，我自有办法。"暗下决心，伺机除掉翁同龢。

而此时，维新派的大臣们屡上奏章，敦促皇上，诏谕天下，速定国是，决意变法。

第一折。四月十三日，御史杨深秀上奏《请定国是而明赏罚折》，此折乃康有为代拟。内称："审观时变，必当变法，非明降谕旨，著定国是，宣布维新之意，痛斥守旧之弊，无以定趋向而革旧俗。"这是请求皇帝速定国是的第一折。

第二折。四月十八日，康有为自己所拟《请告先祖誓群臣以变法定国是折》。略称："为决行变法，请上告先祖，大誓群臣，以定国是，而一人心。"建议仿效日本，择日斋沐，大集群臣，誓于天坛，决定国是。以变法维新为行政方针，有违此誓，罚诸无赦。

第三折。四月二十日，日讲起居注官、翰林院侍读学士徐致靖上了第三折，名为《请明定国是疏》。此折也是康有为代拟的。略谓："为外侮方深，国是未定，开新守旧，再无依据。请乾断特申，明示从速，以一众心，而维时局。"

这就形成了请求光绪帝诏定国是的呼声。

光绪帝决定迅速颁诏，在此之前，他特意去颐和园，请旨于慈禧太后。据《翁文恭公日记》记载："上（光绪帝）奉慈谕，以前日御史杨深秀、学士徐致靖言国是未定，良是。"慈禧明确表态，同意杨深秀、徐致靖的见解，也就是同意康有为的见解，应尽快诏定国是。

光绪二十四年（1898）四月二十三日是一个重要的日子。这一天，光绪帝召集全体军机大臣，颁布上谕，明定国是，决定变法。上谕全文如下：

数年以来，中外臣工讲求时务，多主变法自强。迩者诏书数下，如开特科，裁冗兵，改武科制度，立大小学堂，皆经再三审定，筹之至熟，甫议施行。唯是风气尚未大开，论说莫衷一是。或托于老成忧国，以为旧章必应墨守，新法必当摈除，众哓哓空言无补。试问今日时局如此，国势如此，若仍以不练之兵，有限之饷，士无实学，工无良师，强弱相形，贫富悬绝，岂真能制梃以挞坚甲利兵乎？

朕唯国是不定，则号令不行，极其流弊，必至门户纷争，互相水火，徒蹈宋明积习，于时政毫无裨益。即以中国大经大法而论，五帝三王，不相沿袭，譬之冬裘夏葛，势不两存。用特明白宣示，嗣后中外大小诸臣，自王公以及士庶，各宜努力向上，发愤为雄，以圣贤义理之学，植其根本。又须博采西学之切于时务者，实力讲求，以救空疏迂谬之弊。专心致志，精益求精，毋徒袭其皮毛，毋竞腾其口说，总期化无用为有用，以成通经济变之才。

京师大学堂为各行省之倡，尤应首先举办。著军机大臣、总理各国事务王公大臣，会同妥速议奏。所有翰林院编检、各部院司员、大门侍卫、候补候选道府州县以下官、大员子弟、八旗世职、各省武职后裔，其愿入学堂者，均准入学肄业，以期人才辈出，共济时艰，不得敷衍因循，徇私援引，致负朝廷谆谆告诫之至意，将此通谕知之。①

细审这道上谕，三段表明了三层意思。

第一段，雄辩地驳斥了攻击维新变法的错误言论，为维新变法在舆论上扫清障碍。什么"旧章必应墨守"，什么"新法必当摈除"，种种谬论，光绪帝予以坚决反击。

第二段，适度地提出了进行变法维新的指导思想，为变法维新在实行上敲定基调。指导思想是"以圣贤义理之学植其根本，又须博采西学之切于时务者，实力讲求"。这和翁同龢在日记里所记"西法不可不讲，圣贤义理之学尤不可忘"，如出一辙。这种提法与洋务派主张"中学为体，西学为用"，似异曲同工。因为此上谕为翁同龢所拟写，基本上反映了翁同龢的理论高度和思想水平。其思想尚处于洋务思想阶段，与康有为的上书相比，缺乏维新派思想的灿烂光辉，反映了帝党官僚思想的局限。

第三段，具体地点明了变法维新的第一个项目京师大学堂的筹办设想，为以后陆续出台的变法维新项目提供样板。光绪帝命就这一项目由军机大臣、总署大臣妥速议奏，并号召编检司员、子弟世职、下级官吏皆可报考入学。这同科举考试相比是一大历史进步。

总之，上谕渗透着光绪帝的忧国之心和忧民之情。

对这道上谕颁布之后的反响，梁启超做了真实而形象的描述："下此诏书，宣示天下。斥墨守旧章之非，著托于老成之谬，定水火门户之争，明夏葛冬裘之尚。以变法为号令之宗旨，以西学为臣民之讲求者，著为国是，以定众向，然后，变法之事乃决，人心乃一，趋向乃定。自是天下向风，上自朝廷，下至人士，纷纷言变法，盖为四千年拨旧开新之大举。圣谟洋洋，一切维新，基于此诏；新政之行，开于此日。"②

这道上谕，实际是光绪帝决心变法的誓言书，也是实行变法的动员令。

自此，变法维新正式开始。

---

① 《戊戌变法》丛刊，第2册，第17页。
② 梁启超：《戊戌政变记》，第22页。

三　慈禧防范　发布四谕

慈禧太后对光绪帝的变法采取了严密的防范措施。慈禧太后胁迫光绪帝发布四道上谕：第一道谕旨是罢免翁同龢；第二道谕旨是重申收回二品以上大臣的任命权；第三道谕旨是慈禧准备秋天到天津阅兵；第四道谕旨是任命荣禄为署直隶总督。这四道谕旨是慈禧太后给光绪帝套上的四道枷锁。光绪帝的变法一开始就举步维艰。

光绪帝颁布"诏定国是"谕的第三天，即四月二十五日，翰林院侍读学士徐致靖奏《保荐人才折》，内称："奏为国是既定，用人宜先，谨保维新救时之才，请特旨破格委任，以行新政而图自强。"他保荐了"忠肝热血，硕学通才"的工部主事康有为，"器识远大，办事精细"的湖南盐法长宝道黄遵宪，"忠于爱国，勇于任事"的江苏候补知府谭嗣同，"办事切实，不辞劳苦"的刑部主事张元济，"学贯天人、识周中外"的广东举人梁启超。

折上，光绪帝极为重视，于同一天明颁一道上谕："翰林院侍读学士徐致靖，奏保举通达时务人才一折。工部主事康有为、刑部主事张元济，著于本月二十八日预备召见；湖南盐法长宝道黄遵宪、江苏补用知府谭嗣同，著该督抚送部引见；广东举人梁启超，著总理各国

慈禧太后像

174

事务衙门查看具奏。"

这就是说，以上康有为、张元济、黄遵宪、谭嗣同和梁启超等五人都要设法起用。清朝祖制，四品以上官吏皇帝方可召见。主事是六品小吏，皇帝召见是罕见的，四十余年没有过。而召见梁启超这样的布衣，是"本朝数百年所未见"。而与徐致靖保荐的同时，另一御史黄均隆上折弹劾黄遵宪、谭嗣同及梁启超。光绪帝"置之不问"。

这表现了光绪帝在用人上的"求才若渴，不拘成格"，也说明了大胆选才，"用人不惑"。

这道上谕中最引人注目的内容是光绪帝决定打破祖制，亲自召见六品主事康有为。时间则是四月二十八日。此时距恭亲王奕䜣病故仅十八天。

拟召见康有为这一举动，引起慈禧太后及后党官僚的高度重视。慈禧与荣禄密谋，于前一天，即光绪二十四年（1898）四月二十七日，胁迫光绪帝连发四道谕旨，以资防范。

第一道谕旨是罢免翁同龢。谕曰："协办大学士户部尚书翁同龢近来办事多未允协，以致众论不服，屡经有人参奏。且每于召对时，谘询事件，任意可否，喜怒见于词色，渐露揽权狂悖情状，断难胜枢机之任。本应查明究办，予以重惩。姑念其在毓庆宫行走有年，不忍遽加严谴。翁同龢著即开缺回籍，以示保全。"①

守旧派一直嫉恨翁同龢，必欲去之而后快。在光绪帝发布明定国是谕旨之前，慈禧太后于四月二十日之后，曾召见奕劻、荣禄、刚毅，"询及皇上近日任性乱为，要紧处汝等当阻之。同对曰：'皇上天性，无人敢拦。'刚（毅）伏地痛哭，言：'奴才婉谏，屡遭斥责。'太后又问：'难道他自己一人筹划，也不商之你等？'荣（禄）、刚（毅）皆言曰：'一切只有翁同龢能承皇上意旨。'刚（毅）又哭求太后劝阻。太后言：'俟到时候，我自有法。'"②

此时，奕䜣病故，礼亲王世铎患病，只有刚毅为领衔军机大臣，他处心积虑地排挤迫害翁同龢。四月二十日之后，摸清慈禧底蕴的后党大员便

---

① 《清德宗实录》，第6册，第3815页。
② 苏继祖：《清廷戊戌朝变记》，《戊戌变法》丛刊，第1册，第332页。

暗中指使其亲信党羽于荫霖、王鹏运、文悌等上书弹劾翁同龢"误国无状""结党乱政""狂悖揽权"，为罢免翁同龢提供炮弹。但这并没有动摇光绪帝对翁同龢的信任。

然而，这些充斥不实之词的奏章却引起西太后的警觉。她联想到奕訢病重时，"太后问以遗言，泣奏翁（同龢）心叵测，并及怙权，遂骤下罢斥之谕"。这是说，奕訢临死前，太后探问他的遗言。奕訢流着泪说，翁同龢居心叵测，跋扈揽权。于是，慈禧就罢免了翁同龢的职务。有人评道："因太后已许不禁皇上办事，未便即行钳制，故于未见康时，先去翁以警之。"翁同龢时任协办大学士、军机大臣、总理大臣、户部尚书并会办军务，最为光绪帝宠信。光绪帝事前并不知道慈禧要罢免翁同龢，慈禧完全是突然袭击，令光绪帝措手不及。

据苏继祖记道："皇上奉此谕后，惊魂万里，涕泪千行，竟日不食，左右近臣告人曰：'可笑皇上必叫老翁（翁同龢）下了镇物了。'"

这一天，恰好又是翁同龢的生日，情绪颇佳，踌躇满志，"喜而不寐"。然而，突聆宣诏，要罢免他的一切职务，真如五雷轰顶，不知所措。但是，毕竟是久惯政坛的老臣，翁同龢很快从惊魂中镇定下来。他在日记中写道："臣感激涕零，自省罪状如此，而圣恩矜全，所谓生死而肉白骨也。"他不但不感到委屈，反而十分感激。这就是忠君的翁同龢违反常情的心理。

第二天，中午十二时三十分，翁同龢"急趋赴宫门"，想同光绪帝见上可能是最后的一面。"在道右碰头，上（光绪帝）回顾无言，臣亦黯然如梦。"年轻的光绪帝竟然没敢召见翁同龢，同他说上一句话。他们是在相对无言中凄惨地分别的。就这样，光绪帝最亲密的股肱重臣被削掉了。

五月十三日，翁同龢被迫离开王都帝京，辗转返回家乡常熟。此时，他也许想到了杜甫的诗："冠盖满京华，斯人独憔悴！"即"那些公卿将相们住满京城，为什么只有你一个人独独是这般困顿而不得意！"

当时有的评论家说："翁如不行，戊戌政变，或不遽作，翁必有术焉以调和其间。"翁同龢日记也说："老臣如在，必不任决裂至此。"这都是后话。

翁同龢的被罢斥，是后党的一大胜利，也是帝党的一大损失，这是不言而喻的。

第二道谕旨是重申收回二品以上大臣的任命权。谕曰："嗣后在廷臣工，仰蒙慈禧端佑康颐昭豫庄诚寿恭钦献崇熙皇太后赏项及补授文武一品暨满汉侍郎，均著于具折后，恭诣皇太后前谢恩。各省将军、都统、督抚、提督等官，亦一体具折奏谢。"①

这是说，从中央到地方凡是二品以上高级官员得到任命后，都要到慈禧太后面前谢恩。谁任命的向谁谢恩。向慈禧谢恩，即昭示二品以上高级官员的任免权由慈禧收回。慈禧向大小臣工晓示用人权是掌握在她的手里。

这道上谕的出台有个缘由。据说，有位内务府大臣，为讨好西太后，私自到西太后前碰头谢恩。这是违反清代祖制的。依祖制，太上皇或皇太后归政之后，凡遇太上皇或皇太后有赏，应该由皇上代奏谢恩，大臣不得直接见太上皇或皇太后。这样做，以表示对太上皇或皇太后的尊崇。那位大臣违反祖制，光绪帝"斥其不懂事"。但西太后怀疑这是光绪帝"禁制"其行动。该大臣乘机进谗言道："康有为蛊惑乱政，大小臣工，竟有附和求荣者，臣深虑之。太后不肯垂帘，亦须接见臣下，以制其妄为之心，否则日久更无忌惮，彼时恐太后收笼不住。"听了这番别有用心的言论，慈禧很受启发，作为预留地步，"太后然之，故有是诏"。

第三道谕旨是慈禧准备秋天到天津阅兵。谕曰："本年秋间，朕恭奉慈禧端佑康颐昭豫庄诚寿恭钦献崇熙皇太后銮舆，由火车路巡幸天津阅操。所有海光寺、海防公所两处屋宇著荣禄迅即修饬洁净，预备一切。并著胡燏棻将火车铁路一并料理整齐，毋得延误。"②

"阅操"即阅兵之意。阅兵是兵权所属的示威性举措。只有真正握有兵权的人才有资格检阅军队。慈禧让光绪帝陪着她到天津检阅在全国最有战斗力的北洋诸军，其目的就是向军内外传播一个重要信息，即兵权掌握在我慈禧的手里，全国军队都必须听我慈禧一人指挥。这道谕旨，通过光绪帝的口告知朝廷内外，虽然已归政光绪帝，但兵权却仍操纵在我慈禧手中。

第四道谕旨是任命荣禄为署直隶总督。谕曰："命直隶总督王文韶迅

① 《清德宗实录》，第6册，第3815页。
② 《清德宗实录》，第6册，第3816页。

177

即入觐，以大学士荣禄署直隶总督。"

王文韶调到中央后，不再担任直隶总督，而任军机大臣，仍兼总理大臣，很受信任。但这次任命主要是为解决荣禄担任署直隶总督问题。五月初五日，又颁布谕旨："以王文韶为户部尚书，命其在军机大臣上行走，并在总理各国事务衙门行走。实授荣禄为直隶总督兼充办理通商事务北洋大臣。"在此之前，又授荣禄为文渊阁大学士。荣禄此次受到极大重用，由署直隶总督，而成为正式直隶总督，以后并任文渊阁大学士，兼军机大臣，管兵部事，同时节制北洋海陆诸军，成为慈禧最为信任的握有军事实权的显宦。

荣禄（1836—1903），字仲华，别号略园，瓜尔佳氏，满洲正白旗人。咸丰二年（1852），初任主事，后升工部员外郎。同治元年（1862），醇郡王奕譞调他任神机营翼长。后因镇压起义有功，由大学士文祥推荐，升任副都统、总兵、内务府大臣。他善观风色，长于逢迎，后来投靠慈禧。光绪四年（1878），三十五岁升任步军统领、工部尚书，后因病免职。光绪十七年（1891），四十八岁外调为西安将军。二十年（1894）入京视慈禧六十大寿，又授步军统领。二十一年（1895），五十二岁升任兵部尚书。二十二年，五十三岁任命协办大学士。二十三年，他上奏折，称："外交之进退，视其兵之多寡强弱以为衡。强则公法所不能拘，弱则盟约皆不可恃。"因此，他主张整顿军备，大练新兵。慈禧很赏识他的主张，而且采纳了他的建白。二十四年（1898），五十五岁时又被任命为大学士、文渊阁大学士，并入值军机处，成为军机大臣。

荣禄很会察言观色，并懂得兵权的重要。慈禧罢免了翁同龢，原想让荣禄入军机处。但荣禄极力推辞，他冠冕堂皇地说："去一汉员，仍宜补一汉员。"而荣禄的真实用

军机大臣荣禄

意却是"揽握兵柄"。因此，他"自求北洋大臣"。

在这之前，荣禄已商请慈禧垂帘听政。这很得慈禧好感。这次得到任命，在出北京之前，他又再三恳请慈禧垂帘。慈禧心有顾忌地说："非图安逸，恐又招揽权之讥。"荣禄诡媚讨好地答："揽权者，臣下之谓也，非所论于太后。明事人，断无是言；不明事者，何足重轻。"

荣禄曾遍邀王公大臣联衔恳请慈禧垂帘训政。其目的是造成一个声势煊赫的吁请慈禧垂帘的运动，以便上下勾结，夺取光绪帝的皇权。但当时慈禧与光绪帝的矛盾并没有达到水火不相容的地步，慈禧感到没有必要直接垂帘，还是退居幕后指挥的好。然而，由于荣禄这些示忠的举动，慈禧更加宠信他了。

这四道谕旨是在四月二十七日，即光绪帝决定召见康有为的前一天公布的。这四道谕旨体现的是慈禧的意图，而且是针对光绪帝的。皇权集中体现在谕旨权、用人权和军事权三方面。这四道谕旨的公布，即表明了谕旨权、用人权和军事权都在慈禧的掌握之中，光绪帝的权力是极其有限的。这就使慈禧处于左右逢源、进退裕如的有利地位。慈禧弓弦张满，待机而发。

梁启超中肯地评说："一切新政之行，皆在二十八日以后。而二十七日，翁同龢见逐，荣禄督师，西后见大臣，篡废之谋已伏。"[1]

慈禧一方面准许光绪帝实行变法，另一方面又做好了预防发生意外情况的防范措施。

慈禧关注着光绪帝召见康有为。

---

[1] 《戊戌政变记》，第24页。

第十二章 召见有为 百日维新

一 召见有为 实行变法

光绪二十四年（1898）四月二十八日，光绪帝终于如愿以偿地接见了康有为。这次接见，就八股、办学、铁路、矿物、购舰、练兵、游学、译书、用人等变法的方方面面的问题交换了看法，时间不知不觉间悄悄溜走，已过了两个半小时。光绪帝给予康有为以专折直奏权。

这次召见是光绪帝对康有为的第一次，也是唯一的一次召见。

这次召见为百日维新奠定了基调。

四月二十七日，康有为赴颐和园，暂住户部公所。四月二十八日，康有为怀着兴奋的心情，沐着微露的曦光，踏着晶莹的雨露，赴仁寿殿朝见心仪已久的光绪帝，先到朝房等候。

在这里，同荣禄不期而遇。

时任正一品大学士的荣禄，"架子十足"，对六品小官工部主事的康有为怀有极深的政治偏见。

荣禄轻蔑地看了看康有为，傲慢而挑衅地说："都说你足智多谋，大概一定会有补救时局的好招儿吧？"荣禄想要戏弄康有为。

康有为面对荣禄的无礼举动，斩钉截铁地答："非变法不可。"

荣禄以为康有为软弱可欺，进一步逼问："我本来知道法是应当变的，但本朝一二百年之成法，一下子能改变吗？"

康有为知来者不善，忍无可忍，愤然地斥道："杀几个一品大员，法就能变了。"

荣禄闻听此言，猛然一惊，犹如被狠狠地扎了一刀，心想："这小子太狂悖了，等着瞧，老子早晚要除掉你！"

两人唇枪舌剑，互不相让。

此时，光绪帝命先召见荣禄，荣禄奏劾康有为"辩言乱政"。荣禄奏毕退出，康有为才进去奏对。光绪帝早就想一见康有为，当面询问变法事宜，但屡为大臣阻格，今天才如愿以偿，心情十分激动。

光绪帝关切地询问了康有为的年岁出身，康有为清晰地做了回答，然后便切入主题。

康言："外国侵略者进逼我国，逐步蚕食疆域领土。如不变法，灭亡就不远了。"

上言："这都是顽固守旧派造成的。"

康有为

康对："上之圣明，洞悉病源。既知病源，则药即在此。既知守旧之致祸败，则非尽变旧法与维新，不能自强。"

上言："现在确实非变法不可。"

康对："近岁非不言变法，然少变而不全变，举其一而不改其二，连类并败，必至无功。譬如一殿，材既坏败，势将倾覆，若小小弥缝补漏，风雨既至，终至倾压。必须拆而更筑，乃可庇托。然更筑新基，则地之广袤，度之高下，砖石楹桷之多寡，窗门槛棂之阔窄，灰钉竹屑之琐细，皆须全局统算，然后庀材鸠工，殿乃可成。有一小缺，必无成功。是殿终不成，而风雨终不能御也。"

光绪帝点头称是，认为言之有理。

康对："今数十年诸臣所言变法者，率皆略变其一端，而未尝筹及全体。又所谓变法者，须自制度法律先为改定，乃谓之变法。今所言变者，是变事耳，非变法也。臣请皇上变法，须先统筹全局而全变之，又请先开

181

光绪帝像

制度局而变法律，乃有益也。"

康有为对行之数十年的洋务新政持明确的批判态度，认为"是变事耳，非变法也"，即是"变其一端"，不是"筹及全体"。他要从根本上"统筹全局而全变之"。这就阐明了康有为进行维新变法的指导思想。

光绪帝心悦诚服，对康有为的说法十分赞赏。

康对："臣于变法之事，尝辑考各国变法之故，曲折之宜，择其可施行于中国者，斟酌而损益之，令其可施行。章程条理，皆已备具。若皇上决意变法，可备采择，但待推行耳。泰西讲求三百年而治，日本施行三十年而强。吾中国国土之大，人民之众，变法三年，可以自立，此后则蒸蒸日上，富强可驾万国。以皇上之圣，图自强，在一反掌间耳。"

说变法对于光绪帝是"一反掌间"的容易之事，如果不是在鼓励光绪帝，而是真的这样认为，那就是康有为把艰难的变法看得过于轻松了。

上曰："是的，你讲的条理很清楚。"

康对："皇上圣明，既然已经看到了这一点，为什么长时间没有任何举动，因此而导致割让领土、弱我大清呢？"

光绪帝听到这，胆怯地瞅瞅帘外，长叹一声，无可奈何地说："有人掣肘，怎么办？"

这个轻微的举动被敏锐的康有为看在眼里，知道光绪帝畏惧慈禧。康有为灵机一动，巧妙地答道："就皇上现在之权，行可变之事，虽不能尽变，而扼要以图，亦足以救中国矣。唯方今大臣，皆老耄守旧，不通外国之故，皇上欲倚以变法，犹缘木以求鱼也。"

上曰："这帮老臣都不留心办事。"

康对："大臣并不是不想留心办事。奈从资格迁转，至大位时，精力已衰，又多兼差，实无暇晷。无从读书，实无如何。故累奉旨办学堂，办商务，彼等少年所学皆无之，实不知所办也。皇上欲变法，唯有擢用小臣。广其登荐，予之召对，察其才否，皇上亲拔之，不吝爵赏，破格擢用。方今军机总署，并已用差，但用京卿、御史两官，分任内外诸差，则已无事不办。其旧人姑且听之，唯彼等事事守旧，请皇上多下诏书，示以意旨所在。凡变法之事，皆特下诏书，彼等无从议驳。"

上曰："是的。"

康对："听说昨天赏给李鸿章、张荫桓宝星，为什么不明下诏书呢?"

光绪帝一笑。

康对："自从割让台湾以后，百姓的志向已经迷失，不能够多一些得到皇上哀痛之诏，局面无法收拾。"

上曰："是的。"

康对："今日之患，在吾民智不开，故虽多而不可用。而民智不开之故，皆以八股试士为之。学八股者，不读秦汉以后之书，更不考地球各国之事，然可以通籍累致大官。今群臣济济，然无以任事变者，皆由八股致大位之故。故台辽之割，不割于朝廷，而割于八股；二万万之款，不赔于朝廷，而赌于八股；胶州、旅大、威海、广州湾之割，不割于朝廷，而割于八股。"

上曰："是的，西方人学的都是有用的学问，而我们中国人学的都是没用的学问，所以才导致这样。"

康对："皇上既然深知八股取士的危害，废掉它可以吗?"

上曰："可以。"

康对："皇上既然认为可以废掉八股取士，那就请皇上发下明诏，不要交给各部大臣讨论了。如果交给各部大臣讨论，他们一定要反驳的。"

上曰："好吧。"

关于变法，光绪帝有一个很大的忧虑，就是"廷臣守旧，阻碍变法"。

对此，康有为研究了日本的明治维新，胸有成竹，自有主见。

康对："请皇上勿去旧衙门，而唯增新衙门；勿黜革旧大臣，而唯渐擢小臣。多召见才俊志士，不必加其官，而唯委以差事，赏以卿衔，许其专折奏事足矣。彼

故宫博物院藏《日本变政考》

大臣向来无事可办，今但仍其旧，听其尊为重禄。而新政之事，别责之于小臣。则守旧大臣，既无办事之劳，复无失位之惧，怨谤自息。即皇上果有黜陟之全权，而待此辈之大臣，亦只当如日本待藩侯故事，设为华族，立五等之爵以处之，厚禄以养之，不必尽去之也。"

光绪帝"然其言"。

这是一个非常重要的见解。但是，康有为低估了清朝的守旧大臣，高估了变法的仁人志士。他们哪里能够预想到守旧势力会如此顽固强大呢？

就这样，一问一答，君臣无间，就八股、办学、铁路、矿物、购舰、练兵、游学、译书、用人等变法的方方面面的问题交换了看法，时间在不知不觉间悄悄溜走，已过了两个半小时，"从来所少有也"。

光绪帝除提问外，便是静听和深思。

康有为侃侃而谈，对答如流。

光绪帝向口若悬河、思想深邃的康有为投去信任与赞许的目光。对这些扑面而来的崭新的理论，光绪帝深感须假以时日细嚼慢咽，不能生吞活剥。为此，光绪帝关切地说："你下去歇歇吧。"接着又紧跟着补充一句，"你如果还有话说，可以写折子条陈上来。"

这就是说，光绪帝授予康有为以专折直奏权，以后如有奏言不必由大臣代转。

光绪帝随即命康有为在总理衙门章京上行走。本来光绪帝想赐予康有

为品级高一些的官职，但由于后党官僚荣禄、刚毅的反对，"当予微差以抑之"，意思是说，给他一个小官来抑制他。因此，只给了个章京之职。康有为大度地说："盖欲以辱屈我也。"

这是光绪帝对康有为的第一次，也是唯一的一次召见。这次召见为百日维新奠定了基调。此后，百日维新便大张旗鼓地开展起来了。

二　百日维新　影响深远

光绪帝在准备不充分的前提下，匆忙地进行了百日维新。在一百零三天中，他发布了一百八十余道谕旨。这些改革谕旨包括很多方面，有文教改革、财政改革、军事改革和政治改革。光绪帝的虽然大胆然却轻率的官制改革遭到了守旧派的猛烈攻击和极端仇视。

从光绪二十四年（1898）四月二十三日光绪帝"诏定国是"开始，到八月六日慈禧发动政变为止，光绪帝实行变法一百零三天，史称"百日维新"。百日维新期间，光绪帝发下一百八十余道谕旨。它们像雪片一样飞向了社会，产生了巨大的影响。维新派欢欣鼓舞，守旧派神色沮丧。

光绪帝发布的新政上谕，现按时间顺序排列于次：

四月二十三日

诏定国是。

命各省督抚"于平日所知品学端正、通达时务、不染习气者，无论官职大小，酌保数员"，交总署考验，以充使才。

四月二十四日

著各省会"妥速筹办"商务局。

诏选宗室王公"留心时事，志趣向上者"游历各国。

五月初一日

命各省陆军改练洋操。

诏所有官书局译印各报，每五日汇订一册，封送军机处，然后呈递给光绪帝。

五月初二日

命总理各国事务衙门议覆农、工二务暨南北洋设立矿学学堂

185

事宜。

五月初五日

谕令自下科始，乡会试及生意岁科各试，废除八股文，一律改试策论。

五月初八日

申谕各部院奉旨交议事件，限期议覆，逾期即加严惩。

谕饬盛宣怀兴工赶办芦汉铁路，此外粤汉、宁沪各铁路，著即迅速开办，不得延缓。

五月初九日

谕军机大臣等迅速议覆胡燏棻及伍廷芳奏，请参用西法练兵事。

五月初十日

准总理衙门奏，将上海译书局改为官督商办。

五月十二日

令将经济岁科归并正科。各省生童岁科立即改试策论。

五月十五日

谕令参用西法学规，创办京师大学堂，派孙家鼐管理。

五月十六日

命地方官振兴农业，兼采中西新法，切实兴办。

五月十七日

奖赏士民著作新书及创行新法，制成新器，准其专利售卖。有能独立创建学堂、开辟地利、兴造枪炮厂者，给予奖赏。

五月十八日

谕在南洋公学院内设立译书院，翻译各国书籍。

五月二十一日

谕命对八旗及绿营练勇进行裁并，汰弱留强，仿照西方兵制，改习洋枪，新法练军。

五月二十二日

命改各地书院为兼学中学、西学之学校。省会设高等学堂，郡城设中等学堂，州县设小学。各地方捐办之义学、社学，也一并"中西兼习"。奖励绅民兴学。

五月二十五日

依总署议，颁布《振兴工艺给奖章程》十二款。

命各省长官各举所知保荐人才，于三个月内送京，随请随试，然后定期举行。

谕奖著书制器暨捐办学堂者，给予世职，许令专利，颁赏匾额。

五月二十六日

奖进商务，并饬地方官保护商业，勿使倒闭。

又谕讲求工艺，设厂制造，以保利权。

五月二十七日

严谕各省将军督抚切实裁兵、练军，力行保甲，整顿厘金。

五月二十九日

命将上海《时务报》改为官报。

六月初一日

公布科举新章，乡会试仍分为三场，一场试历史政治，二场试时务对策，三场试"四书""五经"。并命嗣后一切考试，均以讲求实学实教为主，不得凭楷法之优劣为高下。

六月初三日

谕变通科举，嗣后一经殿试，即可量为授职。

六月初七日

命先在沿海、沿江一带试办商务局、商会及出版商报，促进设厂兴工，逐渐推广。

六月初八日

正式改上海《时务报》为官报，派康有为督办其事。各报自应以胪陈时弊、开广见闻为主，中外时事，均许据实昌言，不必意存忌讳。

六月初十日

命各省将军督抚筹拨经费，以备添设海军、筹造兵轮之用。

六月十一日

命各省督抚选择各省在籍绅士，派令管理各该处学堂。

命各部院衙门删去窒碍旧例，另定简明则例。

六月十二日

命大小臣工广泛言事，以备采择。

命各省督抚认真劝导绅民，发展农政工艺。

命于京师专设矿务铁路总局，派王文韶、张荫桓专理其事。

命军机大臣妥速拟定游学章程，如有合适人员，一并资送。

六月十七日

谕京城速办小学堂、俾京外举贡生监等一体入学，以备升入大学堂。

六月十八日

谕著于盐斤加价及上海机器制造局未解款内，筹拨湘省制造、枪炮两厂常年经费。

六月十九日

著出使英、美、日等大臣，妥为劝办华侨学堂，兼习中西文字，议定章程。

六月二十二日

京师大学堂成立，美人丁韪良充西学总教习。

六月二十三日

再谕各臣工变法自强之重要，并谕奖湖南巡抚陈宝箴。

谕南北洋大臣整顿水师。

谕沿江沿海沿边广开口岸，以图商务流通。

六月二十九日

译书局成立。

七月初二日

命选派日本留学生。

七月初三日

废朝考之制，务振兴实学。一切考试诗赋，概行停罢。

七月初五日

宣布在京设立农工商总局，各直省设分局，总理全国及各省农工商事宜。各省府、州、县皆办农务学堂，广开学会，创办农报，购置农器，考求新法，以发展农工商业。

七月初六日

命荣禄在直隶赶紧筹办中小学堂。

七月初十日

严旨切责两江总督刘坤一、两广总督谭钟麟，因循玩忽，不肯力行新政。

七月十一日

命各将军督抚，凡交议交查各件，皆须迅速具奏，不得任意延缓。

七月十三日

著刘坤一、张之洞迅速在上海、汉口试办商务局。

七月十四日

因机构重叠，冗员充塞，诏令裁撤詹事府、通政司、光禄寺、鸿胪寺、太常寺、太仆寺、大理寺等衙门；外省裁撤督、抚同城之湖北、广东、云南三省巡抚；裁撤闲置的河东总督；裁撤不办运务的粮道及无盐场的盐道。

七月十五日

谕著端方等认真筹办农工商总局。

七月十六日

谕命詹事府等已裁衙门的一切事宜，均归并六部分办，归并具体事项著各部堂官分别妥速筹议。

七月十七日

谕军机大臣等，遇有士民上书，都察院即将原封进呈，不许拆阅，不准稽压。

七月十九日

谕命因阻挠主事王照言事，革礼部尚书怀塔布、许应骙及侍郎堃岫、徐会沣、溥颋、曾广汉等六堂官职。王照因不畏强御，勇于进言，给予嘉奖，赏三品顶戴，以四品京堂候补，以示激励。

七月二十二日

谕各省督抚访查"通达时务、勤政爱民之员"，随时保送引进。

七月二十三日

谕命各省督抚筹款迅设农工商分局，制造机器，以扩利源而资民用。

七月二十四日

为使无官职的"通才"参与议政，准予作为定制设散卿、散学之职。

七月二十五日

再谕大学士、六部尚书及各省督抚，对尚未进行裁、减、并诸事，尽速筹议。

七月二十六日

谕命各通商口岸凡出产丝茶各省，筹设茶务学堂及蚕桑公院。

七月二十七日

谕命有关新政谕旨，各省督抚应迅速照录，切实开导，代递各件，应即原件呈送。

七月二十八日

决心开懋勤殿以议新政。

七月二十九日

谕准八旗人"各习四民之业"，自谋生计。

谕命两江、湖广、浙江各督抚，彻底清理已成悬虚的卫所屯田旧制，改行征税，以充国用。

八月初一日

命出使各国大臣，就侨民中，无论士商工医，择其著名可用者，随时送回国内，以备任使。

八月初二日

谕准《推广游学办法》，准许绅富子弟，送往外国就学。各生毕业归国后，以备录用。

八月初四日

命内务府拨付官房给顺天府，设立首善小学堂。

八月初五日

谕各省督抚当以吏治民生为重，不得滥保州县等官。

八月初六日

戊戌政变发生，慈禧太后重新宣布"训政"。

从以上一百零三天内发布的上谕，可知光绪帝发布新政上谕心情之急、速度之快、范围之广、要求之切。那么，应该如何评价光绪帝发布的这一百八十余道上谕呢？

光绪帝发布的新政谕旨涉及范围很广，大体有四个方面：

第一，文教改革方面。主要是废八股、立学堂、设译局三件大事。

第一件是废八股。按"四书"的经义考试取士始于宋代的王安石，而明代初年把八股体式定为考试的固定文体，把先秦的"四书"等经书定为考试的圈定范围。"四书"是指《大学》《中庸》《论语》《孟子》四种书，是科举取士的主要经典。士人们为了求取功名，便孜孜研读经书，而对秦汉以后的事一概漠不关心。这就出现了怪现象，有的高中榜上"而不知汉祖唐宗为何物者"。连中国的历史尚且不知，"更无论地球各国矣"。而这样的人，居然可以"做公卿""为宰相"，把国家交给他们掌管，"欲其不亡，岂可得乎"。因此，梁启超认为："昔人谓八股之害甚于焚书坑儒，实非过激之言也；故深知中国实情者，莫不谓八股为致弱之根源。"

四月二十八日，光绪帝在召见康有为时，康有为就废除八股问题作了一段一针见血的精彩论述："故台辽之割，不割于朝廷，而割于八股；二万万之款，不赔于朝廷，而赔于八股；胶州、旅大、威海、广州湾之割，不割于朝廷，而割于八股。"这话真是振聋发聩、石破天惊。光绪帝先是为之一惊，继而感到鞭辟入里，赞许地答道："是这样。西方人学的都是有用的知识，而我们中国学的都是无用的过时了的知识，所以才闹成这种局面。"康有为听到这番话，欣喜万状，接着大胆地建白："皇上既然深知八股贻害无穷，干脆就此废止它不行吗？"光绪帝毫不犹豫地断然答道："可以。"

康有为早已料到会有守旧大臣加以反对，便预为出谋划策道："皇上既然认为可以废掉八股取士，那就请皇上发下明诏，不要交给各部大臣讨论了。如果交给各部大臣讨论，他们一定要反驳的。"光绪帝略作沉吟，爽快地答道："好吧！"

康有为退下后，马不停蹄，抓住战机，急告宋伯鲁上疏。宋伯鲁于四月二十九日上《请改八股为策论折》。康有为亦上书，揭露八股的种种弊端。光绪帝不食前言，立命军机大臣拟旨废除八股。是日，"京师哗然，传废八股，喜色动人"。但是，以后数天，又寂无消息。原来守旧军机大臣刚毅顽固抵拒，说："这是老祖宗定下来的制度，不可轻易废除。请皇上将他们的奏折发给各部大臣讨论，然后再定。"果不出康有为所料，这是在为光绪帝设置障碍。光绪帝心中有数，目光犀利地射向刚毅，断然否决："各部大臣只能根据旧例议论新政，可以想见，他们对废八股的建白只会批驳。我的主意已定，不必再讨论了。你们快快拟旨吧！"刚毅眨眨

康有为官服像

眼睛，心想皇上今天是怎么了，竟敢一意孤行，得抬出老祖宗压一压他，于是说："皇上，此等大事，似应先请太后懿旨。"光绪帝知道刚毅最后一道撒手锏必是慈禧的懿旨，他已胸有成竹，冷静地答道："你自管拟旨去吧，太后那边我自有道理。"

这时康有为得知光绪帝碰到了难题，他便敦促徐致靖于五月初四日再递《请特颁明诏废八股以育人才易风气而救危局折》，敦请光绪帝不要"曲从一二人硁硁拘执之见，而误天下大计"。并一语破的："新政之最要而成效之最速者，莫过于此。"阅此折后，光绪帝不再犹豫，于次日，即光绪二十四年五月初五日（1898 年 6 月 23 日）便颁发明谕，废除八股取士，谕曰："我朝承宋明旧制，以四书文取士。康熙年间，曾经停止八股，改试策论。未久旋复制艺，一时文运昌盛。儒生稽古穷经，类能推究本原，发明义理。制科所得，不乏通经致用之才。乃近来风气日漓，文体日敝。所试时艺，大都随题敷衍，于经义罕有发明。而剪陋空疏者，每获滥等充选。若不因时变通，何以见实学而拔真才？著自下科为始，乡会试及生童岁科各试，向用四书文者，一律改试策论。其如何分场命题考试，一

切详细章程，该部即妥议具奏。此次特降谕旨，实因时文积弊太深，不得不随时改变，以破拘墟之习。至士子为学，自当四子六经为根底。策论与制艺，殊流同源，仍不外通经史以达时务。总期体用兼备，人皆勉为通儒。毋得竞逞博涉，徒蹈空言，致负朝廷破格求才之至意。"①

此上谕里的"著自下科为始，乡会试及生童岁科各试，向用四书文者，一律改试策论"，是点睛之笔，道出了本谕的主题。这一上谕的颁布，看出了光绪帝英明的预见、过人的胆识和超常的魄力。这一纸诏书具有重大的历史意义。它大智大勇，大破大立，振聋发聩，石破天惊。它废止了行之数百年的八股考试制度，对整个社会的影响是震撼性的。这也是光绪帝在百日维新中所取得的一个重大成果。

对此，梁启超以热情洋溢的笔触，做了形象生动的描述："于是海内有志之士，读诏书皆酌酒相庆，以为去千年愚民之弊，为维新第一大事也。八股既废，数月以来，天下移风，数千万之士人，皆不得不舍其兔园册子、帖括讲章，而争讲万国之故，及各种新学，争阅地图，争讲译出之西书。昔之梦梦然不知有大地，以中国为世界上独一无二之国者，今则忽然开目，憬然知中国以外，尚有如许多国。而顽陋倨傲之意见，可以顿释矣。"②

梁启超用八个字"旧藩顿决，泉涌涛奔"来形容废止八股取士以后的中国形势，是逼真而恰切的。

第二件是立学堂。早在光绪二十二年五月初二日（1896 年 6 月 12 日），礼部侍郎李端棻便递上《请推广学校折》。这个奏折不只是推广学校的内容，而且是关于教育改革的一揽子规划。他建议：

> 自京师以及各省府州县皆设学堂。
>
> 府州县学，选民间俊秀子弟年十二至二十者入学。其诸生以上欲学者听之。学中课程，诵四书、通鉴、小学等书，而辅之以各国语言文字，及算学、天文、地理之粗浅者，万国古史近世之简明者，格致理之平易者，以三年为期。

---

① 《光绪朝东华录》，第 4 册，总第 4102 页。
② 《戊戌政变记》，第 26 页。

省学，选诸生年二十五以下者入学。其举人以上欲学者听之。学中课程，诵经史及国朝掌故诸书，而辅之以天文、舆地、算学、格致、制造、农桑、兵矿、时事交涉等书，以三年为期。

京师大学，选举贡监生年三十以下者入学。其京官愿学者听之。学中课程，一如省学。惟益加专精，各执一门，不迁其业，以三年为期。①

他建议"自京师以及各省府州县皆设学堂"，并建议在京师设大学。与此相关联，作为一个系统，他提出了设藏书楼、创仪器院、开译书局、创立报馆和选派人员游历等五项建议。这些建议虽然线条尚粗，但作为教育改革的总体规划和初步设想则是开风气之先的，具有不可低估的进步意义。

光绪帝览折后十分赞赏，当天便明谕内阁，著有关衙门议奏。可是，恭亲王奕䜣、军机大臣刚毅复奏，认为不能立办，可以缓办，"三年后由督抚奏明，再行议定章程"。这样，"虽奉明诏，而束高阁者三年矣"。

现在，光绪帝深知，欲变法必须广有人才，欲广有人才必须设立学校。"学堂为变法之本。"光绪帝心急如焚，三令五申，严命诸位大臣速拟章程，开办学堂。诸位大臣都是旧学出身，向来不知学堂为何物，"仓皇不知所出"。同时，中国也从来没有新式学堂，没有现成模式可以仿效。这时，军机大臣和总署大臣想到了梁启超，派人请梁启超代为草拟章程。

梁启超便参考日本学堂情形，结合中国实际，草拟成八十余条规则，上奏皇帝。光绪帝批准，学堂之事才初步确定。梁启超认为："即此一事，下之志士之发论，上之盈廷之抗议，凡历三年，犹烦圣主屡次敦迫，乃有其成，其难如此。"

如果没有光绪帝的"屡次敦迫"，大概中国学校的创办还要拖延许多年。

第三件是设译局。向西方学习，首要的是多读西书。"多读西书通西学而后可，故译书实为改革第一急务也。"中国原来旧有译书，多为医学、兵学之类的书，而属于政治、财经、法律方面的书，则几乎没有。零星有

① 《光绪朝东华录》，第4册，总第3792页。

194

的，也几乎都是数十年前的陈旧之作，已经是西方人废弃了的东西。

光绪二十四年四月十九日（1898年6月7日），御史李盛铎上奏，建议重用广东举人梁启超，设立译书局，总理译书事务。奏曰："时务需才，请开馆译书，以宏造就……惟是译书一事，与设立学堂，互相表里，全在总理得人，不系官职大小。所译书籍，既购自外洋，则择地开馆，尤宜审慎周详，庶经费不致虚掷。兹查有广东举人梁启超，究心西学，在上海集资设立译书局。先译东文（日文），规模已具，而经费未充，殊非经久之道。上海为华洋总汇，所购外洋书籍，甚为利便，刷新成本，亦较相宜。该举人

梁启超

经历译书事务，可收事半功倍之效。臣等公同酌议，每月拟拨给该局译书经费二千两，即将该局改为译书官局，官督商办。倘经费仍有不敷，准由该局招集股份，以竟其成。所译之书，应先尽各国政治、法律、史传诸门，观其致乱兴衰之故，沿革得失之迹，俾可参观互证，以决从违。徐及兵制、医学、农矿、工商、天文、地质、声光、化电等项，以收实效。"[①]

光绪帝当即批准了这个奏折："如所议行。"

为此，于五月十五日，光绪帝破格召见了举人梁启超。这次召见的情形，梁启超本人只在《戊戌政变记》里轻描淡写地说道："上命进呈所著《变法通议》，大加奖励。"具体谈话情况，并未涉及。梁启超对此次召见，一直三缄其口，可以想见他并未得到光绪帝的赏识。有人猜测"传闻梁氏不习京语，召对时口音差池，彼此不能达意，景皇帝（光绪帝）不快而罢"。因为梁启超的广东口音而阻格了双方的正常交流。但是，光绪帝仍

---

① 《光绪朝东华录》，第4册，总第4105页。

然发下上谕，任命梁启超负责译书局事务，谕曰："赏举人梁启超六品卿衔，办理译书局事务。"①

光绪帝破格提拔梁启超，赏给他六品卿衔，相当于国家处级干部。有了这个干部身份，梁启超就可以名正言顺地筹办国家译书局了。这是光绪帝接受康有为的建议，在用人上的一个变通做法。

光绪帝在维新派志士的支持下所进行的文化教育方面的改革，其贡献是巨大的，其影响是深远的。这是资产阶级维新派在文化教育方面进行大胆革新的一次空前壮举。以此为契机，随后而来的，便是思想文化界的一股势不可当的破除旧文化、建立新文化的滚滚洪流。光绪帝的作用不容低估。

第二，财政方面的改革。关于财政方面的改革最主要的是五月十七日之上谕："各省士民，著有新书，及创行新法，制成新器，果系堪资实用者，允宜悬赏以为之劝。或量其材能，试以实职；或赐之章服，表以殊荣。所制之器，颁给执照，酌定年限，准其专利售卖。其有独立创办学堂，开辟地利，兴造枪炮各厂，有裨于经国远猷殖民大计，并著照军功之例，给予封赏，以昭激励。"

这道上谕的主题是奖励科学发明。凡是著有新书，创行新法，制成新器，并经实践证明确实有价值的，都要给以精神的或物质的奖励。这在中国封建社会是从来没有过的。梁启超对此给以高度评价："皇上深知民智之当开，立即施行悬破格之赏，予清要之官，立专卖特许之条，俾国中士民，移其向者作八股之聪明才力，为讲求实学之用。盖所以鼓励之者得其本矣。"

在康有为先进的资本主义维新思想的影响下，光绪帝亦敏锐地认识到资本主义机器工业生产代替封建主义传统手工业生产的必要性。因此，他以皇帝的权威大声呼唤资本主义生产方式早日在中国诞生。这是光绪帝顺应历史潮流的高明之处。

第三，军事方面的改革。经过甲午战争，旧式中国军队装备之陋劣，战法之落后，斗志之低下，已完全暴露在世界各列强之面前。也使处于盲目自尊自大之中的中国官僚猛然觉醒。原来如此，山外有山，国外有国，

① 《光绪朝东华录》，第4册，总第4106页。

再以视蛮夷的目光来关注别国，已然此路不通了。

而战败之直接原因则是武器之落后和军制之腐败，为此，有责任的官员们纷纷上疏，建议学习西方兵制，改革名存实亡的旧军队。

光绪帝看到情绪激昂的奏折，说出了自己想说的肺腑之言，于五月二十一日发布谕旨："按照泰西兵制，更定新章，认真操演。其八旗、汉军、炮营、藤牌营，著一并改用新法，挑练精壮，如式演练，以成有用之兵。倘使日起有功，何惜宽筹饷项。各直省将军督抚及该管王大臣等，务当振刷精神，屏除积习，毋得始勤终怠。"①

对此，梁启超给以肯定评价："皇上刻意革新，故亟采建议而改章也。"

第四，政治方面的改革。七月十四日，光绪帝经反复考虑，发下一道上谕，略曰："现当开制百度，事务繁多，度支岁入有常，岂能徒供无用之冗费，以致碍当务之急需。如詹事府本属闲曹，无事可办。其通政司、光禄寺、鸿胪寺、太常寺、太仆寺、大理寺等衙门，事务甚简，半属有名无实，均著即行裁撤，归并内阁及礼、兵、刑等部办理。又外省如直隶、甘肃、四川等省，皆系以总督兼管巡抚事。唯湖北、广东、云南三省督抚同城，原未画一。现在东河在山东境内，已隶山东巡抚管理，只河南河工，由新督专办，今昔情形，确有不同。所有督抚同城之湖北、广东、云南三省巡抚，并东河总督，著一并裁撤……其各省不办运务之粮道，向无盐场仅管疏销之盐道，亦均著裁缺，归各藩司巡守道兼理。"②

这道谕旨的主要内容：一是裁撤詹事府等七个闲散衙门；二是裁撤督抚同城之湖北、广东、云南三省巡抚及东河总督；三是裁撤各省不办运务之粮道及向无盐场之盐道等。

这道谕旨充分显示了光绪帝意图改革官制的决心。当时大开言路，群言并进，言裁冗官者极多。而使光绪帝痛下决心立即付之行动的是前太仆寺少卿岑春煊的奏折。

岑春煊（1861—1933），原名春泽，字云阶，广西西林人，云贵总督岑毓英之子。光绪二十四年七月初七日（1898年8月23日），递上《敬陈

---

① 《光绪朝东华录》，第4册，总第4125页。
② 《光绪朝东华录》，第4册，总第4170页。

管见伏冀采择折》，在其第三条裁冗员以节糜费里详细建议应该裁撤的衙门及官员。光绪帝认为他的建议"尤切直"，"上遂意决"，光绪帝下了最后的决心。

但是，岑春煊的这个奏折的基本精神对改革是不利的，是同康有为奏折的基本精神不相符合的。康有为建议的宗旨是分别官与差，以官为虚爵，以差任职事；保留官的虚爵，待遇从优，以高秩优耆旧，以差使任贤能；并反复强调在官制问题上要慎之又慎，不可轻举妄动。

但是，年轻的光绪帝，"恶冗旧之臣已甚，故赫然裁之"。梁启超评价光绪帝此举，"可谓勇猛明决矣"。光绪帝的谕旨一经颁布，犹如晴天爆响了一颗炸雷，引起社会极大震动。对此，陈夔龙在《梦蕉亭杂记》中曾有形象而生动的描述："戊戌变政，首在裁官。京师闲散衙门被裁者，不下十余处。连带关系因之失职失业者，将及万人，朝野震骇，颇有民不聊生之戚。太仆寺一应事件应归并兵部，事隶车驾司。刚相（刚毅）以承办司员不能了此，特派余专办此事。余力辞不获，又不愿结怨同僚。爰会同驾司印稿诸君公同办理。当往该寺查看情形，讵寺中自奉旨后，群焉如鸟兽散，阒其无人。匪特印信文件一无所有，即厅事户牖均已拆毁无存，一切无从着手。"①

陈夔龙是身历其境的当事人，记载真实可靠。其看到的情形，骇人听闻："讵寺中自奉旨后，群焉如鸟兽散，阒其无人。匪特印信文件一无所有，即厅事户牖均已拆毁无存，一切无从着手。"这就是说，光绪帝只管颁布上谕，但对裁撤衙门并没有安民告示，没有做进一步的安排。从他的记载来看，光绪帝的这道上谕所引发的震动是甚为强烈的，犹如八级地震，社会摇荡，人心震骇。但从结果来看，这个不顾一切的草率的上谕，是失败的。

本来，京中早就盛传裁撤六部九卿，而设立鬼子衙门，用鬼子办事之谣。当时，"竟有老迈昏庸之堂官（部长），懵懂无知之司官（司长），焦急欲死者惟有诅谤皇上"。而此道谕旨"正符将欲裁九卿六部之谣"，造成"京师惶恐"。

因此，守旧派更把攻击的矛头对准光绪帝和维新派了。

---

① 陈夔龙：《梦蕉亭杂记》，《戊戌变法》丛刊，第1册，第485页。

光绪帝的虽然大胆然却轻率的官制改革遭到了守旧派的猛烈攻击和极端仇视。

光绪帝的官制改革是不成功的。

三 官制改革 遭遇阻力

光绪二十四年（1898）七月十九日，光绪帝发下了百日维新以来的一个最重要的上谕，罢免礼部六堂官，即罢免了两位部长和四位副部长。七月二十二日，光绪帝又命李鸿章、敬信毋庸在总理衙门行走，罢免了他们总署大臣之职。

对光绪帝的上谕，守旧派们或是模棱不奉，或是阳奉阴违，或是避重就轻，或是造谣阻格。诏旨虽连篇累牍地发下，但守旧派大臣们不为所动。

时人记载了当时的情况："自四月二十三日以后，凡遇新政诏下，枢臣俱模棱不奉，或言不懂，或言未办过。礼邸（礼亲王世铎）推病未痊，恭邸（恭亲王奕䜣）薨逝，刚相（军机大臣刚毅）每痛哭列祖列宗。其次更不敢出头。皇上之孤立，可见一斑也。"①

这可急坏了光绪帝。为使诏旨能引起封疆大吏的注意，并付诸实施，光绪帝于光绪二十四年（1898）七月初十日明发上谕，严厉申饬两江总督刘坤一、两广总督谭钟麟，对新政上谕"置若罔闻"，如果再不认真办理，"定必予以惩处"。谕曰：

> 乃各省积习相沿，因循玩愒，虽经严旨敦迫，犹复意存观望。即如刘坤一、谭钟麟，总督两江、两广地方，于本年五六月间谕令筹办之事，并无一字复奏。迨经电旨催问，刘坤一则借口部文未到，一电塞责；谭钟麟且并电旨未复，置若罔闻。该督等皆受恩深重、久膺疆寄之人，泄沓如此，朕复何望。倘再借间宕延，定必予以惩处。直隶距京咫尺，荣禄于春旨交办各件，尤当上紧赶办，陆续奏陈。其余各省督抚，亦当刷新精神，一体从速

---

① 苏继祖：《清廷戊戌朝变记》，《戊戌变法》丛刊，第1册，第336页。

筹办，毋得迟玩，致于咎戾。钦此。①

这道措辞严厉的上谕是有来由的。因为自四月以来，虽明诏接二连三地发下，责成地方督抚，着力实行新政，但除湖南巡抚陈宝箴认真实行外，很少再有能奉行诏书旨意的了。光绪帝虽然三令五申、苦口婆心地要求地方督抚贯彻执行，但地方大吏们只是把上谕视为一纸空文，拖着不办。

光绪帝虽然愤慨已极，数回严责，但由于没有对官吏的晋用与撤职的权力，即"终不能去一人，或惩一人"，总督巡抚都是西太后任命的，因此，对光绪帝"督抚皆藐视之，而不奉维新之令也"。

自四月下诏"明定国是"已然三个月了，新政之推行很不理想。梁启超如实评说："此三月之中，虽圣政维新，然能行皇上之意，以成新政之规模条理者，盖千万而不得一可见矣。"

变法维新遭到了守旧派封疆大吏的顽固抵制。光绪帝"无权久矣"，维新派遭到空前扼制。

梁启超感慨道："有此圣主，而不能救天下。变法不成，终日呼号，终至幽废，呜呼！古今人主，岂有如我皇上之不幸者乎？"

无权的光绪帝对于维新变法的艰难处境，既了然于胸，又束手无策。他在冷静地寻找能显示其皇帝权威的机会，准备有声有色地大干一场。

机会终于来了。

七月十六日，光绪帝收到了礼部主事（略高于处长）王照奏折一件及关于此奏折的礼部尚书（部长）许应骙的附片一份。王照是个很敢说话的人。他在奏折中，建议光绪帝亲自东游日本，并痛斥大臣守旧。

平心而论，建议当时的光绪帝出国考察，这是具有强大超前意识的新鲜事物。但在守旧派大臣看来，这是颇为出格的奇谈怪论和异端邪说。因为在当时一般人的意识中，同过往的年代一样，都是视中国为世界的中央之国，其他各国不过是蛮夷之邦罢了。清朝皇帝所熟知的礼仪和与之相适应的心态，历来是四方来朝，八面膜拜，哪里能移尊屈就，俯身域外呢？因此，建言光绪皇帝出国考察，被认为是离经叛道、匪夷所思。

① 《光绪朝东华录》，第4册，总第4164页。

礼部六品主事王照的奏折，依照惯例必须经礼部从一品尚书怀塔布、许应骙先行审看。许、怀二人阅后十分气恼，让光绪帝移九五之尊，蹈凶恶险地，这不明明是要加害于皇上吗？这是可以摆在明面的理由。

深一层的原因则是，尚书许应骙历来反对康有为的维新主张，曾上书严厉弹劾康有为。康有为又指使人弹劾许应骙。"互相攻讦屡矣"，仇隙甚深。现在看到王照奏折内容，"大多维新之道"，正触到了许应骙对维新派的仇恨之处，"正触其恶"。

王照和康有为是朋友，素知许应骙为难新党。

基于此，怀塔布、许应骙将王照原折掷还，不予代递。当时，一般官员上折言变法的很多，但多数"为堂官（部长）所抑"，不为代达。别人也就罢了，但这个王照"性勇直"，不愿咽下这口气。①

王照怀揣奏本，直奔礼部庄严的大堂，满怀希望地亲自递了上去。不料，被司掌印扔了出来，"摈而还之"。②

备受羞辱的王照，气愤已极，不顾一切地闯入大堂，时礼部侍郎（副部长）堃岫、溥颋在座。面对翎顶辉煌的两位正二品大员，这位六品小官丝毫没有退缩的表示，他堂堂正正地说道："皇上特许司员递折，无得阻蔽。若必不递，吾当亲到察院，或觅人上之。"

这无疑是最后通牒。

最后，经正、副部长们集体商议，允准代递。但是，在王照正折外，又加上许应骙的附片。附片恶意攻击王照，"妄请（光绪帝）乘舆出游异国，陷之险地，日本素多刺客，昔俄太子出游及李鸿章奉使皆遭毒手。王照既用心不轨，故臣等不敢代递，乃敢登堂咆哮"。③

这是欲置王照于死地。照通常惯例，礼部尚书奏劾本部小官，一劾一个准，最轻也要将其降职降级的。

但此次却出乎人们意料之外。

因为光绪帝深知，这不是一个王照的问题，实质上这是维新与守旧之争的一个具体表现。阻格维新言论上达天听是守旧派大员们普遍采用的手

---

① 苏继祖：《清廷戊戌朝变记》，《戊戌变法》丛刊，第 1 册，第 339 页。
② 梁启超：《戊戌政变几时本末》，《戊戌变法》丛刊，第 1 册，第 321 页。
③ 康有为：《康南海自编年谱》，《戊戌变法》丛刊，第 4 册，第 156 页。

法。光绪帝要予以迎头痛击。

光绪帝决心抓住这个典型事件，教训守旧派，鼓舞维新派。同时，也作为一个探测气球，看看慈禧太后的真实态度，并借以显示一下自己皇帝的权威。

光绪帝要抓住机遇，他不愿失之交臂。幸与不幸呢？光绪帝已顾不了许多了。

光绪帝于接到王照奏折与许氏附片的同一天，发布上谕："前经降旨，部院司员有条陈事件者，著由各堂官（部级干部）代递，毋得拘牵忌讳，稍有阻格。诚以是非得失，朕心自有权衡。无烦该堂官等，鳃鳃过虑也。若如该尚书等所奏，辄以语多偏激，抑不上闻，即系狃于积习，致成壅蔽之一端，岂于前奉谕旨毫无体会耶？怀塔布等，均著交部议处。此后各衙门同员等条陈事件呈请堂官代递，即由各该堂官将原封呈进，毋庸拆看。王照原呈，著留览。钦此。"①

尚书是从一品，侍郎是正二品。两位一品大员和四位二品大员以集体联名的方式弹劾本部门的一个六品小官，照理说，皇帝应该站在大员这边。但这一次却恰恰相反。光绪帝以反潮流的精神，旗帜鲜明地站在了一位名不见经传的小官一边。并且将以怀塔布为首的六位部级干部"交部议处"。同时又明确指示以后所上条陈，堂官（部级干部）不准拆看，必须"原封呈进"。

光绪帝决心放开言论。他想听到更多更好的有利于富国强兵的建议。

吏部照旧例，拟给六位堂官降三级调用。

但是，光绪帝不准，决心严厉制裁六位堂官。七月十九日，光绪帝发下了百日维新以来的一个最重要的上谕，即罢免礼部六堂官。谕曰：

上谕：吏部奏，遵议礼部尚书怀塔布等处分一折。朕近来屡次降旨，戒谕群臣。令其破除积习，共矢公忠。并以部院司员及士民，有上书言事者，均不得稍有阻格。原期明目达聪，不妨刍荛兼采。并借此可觇中国人之才识。各部院大臣均宜共体朕心，遵照办理。乃不料礼部尚书怀塔布等，竟敢首先抗违，借口于献

---

① 《光绪朝东华录》，第 4 册，总第 4176 页。

可替否，将该部主事王照条陈一再驳斥。经该主事面斥其显违谕旨，始不得已勉强代奏。似此故意抑格，岂以朕之谕旨为不足遵耶？若不予以严惩，无以警戒将来。礼部尚书怀塔布、许应骙，左侍郎堃岫、徐会沣，右侍郎溥颋，署右侍郎曾广汉，著即行革职。至该主事王照，不畏强御，勇猛可嘉，著赏给三品顶戴，以四品京堂候补，用昭激励。特谕。①

　　光绪帝冲破慈禧太后设置的官吏任免的底线，决然地罢免了礼部六堂官，并任命了一个三品官。被罢免的六位堂官是：礼部尚书怀塔布、许应骙、左侍郎堃岫、右侍郎溥颋、署左侍郎徐会沣、署右侍郎曾广汉。与此相反，赞誉六品主事王照"不畏强御，勇猛可嘉"，赏给三品顶戴，以四品京堂候补，破格擢升。

　　光绪帝在上谕中严厉责问："似此故意抑格，岂以朕之谕旨为不足遵耶？若不予以严惩，无以警戒将来。"光绪帝的目的是惩一儆百，以利后来。这是光绪帝自亲政以来，在权衡利弊的情况下，第一次行使本应属于自己的高级官吏的罢免权。作为拥有至高无上权力的皇帝，罢免其手下的官吏，对错与否，本无足轻重。其他一干人等，既无权干涉，亦不容置喙。

　　但是，光绪帝深悉，此举触犯了慈禧在四月二十七日所作的二品以上高级官员到其面前谢恩的懿旨。慈禧的那道懿旨是在明确暗示二品以上高级官员的任免权已被我收回，你光绪帝不得染指。这是慈禧太后不允许光绪帝触动的一个底线。

　　然而，光绪帝罢免的礼部六堂官正是一二品大员。很显然，光绪帝触犯了底线，涉足了禁区。这是慈禧绝对不能允许的。恰如梁启超所说："皇上于二品以上大员，无进退黜陟之权。彼军机大臣及各省督抚等屡抗旨，上愤极而不能黜之。此次乃仅择礼部闲曹，无关紧要之人。一试其黜陟，而大变已至矣。"

　　其实，光绪帝在处治礼部六堂官时也是经过慎重考虑的。因为，同其他各部相比较，礼部是闲散差事，权力最小。但这也不被通融。苏继祖是

---

① 《光绪朝东华录》，第4册，总第4176页。

当事人，他评道："此系皇上承统以来第一次黜陟人才也，不意因之受祸。"

礼部尚书怀塔布"是守旧之无能者也"，兼管内务府。他的妻子和女儿经常入宫陪伴慈禧，很得慈禧欢心。怀塔布被罢职后，他的妻子向慈禧哭诉冤枉，求慈禧为其做主。慈禧对怀塔布"怜之"，并恼怒光绪帝办事"操切"，遂召怀塔布赴颐和园"详询本末"。怀塔布率内务府人员数十人"环跪于西后前，痛哭而诉皇上之无道"。慈禧倒颇为冷静，"令其暂且忍耐"。她要看看光绪帝下步如何动作。

这时的光绪帝已深感守旧派对自己的切齿仇恨。但这位为理念而活着的年轻皇帝"有不顾利害，誓死以殉社稷之意"，早已把个人安危置之度外，不顾一切，不计其他，"益放手办事"。二十八岁的年轻的光绪皇帝，为了国家的富强，为了祖宗的基业，为了心中的梦想，为了光辉的未来，他完全地豁出去了。这个具有某种诗人气质的皇帝，已经做好了下地狱的准备。他要为自己的理想而献身。

一次性地罢免一个部级单位的全部部级干部，原因只是因为他们阻止了本部一个处级小官的一次未见全部正确的上书，这无疑引起了整个官僚阶层的震动。看起来，不能再为这样的小事引火烧身了。

因此，引起震动，言路大开。消息传出，"举国鼓舞欢蹈，争求上书。民间疾苦，悉达天听"。每天每个衙门上达封奏以数十件计，有的厚达寸余。光绪帝兴奋异常，以极大的热情亲览奏章，"鸡鸣而起，日晡乃罢，览阅章奏，犹不能尽"。

光绪帝以极宽容的态度对待奏章的格式。本来，给皇帝的奏章，要求格式最严，一笔违误，就要受处分。但是，现在上奏者多为下僚寒士，根本不懂奏章格式，"种种新式，杂沓可笑"，光绪帝并不责问。甚至有"野人渔民"等普通老百姓上书，纸用二尺长条，称皇上也不抬头另写，光绪帝"亦一笑置之"。甚至有个湖南举人，奏折责备光绪帝"变乱祖法，自称开创，置祖宗于何地"。军机大臣看不过去，拟旨请予重惩。光绪帝至为冷静，语气松缓地说："现在刚刚打开言路之门，不应该谴责他。如处理不恰当，言路便阻塞了。"

此外，光绪帝要求各地广泛推荐贤才。有人推荐，光绪帝必亲自召见。召见时，必然要问"其通时务与否"。不通者，立予责备；通晓者，给予重用。这无疑起了一种导向作用。过去御史谏官、文学侍从都孜孜于"四书""五经"等无实用之学，而现在"台谏词馆移风，皆争讲求"。讲求什么呢？当然是关系国计民生的大事。这就需要了解世界大事，需要认识西方文明。因此，"京师西书为之一空"。同时，外省八股已废，改试时事政务。这样，学堂学会，如雨后春笋，蓬勃而起。形势一片大好，维新派"争讲万国之故"，风气大开，春意扑面。连守旧者也感到光绪帝旨意已定，也许这就是老佛爷慈禧的旨意，"亦不敢有他"。看来，"维新之风气几定矣"。

光绪帝深感在中央缺乏维新人才。为此，他采取了一些相应措施。

七月二十日，光绪帝发布上谕："礼部尚书著裕禄、李端棻署理，礼部左侍郎著寿耆、王锡蕃署理，礼部右侍郎著萨廉、徐致靖署理。钦此。"①

光绪帝在罢免礼部六堂官的第二天，便重新任命了新的礼部六堂官。满、汉各一半。值得玩味的是三位堂官为汉人。

礼部尚书由李端棻署理。李端棻（1833—1907），字苾园，贵州贵阳人。同治二年（1863）中进士，入翰林。光绪十八年（1892），升为刑部侍郎、工部侍郎。在康有为的影响下，于光绪二十二年（1896）五月初二日，李端棻递上著名奏折《请推广学校折》。这个奏折不只是推广学校的内容，而是关于教育改革的一个一揽子规划，并屡上条陈建白新政，请设学堂，谏定律例，议懋勤殿，大誓群臣，等等，许多新政重大事项都是他建议实行的。时任二品刑部侍郎。梁启超赞许他："二品以上大臣，言新政者一人而已。"对此，光绪帝心中有数，予以破格提拔。清朝体制，礼部尚书地位崇隆。如为侍郎，应先升为都御史，再转为工、刑、兵三部之一的尚书，然后再转为礼部尚书。而光绪帝打破清朝祖制惯例，破格擢升李端棻，"此实异数也"。

而王锡蕃原为正四品的詹事府少詹事，因条陈商务新政，光绪帝将其破格提升为正二品的礼部左侍郎（副部长）。徐致靖原为正四品的翰林院侍读学士，因上书请定国是，议废八股，光绪帝特别破格擢升为正二品的

---

① 梁启超：《戊戌政变记》，第46页。

礼部右侍郎（副部长）。梁启超评论道："以少詹、读学升侍郎，尤为向来所无。王（王锡蕃）、徐（徐致靖）皆频言新政者，上之简擢得人，不吝爵赏，破去资格如此。"

但他们三位都是署理。署理，即代理之意。因光绪帝无授二品官之权，须请命于太后才行。直到三天后的二十二日，经慈禧批准，才实授此三人官职。

这无疑是光绪帝及维新派的一个胜利。

七月二十日，光绪帝又发布上谕，任命四位军机章京。上谕谓："谕：内阁候补侍读杨锐、刑部候补主事刘光第、内阁候补中书林旭、江苏候补知府谭嗣同，均著赏加四品卿衔，在军机大臣章京上行走，参与新政事宜。钦此。"①

这是比前一个更加重要的上谕。诏定国是三个多月来，光绪帝深感中央决策机关的军机处缺乏谙明内政外交的维新人才。在廷诸位耄旧大臣，唯知墨守旧经，光绪帝同他们商议国家大事，"所答皆非所问"。这些老臣，观念陈腐，知识陈旧，光绪帝无可奈何，"深知诸臣之不足与谋也"。光绪帝虽然知道枢臣"老耄守旧"，但又无权罢免他们。所以，采纳康有为建议，"专用小臣"，以辅新政。赏加四品卿衔，即是让他们得到了局级以上高级干部的待遇。

湖南巡抚陈宝箴曾推荐康有为，此次又推荐杨锐、刘光第，因此可信；谭嗣同为徐致靖所保，自然可信；林旭在奏折中自称为康有为门生，也自然可信。上谕中明确指出此四人"参预新政事宜"。这是极为重要的决策。梁启超解释说："参预者，用日本维新置参与官于宫中之意也。"光绪帝深入地研读过康有为撰著的《日本变政考》，极有可能吸取了日本明治维新的某些经验。也有人指出，参预新政，"犹唐之参知政事，实宰相之任也"。参预新政，就像唐朝的宰相参知政事一样，就是光绪皇帝的宰相。

康有为明确指出："上（光绪帝）以无权用人为大臣，故名为章京，特加'参预新政'四字，实宰相也。"梁启超也明确昭示："以国政系于四卿，名为章京，实则宰相也。"这就是说，这四位新任命的参预新政的章京，就相当于日本明治维新的参预官，相当于唐朝的宰相参知政事，实际

① 《光绪朝东华录》，第 4 册，总第 4178 页。

就是光绪帝的宰相。

光绪帝紧紧依靠这四位章京。每天章奏条陈，光绪帝择要批阅外，分交四臣阅看。新政诏谕，皆秉承光绪帝意旨，由四臣恭拟。同时，并直接代呈康有为条奏，较之由总理衙门递送既快捷又便利。密诏传授，也由四臣办理。这就是说，在原来军机处的基础上，又派生出一个新的精干的军机处。

原来的军机处，因光绪帝其为厌恶耄旧诸臣，而将他们"束之高阁"。他们除办理日常例行事务外，对国内外大事，"不能赞置一词，咸愤愤不平，怒眦欲裂于此四臣矣"。原军机处形成内阁，"实伴食而已"。

七月二十二日，光绪帝又命李鸿章、敬信毋庸在总理衙门行走，罢免了他们总署大臣之职。

光绪帝继罢免了礼部六堂官之后，又一次罢免了总署两大臣。"守旧大臣皆恐，至是咸怀震动之心。"梁启超分析道："于是祸变促矣。"

第十三章　发动政变　慈禧训政

一　冷静观察　酝酿政变

慈禧太后发动政变，大体有三个原因：第一个是立山的造谣；第二个是光绪帝召见伊藤博文；第三个是对慈禧到天津"阅操"的误解。

于是，慈禧太后就决心发动政变，实行"训政"。

慈禧太后发动政变是有一个变化酝酿过程的。

慈禧

四天来，光绪帝连发数道上谕，罢免了几个不称职的大臣，任命了几位有潜力的官员。这一罢一任，使旧臣恐慌，新人振奋。"先是自怀塔布既黜，李鸿章、敬信亦撤去总署差，旧臣惶骇。内务府人皆环跪后（慈禧）前，谓上（光绪帝）变祖法，请训政"。守旧派大臣们集体向慈禧太后告黑状，诬陷光绪帝变乱祖宗法制，敦请太后出面训政，收拾残局。

此时的慈禧虽然心怀不满，但感到事态还不像一些旧臣渲染得那么严重，不想自己出面训

208

政，"后（慈禧）不许"。慈禧想在适当时机，劝劝光绪帝。

恰好光绪帝赴颐和园向慈禧请安。

慈禧看了看低眉顺目的光绪帝，思前想后，语气软中带硬地责备道："九列重臣，非有大故，不可弃；今以远间亲，新间旧，徇一人而乱家法，祖宗其谓我何？"慈禧没有具体地说某人该撤，某人应提，而是笼统地谈了自己对近来光绪帝所作所为的看法。其中"徇一人"，即"曲从一人"，而乱家法。这"一人"即是明指康有为。慈禧认为，光绪帝曲意听从康有为的主张，已超出了她为光绪帝划定的变法范围，"乱家法"了。

光绪帝向来对慈禧是既尊敬又畏惧的。自四月厉行新政以来，所有上谕，几乎都是风尘仆仆地先赴颐和园请示太后，而后宣示的。一般情况下，"太后不语"，即不表态。但是，如上谕内容靠近西方，太后一定说："汝但留祖宗神主不烧，辫发不剪，我便不管。"

然而，此次召见则不同。空气凝滞，气氛僵硬，慈禧面色阴沉，语气冷涩，光绪帝敏感地注意到，这是有人告了黑状，并且起了作用。光绪帝从慈禧的训诫中听出了可怕的潜台词，但他横下一条心，痛哭流涕地谏道："祖宗而在今日，其法必不若是；儿宁忍坏祖宗之法，不忍弃祖宗之民，失祖宗之地，为天下后世笑也。"

听到光绪帝委屈的辩词，慈禧懔然一惊。出乎意料之外，小小的光绪帝竟敢与我顶撞。这是从来没有过的，而且还明目张胆地要变更祖制。

慈禧感到了光绪帝发生了她意想不到的变化。

光绪帝的强硬态度益发引起刚愎自用的慈禧的憎恨。慈禧本想通过自己的劝阻，使光绪帝有所收敛。但是，此时的光绪帝在执行自己的政治路线上表现得异常坚决，不想轻易地听命于慈禧。

在慈禧的眼里，光绪帝简直是一意孤行。慈禧感到只是口头上的劝阻已不能使光绪帝就范，她要付诸行动，预为准备。于是，她密派内务府大臣怀塔布、立山等七人同往天津，拜谒荣禄，密商对策。"是日（七月二十二日），天津有人见自京乘火车来督署者数人，势甚耀赫，仆从雄丽，有言内中即有怀公塔布、立公山也。""京中有言立玉甫（应为豫甫，即立山），曾于七月奉太后密谕，潜赴天津，与荣相（荣禄）有要商也。"怀塔布、立山是慈禧的亲信。他们是以慈禧特派代表的身份，亲奉"太后的密谕"，同荣禄商讨如何对付光绪帝的谋略的。

七月二十二日后，慈禧进入了政变的准备阶段。在这之前，慈禧是在冷静地默观光绪帝的变法。

那么，慈禧对光绪帝的变法到底持什么态度呢？是一开始就持反对态度吗？

梁启超在《戊戌政变记》里说："西后与荣禄等既布此天罗地网，视皇上已同釜底游魂，任其跳跃，料其不能逃脱，于是不复防闲，一听皇上之所为。"又说："盖彼之计划早已定，故不动声色也。"

总之，梁启超认为，慈禧允许光绪帝实行变法是企图废掉光绪帝的一个"隐谋"。当满洲大臣及内务府大臣跪于慈禧面前，痛哭流涕地坚请慈禧出面制止光绪帝的改革行为时，慈禧不以为然地调侃道："你们这些人管那些闲事干吗，难道我的主意还不如你们吗？"大臣们心领神会，不再开口。

但是，仍然有个别大臣担心，小心翼翼地追问直隶总督荣禄："皇上如此蛮干，变乱祖制，可怎么办呢？"荣禄胸有成竹，恶狠狠地答道："姑且暂时等他们乱闹几个月，使天下所有的人气愤，罪恶贯盈，再收拾他们，这样不是更好吗？"荣禄认为，等时机成熟了，再同光绪帝为首的维新派算总账。

这个观点被史学界普遍接受。

笔者却以为不然。

笔者认为，慈禧对新法不是一开始就持反对态度的。中日甲午战争失败后的割地赔款对她也是一个强烈刺激。如果实行新政能使中国富强，使她的江山更加稳固，她对新政也是不会排斥的。

慈禧是一个纵横捭阖的政治家，却不是一个眼光敏锐的思想家。她的文化有限，读书不多，而且又届六十三岁高龄，对中国以外的事物尤其是西方知之甚少。但是，她对西方的新法并不是一开始就拒绝的。她有引进来试一试的想法。这和早年她支持奕䜣、曾国藩、李鸿章的洋务运动是一脉相承的。

当然，她允许的变法是有限度的变法，即"祖宗之法不可变"。在这个前提下，她允许光绪帝做一些尝试。如果尝试成功，是她支持的结果；如果尝试失败，她便可以诿过于人。

她退居后台，处于有利的裁决地位。为了免于失控，她才如前所述连发四道上谕。

当时有的人也不同意梁启超的观点。

苏继祖在《清廷戊戌朝变记》里说："然推之太后之心，未必不愿皇上能励精图治也，未必不愿天下财富民强也。至变法当变不当变，未必有成见在胸也。不过明目达聪，仅寄见于诸王大臣。以为诸王大臣皆曰贤，即天下皆曰贤矣！诸王大臣皆曰可杀，即天下皆曰可杀矣。今见皇上锐意变法，而赴诉失德者，纷来哭诉，无道者日至，则当初暂假事权之美意，激成骄敌纵恶之机心，故以为非废立皇上，逐杀新党，一概归复旧制，不足以安天下之心，不足以存宗社之守，于是有八月初六之变焉。"①

这里的"暂假事权之美意，激成骄敌纵恶之机心"，把慈禧当初放权给光绪帝准其变法，又限制光绪帝而再度训政的思想变化过程，表述得十分清楚。

陈夔龙在《梦蕉亭杂记》里说："光绪戊戌政变，言人人殊，实则孝钦（慈禧）并无仇视新法之意。徒以利害切身，一闻警告，即刻由淀园还京。维时皇上尚在勤政殿接见日相伊藤博文。"②

他认为，慈禧并不仇视新法。

费行简在《慈禧传信录》里说："后（慈禧）尝告德宗（光绪帝），变法乃素志。同治初，即纳曾国藩议，派子弟出洋留学，造船制械，凡以图富强也。若师日人之更衣冠，易正朔，则是得罪祖宗，断不可行。"③

慈禧表白她对变法是支持的，"乃素志"，即"这是我本来的志向"。笔者认为，这是可信的。但是，慈禧主张的变法是有限度的变法，"得罪祖宗"是不行的。

慈禧虽然同意光绪帝进行不违背祖制的有限度的变法，但这个变法必须有利于她的统治。如果危及她乾坤独揽的太上皇后的地位，她会毫不留情地把包括新法在内的一切都打翻在地。

那么，到底是什么事情触动了慈禧敏感的神经，使她决心发动政

---

① 苏继祖：《清廷戊戌朝变记》，《戊戌变法》丛刊，第1册，第329页。
② 陈夔龙：《梦蕉亭杂记》，《戊戌变法》丛刊，第1册，第481页。
③ 费行简：《慈禧传信录》，《戊戌变法》丛刊，第1册，第464页。

变呢？

大体有三件事：

第一件是立山的造谣。

内务府大臣立山跪请慈禧训政，慈禧没有立即答应，于是他向慈禧造谣说："上（光绪帝）派太监往各使馆，请去西后。"立山所造的这个谣言，直刺慈禧敏感的心脏。慈禧最担心的是外国列强逼迫她下台。听到这个消息，她愤懑异常，"西后大怒"，于是，决定发动政变。

第二件是光绪帝召见伊藤博文。

伊藤博文自光绪十一年（1885）起，四任日本首相。光绪十四年（1888）起，

伊藤博文

三任枢密院院长。被世人目为"明治国家权力的象征"。伊藤曾以日本全权代表的身份与李鸿章进行议和谈判，以强硬态度逼迫中国签订了屈辱的《马关条约》。

光绪二十四年七月二十三日（1898 年 9 月 8 日），伊藤由朝鲜来到中国。二十六日至天津，次日谒直隶总督荣禄。

荣禄在北洋医学堂设宴为其接风，袁世凯、聂士成作陪。但荣禄心中有事，"神色惨沮不欢，未遑终席，借事辞去"。荣禄对伊藤的突然到来，疑虑重重，十分戒备。因为当时御史李岳瑞等上书，请皇帝用外国人为客卿，朝臣们斥李岳瑞卖国，骂他为汉奸。

正当此时，伊藤到津，朝廷上下一片流言，说伊藤是康有为勾引来的，将入军机处。流言散布甚广，王公、卿相、士庶都"言之凿凿"。甚至出现了到宫中陛见的地方督抚大员，见到新上任的军机章京，不无讥讽地说："你们以后要好好侍奉新堂官呀！"这"新堂官"指的就是日本人伊藤。

恰好光绪帝又拍来电报，询问伊藤可否在津多留几天。熟读《日本变政考》的光绪帝想当面询问伊藤，日本究竟是如何改革、如何富强的。伊藤回电答可以待两星期。这似乎又进一步印证了光绪帝要聘用外国人为顾问官的流言，使"守旧者皆惶悚不安"。

二十九日伊藤抵达北京。八月初一日，伊藤拜会总署王大臣。同日，康有为赴日本大使馆会见了伊藤。伊藤以改革领袖自居，欲摸清中国变法底蕴，试探地问道："然则贵国数月以来，着意变法，而未见推行之效，何哉？"康有为答以慈禧之掣肘、德宗之无权、顽固守旧大臣之阻挠，并请伊藤觐见慈禧"剀切陈说"，以使其"回心转意"。伊藤爽快答道："既如此，仆谒母皇太后，谨当竭尽忠言。"答应对慈禧进行游说。初二日，又赴张荫桓宅夜宴。张荫桓（1837—1900），字樵野。时任总理衙门大臣。曾出使英、美、法、德诸国，是一位思想开放、了解西方的高级外交官。

至此，伊藤来华后的一举一动都在慈禧的掌握之中。而荣禄"盖将借此发难，以惑太后听耳"。

同时，八月初二日，庆亲王奕劻等赴颐和园，哭请太后训政，并说光绪帝定于初五日召见伊藤。"俟见，中国事机一泄，恐不复为太后有矣。"这种挑拨离间的话，使太后动心。

慈禧原定八月初六日从颐和园还宫，听到皇上初五日接见伊藤，感到事急紧迫，便让皇上于初三日代传懿旨提前回宫。八月初四日，慈禧于酉刻（十七至十九时）突然还宫，诸事仓促未备。慈禧就想给他们一个措手不及。"所以匆匆还宫者，为明日监视皇上见伊藤也。"

本来，光绪帝想要在这个危急时刻，向伊藤询问变法方略，并预定于殿内间设酒果，"以便详询一切"。但是，当初五日光绪帝于勤政殿召见伊藤时，慈禧坐在屏风后监听，"以鉴察之"。光绪帝如芒在背，噤若寒蝉，不敢有所表白，"仅能与照例数语而退"，反而使伊藤感到很奇怪，为什么如此短暂地结束了会见。光绪帝与伊藤寒暄了几句，没谈任何实质性问题，就匆匆结束了接见。

据当时报载，接见情况如次。

八月初五日，在勤政殿，光绪帝接见了前日本首相伊藤博文。光绪帝对伊藤优礼有加，如待亲王，命其坐御座之侧，位在庆亲王奕劻之次。问答如下：

伊云："外臣此次来华，系私自游历，非因公事。兹蒙陛下召见，深荷隆恩，不胜荣幸。陛下近日变法自强，力图振作，将来中国富强之业可立而待，外臣不胜钦佩，此实东方盛事。外臣归国述与敝国皇帝知之，当必异常欢悦。愿陛下永保盛业长享景福。"

上答："久闻贵侯大名，今得晤语，实为万幸。"

伊云："敬谢陛下褒辞。"

上询："贵侯于何日起程？"

伊答："于一月前就道，曾在朝鲜勾留旬余。"

上问："一路平安否？"

伊答："蒙陛下福庇，一路平安。"

上问："贵侯起程时，贵国大皇帝想必玉体康健？"

伊答："陛辞时，敝国皇帝甚为康健。"

上问："贵国自维新后，庶绩咸熙皆出自贵侯手定，各国无不景仰，无不赞美，朕亦时佩于心。"

伊答："承蒙虚誉，外臣何以克当，敝国政务皆由朝廷擘画，外臣惟靖供职守，为所当为如是而已。今蒙过誉，益用歉怀。"

说到这，光绪帝与侍立一旁的某大臣悄声耳语了一会儿，然后又进行问答。

上问："贵国与敝国同洲，相距较近，我中国近日正当维新之时，贵侯曾手创大业，必知其中利弊，请为朕详析言之。并祈与总署王大臣会晤时，将何者当兴，何者当革，笔之于书，以备观览。"

伊答："敬遵宠命，他日猥承总署王大臣下问，外臣当竭其所知以告。"

上曰："但愿嗣后两国友谊从此益敦。"

伊谓："比来两国人民交涉日益加密，故邦交必能因之愈固。"

上曰："贵侯拟在中国盘桓几时？"

伊答："原拟勾留两礼拜之时，据目下意见，尚须多留七八日。"

上曰："先时贵侯在中国系在何年？"

伊答："十四年前初诣京师，嗣后曾至上海及南省各处。"

上问："现拟往何处？"

伊答："现拟至上海一行，再往长江游历。"

上曰："朕愿贵侯一路平安。"

伊曰："敬谢陛下厚恩。"

以上便是接见时的全部问答，十分简略，基本属礼仪性的。

但不管怎么说，光绪帝接见伊藤事件的本身，就足以引起慈禧太后警觉的了。这就促使慈禧下决心发动政变。

第三件是对慈禧到天津"阅操"的误解。

史学界流行的说法是，光绪帝于四月二十七日颁发的四道谕旨之一是说本年秋间慈禧到天津阅兵，其目的是借阅兵之机废掉光绪帝。

这种说法最早见于梁启超的《戊戌政变记》。梁说："外人不谙朝事，或疑因维新之急激，遂以致败。由未知废立之局早定，西后荣禄，预布网罗，听其跳跃，专待天津阅兵以行大事耳。"①

这个"以行大事"就是指借到天津阅兵之机，废掉光绪帝。

《慈禧外纪》说："西历一千八百九十八年之八月，即中历七月之末，太后与守旧党已联成一气，但深密而未发表，欲俟九月同帝到天津后始行之。"②

这个"到天津后始行之"的含义，即是废掉光绪帝。康有为在《康南海自编年谱》里说："谋定于天津而行废立。"③

他们都认为秋天到天津阅兵是慈禧借机废掉光绪帝的一个阴谋。果真如此吗？笔者却以为不然。到天津去废掉光绪帝，这是高看了光绪帝，低估了慈禧。此时的慈禧虽然退居二线，但她实际上仍然牢牢地控制着皇权。光绪帝只不过是一个傀儡而已。她要想废掉光绪帝，只要下个懿旨就可以了，举手之劳。她发动政变之时，也只是由颐和园还宫，宣布一下，光绪帝便束手就擒。而当天，她又返回了颐和园，根本没在皇宫继续监视光绪帝。这说明她压根儿没把光绪帝视为平等的对手，夺取他的表面上的皇权真是易如反掌。在北京可以轻易解决的问题，为什么要大动干戈非到天津不可呢？

而实际上到天津阅兵是荣禄为了迎合慈禧喜欢游玩的心理而上的奏折。当时北京的大臣们听说太后、皇帝"竟欲冒险以坐火车"，纷纷上言，认为"大非帝王尊贵之道"，且"相顾惊骇"，然而"太后则甚以为乐"，并"谓己从未坐过火车，今初次乘坐，视为有趣之事"。

苏继祖也持这个看法："恭邸初薨，太后欲往天津阅兵，皇上谏止，

① 梁启超：《戊戌政变记》，第24页。
② 《慈禧外纪》，第142页。
③ 康有为：《康南海自编年谱》，《戊戌变法》丛刊，第4册，第152页。

太后甚怒其阻挠。此举荣相迎合者也。据云：连日召对所商，即游览天津之事。此说甚合。尚有人说，此亦荣属人奏请者，盖以阅兵为名耳。"①

这就是说，荣禄为迎合慈禧，奏请太后与皇帝同赴天津阅兵。皇帝认为太后出行不妥，谏言阻止，不想让慈禧到天津游览，"太后怒甚"。看起来，当时的争论主要是以太后和皇帝之尊出京远行是否适宜，而不是别的。

但是，随着百日维新的深化，帝后两党矛盾的加剧，到天津阅兵之举却逐渐变得复杂化了。先是后党官僚有意放风，说到天津阅兵之时对光绪帝如何如何。帝党的一些年轻的维新派们听到信号，十分惊惶，便千方百计为光绪帝出谋划策，以摆脱窘境。

幼稚的维新派落入了老辣的守旧派设置的圈套。

直到此时，维新派们才感到有抓军权的必要。康有为"虑九月天津阅兵即行废立，夙夜虑此"。为此，他连上奏折，提出四条建议：

第一条，设参谋部。他建议仿效日本设立最高军事领导机关参谋本部，由皇帝亲自掌握。"选天下虎罴之士、不二心之臣于左右，上亲擐甲胄而统之。"

第二条，改变年号。建议把光绪二十四年改为维新元年，"以新天下耳目"。

第三条，变更服制。"请变衣服而易旧党心志。"

第四条，迁都上海。"借行幸以定之，但率通才数十人从办事，百官留守，即以弃旧京矣。"北京暮气太沉，只有迁都上海，才能有利于变法。

对康有为的四条建议，"上（光绪帝）皆然之"，光绪帝都表赞同。但是，很明显，这四条建议基本属乌托邦性质，是书生之见，在当时的条件下，是不能够实行的。

于是，他们把目光移向了袁世凯。他们认为，袁世凯曾经率兵远驻朝鲜，了解外国情形。同时，又积极参与强学会的活动，不同于武夫董福祥和聂士成，是个有头脑的人。他们的结论是："拥兵权，可救上者，只此一人。"但是，他们又担心袁世凯与荣禄关系密切，怕袁世凯不听从光绪帝的指挥，所以，派人对袁世凯进行试探。

---

① 苏继祖：《清廷戊戌朝变记》，《戊戌变法》丛刊，第1册，第333页。

袁世凯

这个人就是康有为的亲信弟子徐仁禄。徐仁禄试探袁世凯，袁世凯十分机警地夸赞康有为有"悲天悯人之心"，是"经天纬地之才"。徐仁禄用话激他，试探他对荣禄的态度："我与卓如（梁启超）、芝栋（宋伯鲁）、复生（谭嗣同）屡奏荐于上（光绪帝），上言荣禄谓袁世凯跋扈不可大用。不知公何为与荣（荣禄）不洽？"

袁世凯深知此话的用意，便好像恍然大悟似的答道："昔常熟（翁同龢）欲增我兵，荣禄谓汉人不能任握大兵权。常熟曰：'曾、左亦汉人，何尝不能任大兵？'然荣禄足不肯增也。"袁世凯假装糊涂，故意顺着徐仁禄说。

书生气十足的康有为根本不是老于世故的袁世凯的对手。

徐仁禄把对话情形告知康有为，认为"袁为我所动"，决定向光绪帝推荐。先由徐致靖上奏推荐，又由谭嗣同递密折，请光绪帝召见加官优奖，以备不测。光绪帝即于七月二十六日发出上谕："电寄荣禄，著传知袁世凯，即行来京陛见。"[1]

这是一道明发上谕。是经慈禧的亲信荣禄单独传见握有兵权的袁世凯。袁世凯正在天津东南七十里的小站练兵。光绪帝不传见拥有兵权的荣禄，而是越过荣禄单独传见拥有部分兵权的袁世凯，这是一个违背常理的奇怪举动。平地一声雷。袁世凯的被传见引起了慈禧及后党的警觉。慈禧在密切注视着事态的发展。

光绪帝此举不算明智。但舍此，他又有什么办法呢？

到天津阅兵将行废立之说，时人苏继祖持完全不同的看法。他认为，如果慈禧欲行废立，"必在宫中调兵入卫，决不及出京到天津，行此大举动也"。废掉光绪帝只是宫内之事，不必行"大举动"。这话很有道理。他又进一步分析道："夫太后、荣相（荣禄）每以为此其时也，可以废立矣，

---

① "上谕二一一条"，《戊戌变法》丛刊，第2册，第84页。

217

必在宫中调兵入卫，决不及出兵到天津，行此大举动也。况今日京师之臣民，不知有是非久矣。苟行废立，尚有敢谓其不然者乎？不待兵力以压制之耳。所以蓄意五年不敢递（遽）行者，恐天下不服，外人干预也。天津一区北洋数军，能抗天下，能拒外人乎？太后、荣相宁不知之，故知断非来天津行废立也。一念之差，又不择人贸然以刀柄付之，致我圣主有倒悬之危，谁之咎哉？"①

这个分析是很有见地的。

在这个分析的基础上，他又进一步推论道："一念之差，又不择人，贸然以刀柄付之，致我圣主有倒悬之危，谁之咎哉？"他认为由于错误地分析了形势，草木皆兵，入了圈套。

以致授人以柄，遭致失败。

综上三件事，即外人干涉、召见伊藤和天津废立都引起慈禧的极大不满，慈禧于是决定发动政变，但她在伺机寻找更为恰当的理由。

二 发动政变 光绪被囚

光绪帝敏感地注意到，慈禧太后想要发动政变。光绪帝发出上谕，让维新派设想对策。但资产阶级维新派此时束手无策，任人宰割。慈禧太后发动了戊戌政变，杀六君子，幽光绪帝。中国又陷入沉沉的黑暗之中。

七月二十六日发生了两件非同寻常的事，一是光绪帝明发上谕召见袁世凯；二是日本首相伊藤博文抵达天津。这两件事荣禄都是当事者。前者荣禄是负责转达谕令，后者是荣禄曾宴请伊藤。荣禄为慈禧的亲信。他把所掌握的有关情报完全电告慈禧。从这一天起，慈禧态度大变。

光绪帝敏感地注意到了此点。二十八日光绪帝赴颐和园请安，欲趁机向慈禧请示开懋勤殿一事。但当他向慈禧请安时，慈禧没有像往常一样答话，而是一言不发，"太后不答，神色异常"。把个光绪帝吓得没敢说话，"惧而未敢申说"。光绪帝自颐和园回宫，回想"太后神色迥异寻常，自知有变"，便于当日召见杨锐，授以密谕："朕唯时局艰难，非变法不能救中国。非去守旧衰谬之大臣，而用通达英勇之士，不能变法。而皇太后不以

---

① 苏继祖：《清廷戊戌朝变记》，《戊戌变法》丛刊，第 1 册，第 336 页。

为然。朕屡次几谏，太后更怒。今朕位几不保。汝康有为、杨锐、林旭、谭嗣同、刘光第等，可妥速密筹，设法相救。朕十分焦灼，不胜企望之至。特谕。"①

杨锐接读密诏，因没有任何思想准备，十分"震恐"，乱了方寸，"不知所为计"，不知道要干什么，竟迷迷糊糊地把十万火急的密诏压了下来。

而此时后党干将荣禄却十分清醒。"荣禄见袁世凯被召"，马上调兵遣将预为防备。"即调聂士成守天津，以断袁军入京之路。调董福军密入京师，以备举大事。"荣禄做了充分的军事部署。

八月初一日，光绪帝于颐和园的毓兰堂召见袁世凯。光绪帝"垂询军事甚详"。召见后，上谕升袁为候补侍郎。谕曰："现在练兵紧要，直隶按察使袁世凯，办事勤奋，校练认真。著开缺以侍郎候补，责成专办练兵事务。所有应办事宜，著随时具奏。当此时局艰难，修明武备实为第一要务。袁世凯当勉益加勉，切实讲求训练，俾成劲旅。用副朝廷整饬戎行至意。"②

这是破格提拔。光绪帝在紧要关头，想给自己增加一点自卫的力量。这里有股亡羊补牢的味道。

八月初二日，光绪帝第二次召见袁世凯，笑着说："人人都说你练的兵、办的学堂甚好，此后可与荣禄各办各事。"③

这个"可与荣禄各办各事"的话，就明确挑明了袁世凯不必听荣禄指挥，而应直接听命于皇上。但老练的袁世凯装聋作哑。

自七月二十八日给杨锐一密诏，至八月初二日，已是五天了，但迟迟没见回音。光绪帝焦急异常。他担心康有为的安危，又无法取得联系，只得冒险明发上谕："谕：工部主事康有为，前命其督办官报局，此时闻尚未出京，实堪诧异。朕深念时艰，思得通达时务之人，与商治法。康有为素日讲求，是以召见一次，令其督办官报。诚以报馆为开民智之本，职任不为不重。现筹有的款，著康有为迅速前往上海，毋得迁延观望。"④

这是用明发上谕的方法，告诉康有为迅速离京，否则凶多吉少。看到

---

① 梁启超：《戊戌政变记》，第65页。
② 《光绪朝东华录》，第4册，总第4175页。
③ 袁世凯：《戊戌日记》，《戊戌变法》丛刊，第1册，第549页。
④ 《光绪朝东华录》，第4册，总第4195页。

上谕，"国人骇悚，知祸作矣"。

同时又急召林旭，由他带出另一密诏，给康有为："朕今命汝督办官报，实有不得已之苦衷，非楮墨所能罄也。汝可迅速出外，不可延迟。汝一片忠爱热肠，朕所深悉。其爱惜身体，善自调摄，将来更效驰驱，共建大业，朕有厚望焉。特谕。"①

一明谕，一密诏，都是敦促康有为尽快出京。

但是当天康有为没有见到密诏，只于晚间回家时看到了明谕。但是，他们这帮文人不是积极想办法，而是在宋伯鲁家饮酒唱曲，"曲终哀动，谈事变之急，相与忧叹"。唉声叹气，束手无策。他们还没有意识到自身的生命危险。

八月初三日早林旭持密诏来，康有为跪诵后才感到事态极其严重。林旭不仅带来了促康出京之密诏，还带来了在杨锐手中搁了五天的密诏，也交给了康有为。康有为急找来谭嗣同一起读研密诏，"跪读痛哭"。他们从密诏中分明清晰地听到了光绪帝垂危的呼救声。于是，急找来梁启超、康广仁等商量对策。大家想到了袁世凯，决定由谭嗣同抵其寓所，说袁勤王。

当日晚，袁世凯接到荣禄电报，说有英兵船多只游弋大沽海口，传令袁世凯迅速回津听候调遣。荣禄在注视着袁世凯的举动。

夜色已深，谭嗣同突然来访。

周旋之后，针对袁告以现有英船游弋海上，要尽快回津的话，谭云："外侮不足忧，大可忧者，内患耳。"

袁急询其故。

谭云："公受此破格特恩，必将有以图报，上方有大难，非公莫能救。"

袁谓："予世受国恩，本应力图报称，况己身又受不次之赏，敢不肝脑涂地，图报天恩，但不知难在何处?"

谭云："荣某近日献策，将废立弑君，公知之否?"

袁惊讶地认为这一定是谣言，断不足信。

谭云："公磊落人物，不知此人极其狡诈。"语意一转，又说，"公如

① 梁启超：《戊戌政变记》，第65页。

真心救上，我有一策，与公商之。"

此时谭拿出一个事先设计好的行动草稿，给袁世凯看。草稿内称，袁世凯初五见光绪帝请训时，请光绪帝面付朱谕一道，令其带兵赴天津，见荣禄出朱谕宣读，立即正法。同时，以袁世凯为直隶总督，迅速载袁所部兵入京，"派一半围颐和园，一半守宫"，大事可定。

袁追问道："包围颐和园，想干什么？"

谭云："不除掉这个老朽（慈禧），国家不能保，这件事在我，公不必过问。"

袁谓："皇太后听政三十余年，迭平大难，深得人心。我之部下，常以忠义为训戒，如令以作乱，必不可行。"

谭云："我雇有好汉数十人，并电湖南召集好将多人，不日可到。去此老朽，在我而已，无须用公。但要公以二事，诛荣某，围颐和园耳。如不许我，即死在公前。公之性命在我手，我之性命亦在公手。今晚必须定议，我即诣宫，请旨办理。"

至此，袁世凯摸到全部底细，心中有了数，知道明显拒绝是愚蠢的，只好设词推宕。

袁道："天津为各国聚处之地，若忽杀总督（荣禄），中外官民，必将大讧，国势即将瓜分。且北洋有宋、董、聂各军四五万人，淮练各军又有七十多营，京内旗兵亦不下数万。本军只七千人，出兵至多不过六千，如何能办此事？恐在外一动兵，而京内必即设防，上（光绪帝）已先危。"

谭云："公可给以迅雷不及掩耳，俟动兵时，即分给诸军朱谕，并照会各国，谁敢乱动？"

袁谓："本军粮械子弹，均在天津营内，存者极少。必须先将粮弹领运足用，方可用兵。"

谭云："可请上先将朱谕交给存收，俟布置妥当，一面密告我日期，一面动手。"

袁谓："我万不敢惜死，恐或泄露，必将累及皇上，臣子死有余辜，一经纸笔，便不缜密，切不可先交朱谕。你先回，容我熟思，布置半月二十日方可复告你如何办法。"

谭云："上意甚急，我有朱谕在手，必须即刻定准一个办法，方可复命。"

221

于是，谭出示朱谕，袁仔细阅后发现为墨笔所书，不是红色笔所书，不是原件，认为有假。

袁谓："此非朱谕，且无诛荣相、围颐和园之说。"

谭云："朱谕在林旭手，此为杨锐抄给我看的。确有此朱谕，在三日前所发交者。林旭等极可恶，不立即交我，几误大事。谕内另议良法，即有二事在其内。"

显然，这是谭嗣同在说谎。光绪帝并没有诛杀荣禄、围颐和园、诛西太后之朱谕。

袁世凯

袁谓："青天在上，袁世凯断不敢辜负天恩。但恐累及皇上，必须妥筹详商，以期万全。我无此胆量，决不敢造次为天下罪人。"接着又转移话头说："九月即将巡幸天津，待至伊时军队咸集，皇上下一寸纸条，谁敢不遵，又何事不成？"

谭云："等不到九月即将废弑，势甚迫急。"

袁谓："即有巡幸之命，必不至遽有意外。必须至下月方可万全。"

谭云："如九月不出巡幸，将奈之何？"

袁谓："现已预备妥当，计费数十万金。我可请荣相力求慈圣，必将出巡，保可不至中止。此事在我，你可放心。"

这是袁世凯在说假话，借以蒙蔽谭嗣同，拖延时间，设想办法。

谭云："报君恩，救君难，立奇功大业，天下事入公掌握，在于公；如贪图富贵，告变封侯，害及天子，亦在公，惟公自裁。"

袁谓："你以我为何如人？我三世受国恩深重，断不至丧心病狂，贻误大事，但能有益于君国，必当死生以之。"

谭嗣同被袁世凯信誓旦旦的花言巧语所欺骗，起来作了个揖，并赞扬袁世凯为"奇男子"，然后告退。

袁世凯静夜独坐，反复筹思，他深知自己已临深渊，稍一不慎，便会摔个粉身碎骨。但经认真比较，思路愈益清晰。很明显，优势在慈禧及后党一方，光绪帝及帝党只不过是慈禧的掌上玩物而已。他决定把宝押在慈禧身上。

八月初五日，光绪帝第三次召见袁世凯。此时的光绪帝已被慈禧严密监视。袁世凯进言："古今各国变法非易，非有内忧，即有外患，请忍耐待时，步步经理。如操之太急，必生流弊。"光绪帝"为动容"。但是一言没发。

袁世凯退下后急忙回津，到天津已是黄昏，直奔荣禄府第，谒荣禄，迫不及待地尽泄内情。荣禄当夜电告慈禧。慈禧勃然大怒，于翌晨匆匆返宫。召光绪帝愤怒地斥责道："我抚养你二十多年，你竟敢听信小人的话谋害我吗？"光绪帝吓得浑身战栗，说不出话来，良久嗫嚅道："我没有这个意思。"慈禧高声地骂道："傻小子，今天没有我，明天怎么能有你呢？"

这一天，即八月初六日，慈禧御便殿召庆王奕劻、端王载漪、军机大臣、御前大臣，这些王公大臣跪于案右。光绪帝跪于案左。同时设竹杖于座前。

慈禧疾言厉色地讯问光绪帝："天下者，祖宗之天下也，汝何敢任意妄为！诸臣者，皆我多年历选，留以辅汝，汝何敢任意不用！乃竟敢听信叛逆蛊惑，变乱典刑。何物康有为，能胜于我选用之人？康有为之法，能胜于祖宗所立之法？汝何昏愦不肖乃尔！"

皇帝战栗不已，不知所对。

慈禧把如剑的目光转向跪在地上的王公大臣们，看着这一群老迈昏愦的亲信，她气不打一处来，怒气冲冲地训斥道："皇帝无知，汝等何不力谏！以为我真不管，听他亡国败家乎？我早已知他不足以承大业，不过时事多艰，不宜轻举妄动，只得留心稽查管束。我虽人在颐和园，而心时时在朝中也。我唯恐有奸人蛊惑，所以常嘱汝等不可因他不肖，便不肯尽心国事。现幸我还康健，必不负汝等也。今春奕劻再四说，皇上既肯励精图治，谓我亦可省心。我因想外臣不知其详，并有不学无术之人，反以为我把持，不许他放手办事。今日可知其不行矣。他是我拥立者。他若亡国，其罪在我，我能不问乎？汝等不力净，是汝等罪也。"

王公大臣们匍匐在地，默默承受，不敢应对。

慈禧又把犀利的目光移向了皇帝，恶狠狠地质问道："变乱祖法，臣下犯者，汝知何罪？试问汝祖宗重，康有为重，背祖宗而行康法，何昏愦

223

至此?"

一言不发的皇帝觉得应该做点申辩,便战战兢兢地说:"是固自己糊涂,洋人逼迫太急,欲保存国脉,通用西法,并不敢听信康有为之法也。"

竟敢申辩,嚣张已极!慈禧益发愤怒,声音更加冷厉地说:"难道祖宗不如西法,鬼子反重于祖宗乎?康有为叛逆,图谋于我,汝不知乎?尚敢回护也!"

皇帝吓得魂飞天外,只顾颤抖,不知如何应对。

慈禧穷追不舍,厉声问道:"汝知之乎?抑同谋乎?"

皇帝听不太清,又不敢问,又不能不答,便胡乱地答道:"知道。"

慈禧不依不饶:"既知道还不正法,反要放走?"

皇帝随口应道:"逮捕杀掉。"①

这其实是一场不准辩白的审判。法官是慈禧,罪犯是光绪帝。

当天,即光绪二十四年(1898)八月初六日,慈禧以光绪帝名义发布谕旨,昭示朝廷内外,慈禧实行"训政"。旨曰:"谕:现在国事艰难,庶务待理。朕勤劳宵旰,日综万机。兢业之余,时虞丛挫。恭溯同治年间以来,慈禧端佑康颐昭豫庄诚寿恭钦献崇熙皇太后,两次垂帘听政。办理朝政,宏济时艰,无不尽美尽善。因念宗社为重,再三吁恳慈恩训政。仰蒙俯如所请,此乃天下臣民之福。由今日始,在便殿办事。本月初八日,朕率诸王大臣在勤政殿行礼。一切应行礼仪,著各该衙门敬谨预备。"②

同日,又发谕旨,捉拿康有为和康广仁。旨曰:"工部候补主事康有为,结党营私,莠言乱政,屡经被人参奏,著革职。并其弟康广仁,均著步军统领衙门拿交刑部,按律治罪。"③

八月初七日,慈禧又单独审问皇帝一次。

八月初八日,光绪帝率百官在勤政殿恭贺慈禧训政。慈禧又把勤政殿变成了审判庭。这一次,慈禧变了招数,让群臣质讯皇帝。皇帝成了名副其实的被告,颜面尽失,威风扫地。慈禧将从皇帝书房中及康有为寓所中查抄的奏章、说帖等件,命群臣质询,逐条审讯。其中有杨锐、林旭依据

---

① 苏继祖:《清廷戊戌朝变记》,《戊戌变法》丛刊,第 1 册,第 346 页。
② 《光绪朝东华录》,第 4 册,总第 4200 页。
③ 《光绪朝东华录》,第 4 册,总第 4200 页。

幽禁光绪帝之瀛台

皇帝的旨意催促康有为迅速出京的信函，慈禧大怒，追问皇帝。皇帝不敢承认，推托说这是杨锐的主意，与己无涉。慈禧又追问围园弑母之谋，皇帝确实没有参与这个计划，不知内情。

但慈禧不相信，认为光绪帝是在推脱。慈禧尤为愤恨，当即下旨，捉拿维新党人。旨曰："谕：张荫桓、徐致靖、杨深秀、杨锐、林旭、谭嗣同、刘光第，均著先行革职，交步军统领衙门拿解刑部审讯。"[①]

同时，禁光绪皇帝于瀛台。《三海见闻志》对瀛台作了简要介绍。

瀛台因软禁光绪皇帝而驰名。瀛台，位于北京三海，即北海、中海、南海之一的南海。瀛台，又称南台，始建于明朝。因其四面环水，北面架一桥相通，有如海中仙岛，故名瀛台。清朝顺治、康熙年间曾两次修缮。岛上修筑了大量殿宇。

瀛台岛北有石桥与岸上相连。桥南为仁曜门，门南为翔鸾阁，正殿七间，左右延楼十九间。再南为涵元门，内为瀛台主体建筑涵元殿。瀛台多树，涵元殿位于瀛台的中心。由于岛上存在坡度，该殿北立面为单层建筑，南立面则为两层

现在的瀛台

①《光绪朝东华录》，第4册，总第4201页。

225

楼阁，称蓬莱阁。

涵元殿北有配殿两座，东为庆云殿，西为景星殿；殿南两侧建筑，东为藻韵楼，西为绮思楼。藻韵楼之东有补桐书屋和随安室，乾隆时为书房。乾隆帝少年时曾在这儿读书，晚年吟诗道："十五读书处，匆匆五十年。回思读书此，六十阅春秋。"岛尽南端，有旧台基，乾隆御题"瀛台"二字。东北为待月轩和镜光亭。绮思楼向西为长春书屋和漱芳润，周围有长廊，名为"八音克谐"，及"怀抱爽"亭。

瀛台现为举办宴会及招待活动的场所。

瀛台本是皇室避暑和游览的胜地，但自此以后却变成了囚禁光绪帝的囹圄。慈禧把原来皇帝身边的太监一律撤走看押，另派其心腹太监二十余名监视皇帝。皇帝成了被软禁的囚徒。

慈禧以训政之名，行亲政之实。形式上太后与皇帝并排坐着，像两位君主。但奏对时，皇帝不许说话。有时太后示意皇帝说话，他才勉强说上一两句。光绪帝成了真正的木偶。

那么，维新派是否有谋围颐和园、劫制皇太后的计划呢？

三 围园劫后 确有谋划

围园劫后是否存在，当时即有二说。

第一，否定说。

梁启超、康有为、苏继祖等都认为无此谋划。

梁启超说："当时北京之人，咸疑皇上三密诏中，皆与诸臣商废西后之事。而政变之时，贼臣借此以为谋围颐和园之伪诏，以诬污皇上者也。"① 他认为，政变之时慈禧发布的谋围颐和园的诏旨是诬污皇帝的"伪诏"，围园劫后是不存在的。

康有为在《康南海自编年谱》里曾写道："乃属谭复生入袁世凯所寓，说袁勤王，率死士数百扶上登午门而杀荣禄，除旧党。"② 只字未提围颐和园、劫西太后之事。这是考虑到被囚的光绪帝的安危，避而不谈此事。

---

① 梁启超：《戊戌政变记》，第 64 页。
② 《康南海自编年谱》，《戊戌变法》丛刊，第 4 册，第 161 页。

苏继祖则认为：“若云有围园弑母之谋，吾敢以身家性命相保。欲加之罪，何患无辞，真千古奇冤也。”①

他以身家性命担保，没有围园弑母之谋。

第二，存在说。

胡思敬记道：“（谭嗣同）引有为入卧室，取盘灰作书，密谋招袁世凯入党。用所部新建军，围颐和园，以兵劫太后，遂锢之。”这里写了策划围园劫后的过程。费行简书曰：“（康有为）奋然曰：与其逐禄（荣禄），曷若禁后（西太后）。吾保国会会友袁世凯，方治兵小站，是人敏锐敢任事，可引其以兵守颐和园，然后谏后勿干外政。”

这里写了康有为提议兵谏皇太后。此外，就是袁世凯所写的《戊戌日记》。这里记载了维新派试图游说袁世凯围园劫后。很多人认为袁的日记是在美化自己、诋毁帝党，因而，其内容是不可信的。现在看来，袁世凯的日记是可信的。

其实，这一争论目前已完全解决了。中国社会科学院近代史研究所的杨天石研究员的两篇文章《康有为谋围颐和园捕杀西太后确证》②《康有为“戊戌密谋”补证》③，就用新发现的史料有力地证明了维新派确实曾计划围园弑后。

杨天石在日本立命馆大学教授松本英纪的帮助下，借阅了日本外务省档案缩微胶卷，从中发现了康有为策划围园弑后的确证。

最可靠的确证是毕永年的《诡谋直纪》。

毕永年，湖南长沙人，号松甫。少年时读王船山遗书，渐有兴汉灭满的民族革命思想。少时与谭嗣同、唐才常相友善，共商救国大计，并从事联络会党的活动。戊戌政变前夕抵京，谭嗣同将其引荐给康有为。康欲命其领兵围园便宜行事。④1899年初，他把当时的活动写成了日记《诡谋直纪》，并交给了日本人平山周。现将此日记摘示于后：

七月二十九日（9月14日），夜九时，（康）召仆（毕永年）至其室，

---

① 苏继祖：《清廷戊戌朝变记》，《戊戌变法》丛刊，第1册，第348页。

② 杨天石：《康有为谋围颐和园捕杀西太后确证》，载《光明日报》1985年9月4日。

③ 杨天石：《康有为“戊戌密谋”补证》，载《文汇报》1986年4月8日。

④ 《毕永年削发记》，冯自由：《革命逸史》，初集，第73页。

谓仆曰：

"汝知今日之危急乎？太后欲于九月天津大阅时弑皇上，将奈之何？吾欲效唐朝张柬之废武后之举，然天子手无寸兵，殊难举事。吾已奏请皇上，召袁世凯入京，欲令其为李多祚也。"

八月初一日（9月16日），仆见谭君（谭嗣同），与商此事，谭云：

"此事甚不可，而康先生必欲为之，且使皇上面谕，我将奈之何！我亦决矣。兄能在此助我，甚善。但不知康欲如何用兄也。"

午后一时，谭又病剧，不能久谈而出。

夜八时，忽传上谕，袁以侍郎候补。康与梁正在晚餐，乃拍案叫绝曰：

"天子真圣明，较我等所献之计尤觉隆重，袁必更喜而图报矣。"

康即起身命仆随至其室，询仆如何办法。仆曰：

"事已至此，无可奈何，但当定计而行耳，然仆终疑袁不可用也。"

康曰："袁极可用，吾已得其允据矣。"

乃于几间取袁所上康书示仆，其书中极谢康之荐引拔擢，并云赴汤蹈火亦所不辞。康谓仆曰：

"汝观袁有如此语，尚不可用乎？"

仆曰："袁可用矣，然先生欲令仆为何事？"

康曰："吾欲令汝往袁幕中为参谋，以监督之何如？"

仆曰："仆一人在袁幕中何用，且袁一人如有异志，非仆一人所能制也。"

康曰："或以百人交汝率之，何如？至袁统兵围颐和园时，汝则率百人奉诏往执西后而废之可也。"

初三日（9月18日），但见康氏兄弟及梁氏等纷纷奔走，意甚忙迫。午膳时钱君告仆曰："康先生欲弑太后，奈何？"

仆曰："兄何知之？"

钱曰："顷梁君（梁启超）谓我云：先生之意，其奏知皇上时，只言废之，且俟往颐和园时，执而杀之可也。未知毕君肯任此事乎？兄何不一探之等语。然则此事显然矣，将奈之何？"

仆曰："我久知之，彼欲使我为成济也，兄且俟之。"

毕永年自有主见。他认为袁世凯与康有为本无关系，此举绝不可恃。

谭嗣同　　　　　　　　杨　锐　　　　　　　　刘光第

于是拒绝了康有为的请求，并致书谭嗣同陈说利害，劝他尽快出走，谭嗣同不听。于是，毕永年径赴日本，在横滨拜谒了孙中山，并参加了兴中会。

光绪二十四年八月十三日（1898 年 9 月 28 日），慈禧下令杀害了杨深秀、杨锐、林旭、谭嗣同、刘光第、康广仁。史称"六君子"。次日，慈禧以光绪帝的名义发布上谕，内称：

> 谕：近因时事多艰，朝廷孜孜图治，力求变法自强。凡所设施，无非为宗社民生之计。朕忧勤宵旰，每切竞竞。乃不意主事康有为，首倡邪说，惑世诬民。而宵小之徒，群相附和，乘变法之际，隐行其乱法之谋。包藏祸心，潜图不轨。前日竟有纠约乱党，谋围颐和园，劫制皇太后，陷害朕躬之事。幸经觉察，立破奸谋。又闻该乱党私立保国会，言保中国不保大清，其悖逆情形，实堪发指。朕恭奉慈闱，力崇孝治。此中外臣民之所共知。康有为学术乖僻，其平日著述，无非离经叛道非圣无法之言。前因讲求实务，令在总理各国事务衙门章京上行走，旋令赴上海办理官报局。乃竟逗留辇下，构煽阴谋。若非仰赖祖宗默佑，洞烛几先，其事何堪设想。
>
> 康有为实为叛逆之首，现已在逃。著各省督抚，一体严密查拿，极刑惩治。举人梁启超，与康有为狼狈为奸。所著文字，语

229

多狂谬，著一并严拿惩办。康有为之弟康广仁及御史杨深秀、军机章京谭嗣同、林旭、杨锐、刘光第等，实系与康有为结党，阴图煽惑。杨锐等每于召见时，欺蒙狂悖，密报匪人，实属同恶相济，罪大恶极。前经将各犯革职拿交刑部讯究。旋有人奏，若稽时日，恐有中变。朕熟思审处，该犯等情节较重，难逃法网，倘语多牵涉，恐致株累。是以未俟复奏，于昨日谕令，将该犯等即行正法。此事为非常之变，附和奸党，均以明正典刑。康有为首创逆谋，罪恶贯盈，谅亦难逃显戮。现在罪案已定，允宜宣示天下，俾众咸知。

我朝以礼教立国，如康有为之大逆不道，人神所共愤，即为覆载所不容。鹰鹯之逐，人有同心。至被其诱惑甘心俯从者，党类尚繁，朝廷亦皆察悉。朕心存宽大，业经明降谕旨，概不深究株连。嗣后大小臣工，务当以康有为为炯戒，力扶名教，共济时艰。所有一切自强新政，胥关国计民生，不特已行者，亟应实力举行。即尚未兴办者，亦当次第推广，于以挽回积习，渐臻上理。朕实有厚望焉。将此通谕知之。①

康广仁

杨深秀

林旭

① 《光绪朝东华录》，第4册，总第4205页。

这个上谕气急败坏地指责康有为谋围颐和园、劫制皇太后的策划，下令追捕康有为。康有为一再否认此事。但究其实际，康有为确实曾谋划围园弑后。同时，下令追捕梁启超。并明确昭示，已将康广仁、杨深秀、谭嗣同、林旭、杨锐、刘光第等六人，明正典刑，即行正法。这里说明了对六位烈士不经审判，立即杀害的所谓原因。这个原因居然是"恐致株累"，好像是为犯罪者考虑的。

这个上谕值得注意的还有两点：

第一，宣布不事株连。上谕言道："朕心存宽大，业经明降谕旨，概不深究株连。嗣后大小臣工，务当以康有为为炯戒，力扶名教，共济时艰。"这个上谕，体现的是慈禧太后的旨意。"概不深究株连"是慈禧太后在处理重大政治事件时的一贯思维。慈禧就事论事，不上挂下连。这是慈禧的政治作风。

第二，保留自强新政。上谕说道："所有一切自强新政，胥关国计民生，不特已行者，亟应实力举行。即尚未兴办者，亦当次第推广，于以挽回积习，渐臻上理。朕实有厚望焉。"

这一点似乎让人难以理解，慈禧居然强调"所有一切自强新政"，"亟应实力举行"。甚至还郑重宣布："即尚未兴办者，亦当次第推广。"从中不难看出，慈禧对百日维新的具体内容有很多是赞同的。她反对的主要是急骤的官制改革，更反对的是"围园劫后"的阴谋。

慈禧太后把刚刚兴起的戊戌维新运动扼杀在摇篮之中。守旧派进行了血腥的反攻倒算，对维新派或降、或关、或流、或杀。"六君子"殷红的鲜血洒在了菜市口粗蛮的硬土上。

笔者要着重说一说戊戌"六君子"中的谭嗣同。戊戌"六君子"是魁杰，是猛士，是智者，是英烈。而谭嗣同则是戊戌"六君子"的代表。

据当事者梁启超的记载，谭嗣同有充足的时间可以脱身。光绪二十四年八月初六日（1898年9月21日），慈禧太后宣布"训政"，昭示慈禧发动的戊戌政变已经获得成功。这是世人全都知晓的。此时，谭嗣同即可迅速脱身。但是，他没有走。之后，初七日、初八日、初九日，连续三天，他仍然有足够的时间脱身。他被捕的前一日，日本志士数辈苦劝其东游日本，谭嗣同不听。再三劝之，谭嗣同朗声说道："各国变法无不从流血而成。今中国未闻有因变法而流血者，此国之所以不昌也。有之，请自嗣同

231

始。"被捕入狱，在监狱墙上题诗："我自横刀向天笑，去留肝胆两昆仑。"遇害时，谭嗣同年仅三十三岁。其慷慨赴死，从容就义，光照日月，辉耀千秋。谭嗣同是为理想而献身的民族精英。他是迷航的灯塔，是暗夜的火把，是黎明的号角，是苍穹的雄鹰。我们中华民族之所以生生不息，就是由于有了这样一批为理想而战的斗士。

尽管这道上谕强调了保留自强新政的必要，但戊戌政变对戊戌变法的打击是致命的。已在实行的或未及实行的变法谕令几乎一风吹散。维新派噤若寒蝉，守旧派弹冠相庆。偌大的中国又重新陷入了黑暗、麻木及愚昧之中，等待老迈而破旧的中国的是更大的历史灾难。自戊戌政变后，慈禧进行了第三次垂帘，直到光绪三十四年（1908）驾崩。

而戊戌政变后，慈禧是怎样一种心态呢？

四　谋废光绪　遭致反对

光绪二十四年四月（1898年5月）以来，北京的谣言极多。其中有很多是说光绪帝身染重病的。初言患淋症，继言患腹泻症，继言患遗精症，继言患咳嗽症。说法很多，不一而足。问他们从哪里听来的消息，几乎都说是从内务府太医院传出来的，而且说得有鼻子有眼儿的。

更有甚者，有的人说光绪帝之所以患病，是因为吃了某人进的红丸。这某人，有的说是张荫桓，有的则说是康有为。对此，当时即有人指出，其目的是"以为他日弑害皇上，及坐康、张等罪名之地也"。[①]

以后，又传谕天下，为光绪帝选名医，治痼疾。光绪二十四年八月初十日（1898年9月25日）慈禧以光绪帝名义发布上谕，谕曰："朕躬自四月以来，屡有不适，调治日久，尚无大效。京外如有精通医理之人，即著内外臣工，切实保荐候旨。其现在外省者，即日驰送来京，勿稍延缓。"[②]

慈禧发布这个上谕，旨在为废黜光绪帝制造舆论，并不是真的要为光绪帝征召名医。

这从她下令搜捕康有为的过程中可看得一清二楚。康有为逃出京师

---

① 梁启超：《戊戌政变记》，第63页。
② 《军机处上谕档》。

后，慈禧下令在全国范围内加紧追捕。慈禧密电给上海道蔡钧，让其严密查拿康有为。蔡钧照会英国驻上海代理总领事白利南，声称他要派人搜查自天津开来的所有英国轮船，以逮捕康有为。白利南仅答应自派两名巡捕上船查缉，拒绝中国派员登轮搜捕。无奈，蔡钧只好提供康有为的照片，以便搜捕。

白利南事先得到李提摩太请求援救康有为的电报，在征得英国政府同意后，于八月九日清晨，派上海工部局职员濮兰德，乘驳船到吴淞口外去截住"重庆"号。他借着照片，很快便找到了康有为。

濮兰德问："君为康某乎？"

康有为不认识这位外国人，姑漫应之曰："然。"

此时英国人把康引入一室，指着照片问道："此君之相乎？"

康有为答："然。"

濮兰德问："君在北京曾杀人否？"

康有为奇怪地笑答："吾安得为杀人事，何问之奇也？"

英国人立即拿出上海道蔡钧抄写的一道上谕，上写："吾（康有为）进红丸弑上，即密拿就地正法。"康有为看过后，失声痛哭。

濮兰德问："汝有进丸弑上事乎？"

康有为答："我受特达之知，赞变新法，天下皆知，愧不能报，安有弑理？"当即把光绪帝给他的密谕书写出来，并哭诉事件的原委。

濮兰德说："我英国人濮兰德也。我领事固知君是忠臣，必无此事。且向知汝之联英恶俄，特令我以兵船救君，可速随我下轮。事不可迟，恐上海道即来搜船。"

康有为随他上了驳船。康有为听说光绪帝可能被弑，又不知英国人是何居心，真是痛不欲生，竟欲蹈海自毁，并留下了绝命诗和遗书。濮兰德见状，安慰他说："上大行尚无确信，

康有为

但传闻耳，可待之。"康有为才稍微稳定下来。

在戊戌维新前后，维新派领袖主张联英日拒帝俄。日本、英国为了在中国培植有利于自己的政治势力，因此，在戊戌政变后对维新派采取了保护和营救的政策。

从以上不难看出，慈禧确实使用了诬陷康有为给光绪帝进红丸的卑鄙手段，以达到一箭双雕的目的。

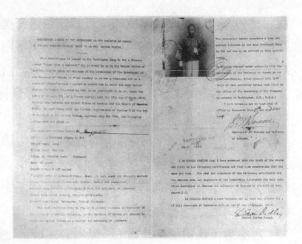

康有为的旅游证件

八月以后，把每天给光绪帝看病的脉案药方予以公布，"传示各衙门"。下边人心汹汹，猜测皇命不保。这时一位商人候选知府经元善，在上海联合海外侨民，公电慈禧，"请保护圣躬"。①

慈禧大怒，下旨命捕拿经元善。但是，慈禧由此谋废光绪帝的劲头却减缓了。

光绪帝病重的谣传很盛的时候，英、法两国出面干涉了。英国大使和法国大使一同来到总署，推荐法国医生给光绪帝看病。总署大臣上奏慈禧，慈禧不准。又奏请，又不准。两国大使挑明地说："荐医者非为治病吃药，缘贵国此番举动离奇，颇骇听闻。各国国家商定验看大皇帝病症，为释群疑。已奉国家之电，不能不看。"

庆亲王奕劻又奏请慈禧，直接说明原委。慈禧不服，对军机大臣不屑地说："皇上有病，外国岂能干预。且外国医生，也不配看皇上病。"

话虽然如此说，但她终不敢得罪外国，只得勉强同意外国医生为光绪帝治病。

外国医生为光绪帝治病的情况，已公布的史料没有准确记载。近年来，关精明曾在中国第一历史档案馆所藏内务府案件中，发现了法国驻京

---

① 恽毓鼎：《崇陵传信录》，《戊戌变法》丛刊，第1册，第477页。

使馆医官给光绪帝诊病的档案。① 这和苏继祖的《清廷戊戌朝变记》里记载的"荐法医"暗合。②

光绪二十四年九月初四日（1898年10月18日），法国驻京使馆医官多德福，在慈禧特派的端郡王载漪、庆亲王奕劻及军机大臣的共同监视下，自带翻译，来到瀛台为光绪帝诊病。多德福先是恭阅了光绪帝亲自交给他的《病源说略》，接着询问了病情。《病源说略》谓："身体虚弱，颇瘦劳累，头面淡白，饮食尚健。消化滞缓，大便微泄色白，内有未能全化之物。呕吐无常，气喘不调，胸间堵闷，气怯时止时作。"

1898 年戊戌变法时的光绪帝

根据自述，光绪帝虽然认为自己有病，但"饮食尚健"，即不是病入膏肓。

多德福为光绪帝听诊、化验，其描述的病情是："肺中气音尚无常现症，而运血较乱，脉息数而无力。头痛，胸间虚火，耳鸣头晕，似脚无根，加以恶寒，而腿膝尤甚。自觉指木，腿亦酸痛。体有作痒处，耳亦微聋，目视之力较减。腰疼。至于生行小水之功，其乱独重。一看小水，其色淡白而少，迨用化学将小水分化，内中尚无蛋青一质。而分量减轻，时常小便，频数而少，一日之内于小便相宜，似乎不足。"

多德福确诊其为"腰败"。"按西医名曰：腰火长症。"因为"腰败"，使人体中排泄的渣滓，"不能合小水而出，血复运渣滓散达四肢百体，日渐增积，以致四肢百体，有如以上所开之乱"。

他认为，"腰败"是光绪帝的百病之源。

---

① 关精明：《外国医生曾为光绪诊病》，载《历史档案》1984 年第 3 期。

② 苏继祖：《清廷戊戌朝变记》，《戊戌变法》丛刊，第 1 册，第 359 页。

他提出的治疗方法是："总宜不令腰过劳累，而能令渣滓合小水同出之。"

其治疗方案是："养身善法，总之莫善于惟日食人乳或牛乳矣，他物均不宜入口。每日约食乳六斤左右，而食牛乳时，应加入辣格多思约一两五钱（此物系化取牛乳之精洁者，译名曰乳糖），如此食乳须数月。若以药而论，则用帅洋地黄末，实属有功，腰疼，干擦可安痛楚。西洋有吸气罐，用之成效亦然。"

多德福自信地认为，如完全照此治疗，可使"小便调和，喘气闷堵可除，以致病身大愈"。对于光绪帝的遗精症，他指出："少腹皮肉既亦虚而无力，不克阻精之妄遗，宜先设法治腰，然后止遗精。"

从关精明所发现的这份医案不难看出，光绪帝确实身患多种疾病，但不是不治之症。通过给光绪帝诊病，英、法等列强得到第一手资料，即一是光绪帝还健在；二是光绪帝虽然体弱多病，但患的不是绝症。因此，慈禧欲因光绪帝患病而废黜他的阴谋，便受到外国的干涉。光绪帝没有被废黜，同列强的出面直接干预是紧密相关的。

慈禧虽然独揽皇权，但在列强的干预面前，在对待光绪帝的去留问题上，她颇多踌躇，还不敢一意孤行。但是，慈禧想出了一个办法，即策立大阿哥，以继光绪帝位。

五　策立阿哥　再度失败

慈禧太后恨透了光绪帝，处心积虑地想要废黜他。为此，慈禧太后大造光绪帝患病的舆论，想在适当时机废掉光绪帝。但是，慈禧太后的阴谋受到了西方列强的阻挠，也遭到封疆大吏的反对。无法，慈禧太后只得设立了一个大阿哥（皇长子），以待时机成熟，接替光绪帝。但最后，慈禧太后又不得不废掉大阿哥。

对于慈禧想要废黜光绪帝的做法，了解中外大事的军机大臣荣禄并不赞同。

然而，劝说慈禧谈何易事，荣禄为此内心极为焦躁。适逢大学士李鸿章奉谕旨任两广总督。在上任前，他向荣禄辞行，见荣禄面带忧色，问道："为什么事，使你这么忧虑？"

荣禄忧心忡忡地答道："南海虽边远，实一大都会。得君往，朝廷无南顾之忧。君行将高举远引，跳出是非圈外，福诚无量。而我受恩至渥，责备亦最严。近数日来，求生不能，求死不得，将何以教我？"

接着，荣禄把慈禧欲废黜光绪帝的谋划和盘托出。李鸿章还没听完，便急切地高声说道："这是何等事，岂可现在施行？试问君有几许头颅，敢于尝试此事？若果举行，危险万状。各国驻京使臣，首先抗议。各省疆臣，更有仗义声讨者。无端动天下之兵，为害曷可胜言。东朝（慈禧太后）圣明，更事最久，母子天伦，岂无转圜之望。是在君造膝之际，委曲密陈，成败利钝，言尽于此。"

荣禄闻听此言，怅然若失，感到非同小可。恰在此时，承恩公崇绮、大学士徐桐、尚书启秀等亦谋废立，"咸思邀定策功"，都在谋划拥立新皇帝，如果宝押准了，将来富贵无比。

荣禄有鉴于此，请求慈禧太后单独召见。

荣禄问："传闻将有废立事，是真的吗？"

慈禧答："无有也，事果可行乎？"'

荣禄说："太后行之，谁敢谓其不可者？顾上（光绪帝）罪不明，外国公使将起而干涉。此不可不慎也。"

慈禧谓："事且露，奈何？"

荣禄说："无妨也。上春秋已盛，无皇子。不如择宗室近支子，建为大阿哥，为上嗣。兼祧穆宗，育之宫中，徐篡大统，则此举为有名矣。"

慈禧沉吟良久，答道："你说得对。"

在此之前，荣禄事先探听了外人及疆臣的意见。很明显，外人反对。电询刘坤一，刘复电称："君臣之分已定，中外之口宜防。扶危定倾，责在公等。"意思是说，光绪帝的地位已经被中外承认了，不应该随意更换。这就是说，国内边疆大吏也明确表示反对废黜光绪帝。

废立之事遂不成。于是，荣禄提出为光绪帝建储，策立大阿哥。阿哥，在清代宫廷一般指皇子。大阿哥是指皇长子，即有继承皇位权的皇子。

慈禧经反复考虑，选中了端郡王载漪之子溥儁为大阿哥。慈禧为什么选中了溥儁为大阿哥呢？这跟溥儁的血统有着密切的关系。

首先，从父系看，溥儁是爱新觉罗血统。溥儁的玄祖父是嘉庆帝，溥

237

李鸿章

傀是嘉庆帝的玄孙。溥傀的曾祖父是嘉庆帝的第三子惇亲王绵恺。绵恺无子，以道光帝第五子奕誴为绵恺后，袭郡王，后进亲王。奕誴有五子，其第二子载漪是溥傀的父亲。载漪又过继给嘉庆帝第四子瑞亲王绵忻之子奕誌（原名奕约）为后，袭贝勒。后授为御前大臣，进端郡王。本来应称瑞郡王，因述旨有误，错瑞为端，于是将错就错，称端郡王。

其次，从母系看，溥傀有叶赫那拉氏血统。《清史稿绵忻传》："载漪福晋，承恩公桂祥女，太后侄也。"[1] 这就是说，溥傀的母亲是慈禧太后的侄女，溥傀就是慈禧太后侄外孙。

十五岁的溥傀，既有爱新觉罗血统，又有叶赫那拉氏血统，这就具有了先天的自然条件。

其实，慈禧原来很厌恶载漪。但其父惇亲王奕誴在辛酉政变中"有隐德于太后"，且载漪兄弟在戊戌政变中又"告密于太后"，故"太后尤德之，使掌虎神营"。同时，载漪的福晋聪明伶俐，"雅善词令"，且颇能迎合慈禧的意旨，"日侍左右"，很得慈禧的好感。

慈禧决定立溥傀为大阿哥，便召近支王公贝勒、御前大臣等，并命军机大臣按己意拟好上谕。慈禧在慈宁宫，召光绪帝入，以上谕示之，盛气凌人地问道："我想给同治帝立一个大阿哥，不知皇上意下如何？"

光绪帝畏缩地磕着头说："给同治帝立一个大阿哥，这是孩儿我多年的愿望。"

慈禧紧追不舍："皇上既然认为好，那就把这个上谕抄录发下吧。"

说罢，慈禧命内侍捧来朱笔，让光绪帝照录一通。第二天，便发下此上谕："曾奉皇太后懿旨，俟朕生有皇子，即承继穆宗毅皇帝为嗣。统系

---

① 《清史稿》，第30册，第9101页。

所关，至为重大。忧思及此，无地自容。诸病何能望愈？用再叩恳圣慈，就近于宗室中慎简贤良，为穆宗毅皇帝立嗣，以为将来大统之界。再四恳求，始蒙俯允。以多罗端郡王载漪之子溥儁继承穆宗毅皇帝（同治帝）为子。钦承懿旨，欣幸莫名。谨敬仰遵慈训，封载漪之子溥儁为皇子。将此通谕知之。"①

大阿哥溥儁

时间是光绪二十五年十二月二十四日（1900 年 1 月 24 日）。《清史稿》记道："二十四年，太后复训政。二十五年正月，赐载漪之子溥儁头品顶戴。十二月，上（光绪帝）承太后命，溥儁入为穆宗（同治帝）后，号大阿哥，命在弘德殿读书。"从此，溥儁被尊为大阿哥。

既然溥儁被立为同治帝的皇子，那么，与其同辈的光绪帝便成为多余的了。光绪帝处于岌岌可危的随时可能被废黜的地位。

然而，大阿哥溥儁"不乐读书"，常与太监打水漂玩儿。他曾跟随慈禧西狩至西安，表现得胸无大志，慈禧很失望。

当时怀来县知县吴永因迎驾有功，很得慈禧赏识。吴永被派往湖北，采办粮台，拜见了湖广总督张之洞。张之洞忽然对他谈起了大阿哥："此次祸端（指义和团事），实皆由彼（大阿哥）而起，酿成如此大变，而现在尚留处储宫，何以平天下之人心？且祸根不除，尤恐宵小生心，酿成意外事故。彼一日在内，则中外耳目，皆感不安，于将来和议，必增无数障碍。此时亟宜发遣出宫为要着。"②

他让吴永将此话面奏慈禧。吴永答应"冒死言之"。吴永回到陪都西安后，觉得此事关系重大，便面见首席军机大臣荣禄，问将此事上奏慈禧

① 《光绪朝东华录》，第 4 册，总第 4465 页。
② 吴永：《庚子西狩丛谈》，岳麓书社 1985 年版，第 80 页。

张之洞

是否适宜。荣禄经慎重考虑，答复"也可以说得"。吴永于是决意陈奏。

一日召见奏对毕，吴永见慈禧神气和悦，便乘机斗胆奏道：

"臣此次自两湖来，据闻外间舆论，似对于大阿哥，有一些说法。"

慈禧面色严肃起来，警觉地问道：

"外间说什么，和他们有什么关系？"

吴永见事已至此，只得硬着头皮边磕头边奏道：

"大阿哥随侍皇太后左右，当然无关涉于政治，但众意以为此次之事，总由大阿哥而起。现尚居留宫中，中外人民，颇多疑揣，即交涉上亦恐多增障碍。如能遣出宫外居住，则东西各强国，皆称颂圣明，和约必易就范。臣在湖北时，张之洞亦如此说，命臣奏明皇太后、皇上；并言此中曲折，圣必已洞烛，不必多陈；第恐事多遗忘，但一奏明提及，皇太后定有区处。"

慈禧反应极快，稍作凝思，便答道：

"这件事，你不要对外人说了。到回京路过汴梁（开封），我自有办法。"

在回銮途中的开封，于光绪二十七年（1901）十月二十日发布上谕："奉懿旨，溥儁著撤去大阿哥名号，立即出宫，加恩赏给入八分公衔俸，毋庸当差。"[1]

自此，溥儁被削去大阿哥名号，赏给俸禄，降为凡人。

这是慈禧在心中早已谋划好了的。

溥儁性甚顽劣，太监根本不把他当回事。"众皆狎玩而厌恶之。"他出宫时，"宫监等均在旁拍手，以为快事也"。溥儁回到北京后住在什刹海附近的蒙古罗王府，常到后门一带茶坊喝茶饮酒，过着平常人的日子，后来

---

① 吴永：《庚子西狩丛谈》，岳麓书社1985年版，第121页。

就不知跑到哪里去了。

策立溥儁为大阿哥是慈禧决策上的一个重大失误。她的本意是以大阿哥来代替光绪帝，以便更加牢固地掌握住至高无上的皇权。但溥儁不争气，引来了列强的干涉和疆臣的谏止。在此情形下，慈禧不得不作出新的决策，决定废黜溥儁。

以上是后话先说。

第十四章　错误决策　被迫西狩

一　慈禧擅权　错误决策

慈禧太后利用义和团打击列强，不顾敌我力量的悬殊，孤注一掷地向列强宣战，并愚蠢地下令向列强的使馆进攻，最终遭致失败。这期间，光绪帝突然一反常态，严肃地发表自己的看法，极力阻止慈禧太后一意孤行。但慈禧太后听不进去任何有益的建议，而走向了错误的道路。

慈禧仇视洋人由来已久。

甲午战争的失败，对慈禧震动很大。戊戌政变后，她想废黜光绪帝，遭到列强驻京公使的干预，慈禧"不悦"。慈禧下令搜捕康有为，康有为在英国人的庇护下隐藏在英国管辖下的香港。慈禧悬赏十万金欲购康之首级，英兵防卫森严，杀手们无从下手。慈禧闻听此种情况，对英国恨之已极，咬牙切齿地发誓道："此仇必报！"当时她正在用餐，顺手把美丽的玉壶摔得粉碎，且挥舞着拳头高声说："我发誓！"

康有为逝世前两日摄于青岛

光绪皇帝

册立溥儁为大阿哥也遭到各国公使的抵制。载漪为使册立大阿哥得到列国的支持，便派人遍邀各国公使参加册封仪式，但公使们无一赴约。慈禧也约请各国公使夫人赴宴，趁玩得高兴的时候，提出了欲立溥儁为大阿哥的想法。但公使及公使夫人对此不表赞同，且"有违言"，提出不同的看法。这使太后及载漪很尴尬，十分恼怒，"日夜谋所以报"，天天谋划报仇的方法。

恰在此时，义和团运动的烈火由山东燃向了京畿一带。义和团，又名义和拳，起源很早。有人认为在康熙年间即已出现。义和团是大刀会、神拳、梅花拳、义和拳等组织的混合体。义、和二字是"取朋友以义合之义"。① 吴桥县令劳乃宣说义和团即义和拳，系白莲教中八卦教离卦的分支。他写了《义和拳教门源流考》一文，认为义和拳"实系邪教，并非义民"。② 但是，当时也有人认为义和团不是邪教，如给事中胡孚辰即说："凡两省官吏来京，多谓为邪教支流，必须剿办，而两省绅士则谓系良民自卫身家，并非谋乱。"③ 其实，义和拳在初起时，既是反清复明的秘密组织，又是自卫身家的民间结社。直到咸丰、同治年间，义和拳仍然自发地散在乡间，练拳习武，比试拳脚。随着时间的流逝，其反清复明的宗旨愈益减弱，而自卫身家的作用反而增强。

但它与庚子年间的义和团有明显的不同。19 世纪末叶，列强对中国的侵略有增无减，伴随着政治、军事、经济的侵略，在文化方面，外国教会的势力在华也迅速扩展。这就给外国教会比较多的山东、直隶等省的人民以很大的威胁。山东巡抚毓贤奏称："东省教、民不和由来已久，从前平民贱视教民。迨后彼强我弱，教民日见嚣张，横行乡里，鱼肉良民，断无虐待教民之事。"④ 农民把对列强的不满集中地发泄在外国教堂、教民及洋人身上，这就形成了爱国的反洋教斗争。义和拳先后打出"助清灭洋""保清灭洋""兴清灭洋""顺清灭洋""扶清灭洋"的旗帜，说明它把斗争的矛头直指洋人。

这正对了仇视洋人的慈禧的心思。法国作家、法兰西学院院士佩雷菲

---

① 刘以桐：《民教相仇都门闻见录》，《义和团》丛刊，第 2 册，第 183 页。

② 劳乃宣：《义和拳教门源流考》，《义和团》丛刊，第 4 册，第 439 页。

③ 《义和团档案史料》，上册，第 83 页。

④ 《义和团》丛刊，第 4 册，第 4 页。

特的《停滞的帝国——两个世界的撞击》中说："为了挽救王朝，慈禧利用了仇外情绪。"① 于是，慈禧改变了对义和团的策略。

义和团初起山东时，慈禧太后是主剿的。因为当时的义和团还处于自发的初期阶段，力量不大，没有形成强大的势头，因此，慈禧太后没有注意到它。为了镇压义和团，她连续撤换了三任主抚的山东巡抚李秉衡、张汝梅和毓贤。最后任命袁世凯为山东巡抚，袁世凯用他的新建陆军镇压了义和团。

慈禧太后曾于光绪二十五年十月二十六日（1899 年 11 月 28 日）颁布上谕，谕曰："谕军机大臣等：近闻山东地方，有大刀会、红拳会各种名目，多系不逞之徒，借闹教为名，结党横行，欺压良善。地方文武弹压缉捕，俱不得力。巡抚毓贤，又固执成见，以为与教民为难者，即系良民，不免意存偏袒。似此因循日久，必致滋生事端。该抚身任封圻，遇事总须持平办理，消患未萌。"②

这道上谕，严厉地申斥了山东巡抚毓贤，又明确地点明了红拳会等"多系不逞之徒"，应着力进行"弹压缉捕"，以便"消患未萌"。但终因毓贤镇压不力，所以只过了八天，即于十一月四日便将毓贤调走，由袁世凯代替了他。山东义和团被袁世凯血腥镇压下去了。

然而，当义和团在直隶地区出现后，慈禧太后的主剿态度发生了微妙的变化。这一变化的显著标志，是她在光绪二十六年五月初十日（1900 年 6 月 6 日）所发的上谕。谕称："谕内阁：西人传教，历有年所。该教士无非劝人为善，而教民等亦从无恃教滋事，故尔民教均克相安，各行其道。近来各省教堂林立，教民繁多，遂有不逞之徒，溷迹其间，教士亦难遍查其优劣。而该匪徒借入教为名，欺压平民，武断乡里，谅亦非教士所愿。至义和拳会，在嘉庆年，亦曾例禁。近因其练艺保身，守护乡里，并未滋生事端，是以屡降谕旨，饬令各地方官，妥为弹压。无论其会不会，但论其匪不匪。如有借端滋事，即应严拿惩办。是教民、拳民，均为国家赤子，朝廷一视同仁，不分教、会。"③

① ［法］佩雷菲特：《停滞的帝国——两个世界的撞击》，三联书店 1993 年版，第 606 页。

② 《义和团》丛刊，第 4 册，第 8 页。

③ 《义和团》丛刊，第 4 册，第 16 页。

这里的"无论其会不会，但论其匪不匪"，意在指明要区分开会与匪，不能把会都视为匪，不能把拳民都视为土匪。而且一再申明"教民、拳民，均为国家赤子"。由"不逞之徒"变为"国家赤子"，这是慈禧太后对义和团的看法在策略上的一个重大变化。

慈禧太后的这一变化，英国驻华公使窦纳乐爵士看得很清楚。他在1900年6月7日致英国外交大臣索尔兹伯理侯爵的电文里说："上述上谕也许表明，朝廷中存在的互相冲突的意见之间的一个妥协。总的语气是令人极不满意的，尽管效果可能是良好的，如果真正采取严厉措施的话。总的宽大语气，没有提及传教士被杀害的事。以及拿基督教徒的错误行为，替义和拳的行动辩护，所有这些都是该上谕中的危险因素。"[1]

第二天，他又发一电，内称："我上一份电报中所报告的那道上谕，已经产生很坏的效果。对拳民操练不加禁止。他们现在在满洲贵族的住宅和庙场中公开进行操练。"[2]

这位聪明的英国爵士从这道上谕的字里行间敏感地发现了慈禧太后对义和团态度的转变，即由主剿变为主抚。

慈禧太后欲利用义和团来打击洋人。

慈禧欲用拳民对付洋人，但对拳民尚没摸底。因此，她于光绪二十六年五月初九日（1900年6月5日），派刑部尚书赵舒翘到京畿一带，名为宣布上谕，实则暗查拳民。五月初十日，又派大学士刚毅赴保定，察看拳民。赵舒翘"见其皆市井无赖，乞丐穷民，殊不足用"，认为不可利用。回京途中，赵、刚相遇，议论面见慈禧如何奏报。经研究，他们决定说假话，以讨慈禧欢心。面见慈禧时，他们猜测慈禧的意图，没有报告实情，而是振振有词地说："义民没有别的意图，可以作为依靠的力量。"这样回答，正合慈禧的心意。慈禧得到了他们的支持，便决定孤注一掷。

慈禧决意向洋人宣战。为此，她召开了四次御前会议。

第一次御前会议是五月二十日午刻召开的。是日，慈禧及光绪帝在仪銮殿召见王公大臣六部九卿，约百余人。室中跪满，后至者跪于槛外。恽

---

① 《英国蓝皮书有关义和团运动资料选译》，中华书局1980年版，第30页。
② 《英国蓝皮书有关义和团运动资料选译》，中华书局1980年版，第30页。

毓鼎亦在其中。因此，他在《崇陵传信录》中的记载应是可信的。据载，光绪帝一反往日默不作声的惯例，首先发话。他"诘责诸臣，不能弹压乱民，色甚厉"。侍读学士刘永亨膝行而前，斗胆奏道："臣顷见董福祥，欲请上旨，令其驱逐乱民。"话没说完，端王载漪指点着厉声高叫道："好！此即失人心第一法！"刘永亨吓了一跳，不敢再吱声。慈禧默默地观察着，先不表态。太常寺卿袁昶在槛外高声呼叫道："臣袁昶有话上奏！"光绪帝命其进殿，袁昶忧心忡忡地说道："衅不可开。纵容乱民，祸至不可收拾。他日内讧外患，相随而至，国何以堪？"接着又说，"拳实乱民，万不可恃。就令有邪术，自古及今，断无仗此成事者。"慷慨唏嘘，声震殿瓦。慈禧太后恶狠狠地瞪着他，质问道："法术不足恃，岂人心亦不足恃乎？今日中国积弱已极，所仗者人心耳，若并人心而失之，何以立国？"说罢面向众臣，提高腔调道："今京城扰乱，洋人有调兵之说，将何以处之？尔等有何见识？各摅所见，从速奏来。"

应该如何对待义和团，群臣纷纷奏对，说法不一。有说应该剿杀的，有说应该招抚的，有说应该速止洋兵的，有说应该调兵保护的。众说纷纭，莫衷一是。

侍读学士朱祖谋冒死直问太后："皇太后信乱民敌西洋，不知欲倚何人为此大事？"慈禧气愤地答道："我依靠董福祥。"朱祖谋急切地应道："董福祥第一不可靠。"竟敢如此顶撞，慈禧当即大怒，变了声调地问道："你叫什么名字？"朱祖谋答："臣为翰林院侍读学士朱祖谋。"碰着这样不怕死的家伙，慈禧也无可奈何。

此时，太常寺少卿张亨嘉不顾一切地朗声说道："拳民不可靠。"话音未落，仓场侍郎长萃打断他的话，声嘶力竭地喊道："此义民也！臣自通州来，通州无义民不保矣！"端王载漪、载濂及户部侍郎溥良随声附和，极表赞同，并高叫道："人心不可失！"

自慈禧训政后，虽两宫同坐殿上，一般情况下，光绪帝只是陪坐，形同木偶，一言不发。这场御前辩论，光绪帝只是开头表明态度，然后便静坐观听。虽表面冷峻，内心则斗争激烈，心潮激荡，难以平静。关乎国家的前途命运，他不能再缄默了。光绪帝扫视环跪着的殿内外的大臣，语气沉重地说道："人心何足恃，只益乱耳。今人喜言兵，然自朝鲜之役，创巨痛深，效亦可睹矣。况诸国之强，十倍于日本，合而谋我，何以御之？"

光绪皇帝

光绪帝读书甚多，熟知外部世界，深知西方列强经济力与军事力之合甚为强大。如外交问题处理不当，"合而谋我"，后果不堪设想。

颟顸无知且刚愎自负的端王载漪眨了眨鼠眼，轻蔑地说："董福祥剿叛回有功，以御夷，当无敌。"能说出这种话，表明载漪的无知已达到惊人的程度。

光绪帝感到他面对的大臣多数是载漪这类无知且狂傲之辈，不由得油然而生一种无以名状的酸楚。他为国家的前途无限忧虑。他目光锐利地射向载漪，断然驳道："福祥骄难用。敌器利而兵精，非回（回族之兵）之比。"

侍讲学士朱祖谋赞同光绪帝的观点，说："福祥的军队不值得信任。"

载漪依势压人，嘴里不干不净地反驳，明驳朱祖谋，暗刺光绪帝。

该说的都说了，以目前的处境，光绪帝感到不便发作，只得"默然"。

后来廷臣退出，而守旧大臣载漪、刚毅便联合奏道："义民可恃，其术甚神，可以报仇雪耻。"载濂也上书道："时不可失，敢阻挠者请斩之。"听到他们怪论的大臣都十分痛心，但是畏惧太后，不敢申明自己的主张。

第一次御前会议辩论十分激烈，但是只是摆出了问题，并没有得到解决。

第二次御前会议是五月二十一日申刻召开的。慈禧为主，光绪帝作陪，召见大学士、六部、九卿于仪銮殿。

慈禧先假惺惺地说道："皇帝意在和，不欲用兵，余心乱矣。今日廷论，可尽为上言。"意思是说，今天的殿前辩论，由皇帝主持。

光绪帝想听听总理大臣、兵部尚书徐用仪的意见。徐用仪奏辩声音细微，不易辨认。光绪帝发了脾气，厉声拍案道："汝如此搪塞，便可了事耶？"

徐用仪这才放开声音，一板一眼地说："用兵非中国之利，且衅不可自我开。"

光绪帝听着顺耳，便心平气和地说："战非不可言，顾中国积衰，兵又不足恃，用乱民以求一逞，宁有幸乎？"

侍读学士刘永亨赞同地说："乱民当早除，不然，祸不测。"

载漪一看形势不妙，意见居然一边倒。他实在不能容忍，便抬出大道理，以图压服对方。他冠冕堂皇地说："义民起田间，出万死不顾一生，以赴国家之难，今以为乱欲诛之，人心一解，国谁与图存？"

光绪帝听到载漪貌似有理的奇谈怪论，十分厌恶，便揭露道："乱民皆乌合，能以血肉相搏耶？且人心徒空言耳，奈何以民命为儿戏？"

到此，这场辩论的趋势很明显是有利于光绪帝及维新派的。这使坐在一旁仔细审听的慈禧太后感到意外。她没有想到能说会道的载漪会"辩穷"。慈禧想给载漪增加一位辩手，于是想到了户部尚书立山。因为立山"以心计侍中用事，得太后欢"。太后就故意询问立山，欲取得立山的声援。不料，立山预感到事关重大，不能随意乱说，只能据实道来："拳民虽无他，然其术多不效。"

载漪一听，是可忍，孰不可忍，变色道："用其心耳，何论术乎！立山敢廷争，是且与夷通，试遣山退夷兵，夷必听。"

立山也不示弱，顶撞道："首言战者载漪也，漪当行。臣不习夷情，且非其职。"

两人相持不下，慈禧"两解之"。

看着时机已届成熟，慈禧亮出底牌道："顷得洋人照会四条：一、指明一地，令中国皇帝居住。二、代收各省钱粮。三、代掌天下兵权……今日衅开自彼，国亡在目前，若竟敢手让之，我死无面目见列圣。等亡也，一战而亡，不犹愈乎？"这是说，洋人的照会共四条，第一条，是洋人要软禁光绪帝。第二条，是洋人要霸占全国的税收。第三条，是洋人要掌握全国的兵权。第四条，暂时没说，实际是要让慈禧太后让出权力。

这是一个亡国灭种的照会，当然遭到群臣的反对，于是群臣纷纷磕头说："臣等愿效死力。"慈禧见此情景，又预留地步地高声说道："今日之事，诸大臣均闻之矣。我为江山社稷，不得已而宣战，顾事未可知。有如战之后，江山社稷仍不保，诸公今日皆在此，当知我苦心，勿归咎予一人，谓皇太后送祖宗三百年天下。"群臣又磕头说道："臣等同心报国。"[①]

就这样，群臣屈服于慈禧的淫威，通过了向洋人宣战一事。

退下殿来，有人问荣禄，照会四条，为何宣布三条？荣禄答道，另一条是勒令皇太后归政，"太后讳言之"。众臣大悟。但照会是从哪个渠道交来的，人们仍心存疑虑。问总理衙门，总理衙门不知此事。问北洋督臣裕

① 《崇陵传信录》，《义和团》丛刊，第 1 册，第 49 页。

禄，答复无此事。后来才知道是江苏粮道罗嘉杰得到的消息，密告荣禄，荣禄密报慈禧。慈禧极为愤恨，决意开战。其实，后来证实，这个照会是假造的。不过，虽然是假照会，当时却起到了作用。

第三次御前会议是五月二十二日召开的。慈禧与光绪帝都在座。端王载漪可笑地提出进攻驻京外国使馆，太后竟然可笑地予以同意。内阁学士联元颇识宇情，坚决反驳道："不可。倘使臣不保，洋兵他日入城，鸡犬皆尽矣！"无知的载漪大怒道："联元贰于夷，杀联元，夷兵自退。"慈禧大怒，命左右推出立即斩首。庄亲王载勋出面解救方止。

其实，慈禧的心腹权臣荣禄，权衡利弊，不同意同列强宣战，力主保护使馆。在这次会议上，慈禧在训谕中，也指责了荣禄，说他"谬执成见"。

慈禧议论罢，头偏向光绪帝，得意地问道："皇上圣意如何？"光绪帝几经折磨，处境艰难，此时"圣（光绪帝）颜悲戚，默然颇久"，似乎想说又不敢说，后来勉强说道："应请太后允从荣禄所请，使馆不可攻，洋人亦应送津。唯是否有当，出于太后圣裁，非朕所敢做主者也。"本想一言不发的光绪帝，沉吟良久，终于从社稷出发，委婉地道出了慈禧不爱听的心里话。光绪帝建议，不能进攻使馆，使馆里的洋人应该安全地护送到天津，使他们脱离险地。

这时，吏部左侍郎许景澄、太常寺卿袁昶，都以反潮流的精神，冒死直陈，恳求太后不可向各国宣战。陈明因寡不敌众，外洋之势强，万难敌御。如与各国轻易开衅，宗社难保。他们以总理大臣的名义保证，"各使咨请归政一事，臣等保其必无"。光绪帝对他们忠贞的表现甚为感动，"执手泣涕"。①

第四次御前会议是五月二十四日未刻在仪銮殿召开的。慈禧太后决定宣战，命总理大臣许景澄等往告各国使臣，限二十四小时内出京，派兵护行。这无疑是有意刁难。光绪帝仍然不愿意轻易开衅，死死拉住许景澄的手说："你先不要去，再好好商量商量。"慈禧怒视光绪帝，恶狠狠地厉声叫道："皇帝放手，不要误事。"

慈禧处于非正常的热狂状态，完全一意孤行。

---

① 《景善日记》，《义和团》丛刊，第1册，第68页。

五月二十四日，慈禧太后下令进攻东交民巷的外国使馆。围攻使馆的是清军和义和团。清军是董福祥统率的甘军，进攻使馆区西北两面；荣禄指挥的武卫中军，进攻使馆区东南两面。义和团主要配合甘军作战。英国公使窦纳乐记道："下午四时整，清军从北面和东面开火，主要是对着奥地利和意大利的工事的。于是，开始了中国政府军队对北京各国使馆的有组织的进攻。"[①]

进攻使馆的清军及团民，战况不佳，据载："二十四日，遂令董福祥及武卫中军围攻（东）交民巷。荣禄自持檄督之，欲尽杀诸使臣。炮声日夜不绝，屋瓦自腾，城中皆哭。拳匪助之，巫步披发，升屋而号者数万人，声动天地。夷兵裁（才）四百，四面为营垒，穿地道，令教民分守之。人自为必死，皆奋。围攻五十余日，昼夜番战，苦相持。董军及武卫中军，死者无虑四千人，拳匪亦劣（多）有伤亡，皆引退。"[②]

使馆之所以久攻不下，同荣禄的暗中回护是分不开的。据当事人恽毓鼎记道："使馆皆在东交民巷，南迫城墙，北临长安街。武卫军、甘军环攻之，竟不能克。或云荣相实左右之。隆隆者，皆空炮。且阴致粟米瓜果，为他日议和地也。"[③]

董福祥

直到七月二十日，进攻了五十多天，八国联军攻入北京，清军进攻使馆才停止。

主权国家居然进攻驻在本国的外国使馆，这是不谙国际事务、不懂外交律令的愚蠢行为。慈禧太后是始作俑者。军机大臣荣禄较为冷静，他不赞成利用拳民，不赞成围攻使馆，不赞成对外宣战。因此，

① 《英国蓝皮书有关义和团运动资料选译》，第 262 页。
② 李希圣：《庚子国变记》，《义和团》丛刊，第 1 册，第 16 页。
③ 恽毓鼎：《崇陵传信录》，《义和团》丛刊，第 1 册，第 50 页。

光绪皇帝

当他统率的武卫中军进攻使馆时，他就采取了明攻暗保的做法。这为以后的和谈奠定了初步基础。

慈禧太后不听劝阻，一意孤行，竟然在敌强我弱、力量相差悬殊的情况下，不顾一切地向列强宣战。光绪二十六年（1900）五月二十五日，慈禧太后正式向十一国宣战，宣战诏书曰："我朝二百数十年，深仁厚泽。凡远人来中国者，列祖列宗，罔不待以怀柔。迨道光、咸丰年间，俯准彼等互市，并乞在我国传教。朝廷以劝人为善，勉允所请，初亦就我范围，遵我约束。讵三十年来，恃我国仁厚，一意拊循，乃益肆嚣张，欺凌我国家，侵占我土地，蹂躏我民人，勒索我财物。朝廷稍加迁就，彼等负其凶横，日甚一日，无所不至。小则欺压平民，大则侮慢神圣。我国赤子，仇怒郁结，人人欲得而甘心。此义勇焚烧教堂、屠杀教民所由来也。朝廷仍不肯开衅，如前保护者，恐伤吾人民耳。故一再降旨申禁，保卫使馆，加恤教民。故前日有拳民教民皆吾赤子之谕，原为民教解释夙嫌，朝廷柔服远人，至矣尽矣！乃彼等不知感激，反肆要挟，昨日公然有杜士兰照会，令我退出大沽口炮台，归彼看管，否则以力袭取。危词恫吓，意在肆其披猖，震动畿辅。平日交邻之道，我未尝失礼于彼，彼自称教化之国，乃无礼横行，专恃兵坚器利，自取决裂如此乎？朕临御将三十年，待百姓如子孙，百姓亦待朕如天帝。况慈圣中兴宇宙，恩德所被，浃髓沦肌，祖宗凭依，神祇感格。人人忠愤，旷代所无。朕今涕泣以告先庙，慷慨以誓师徒。与其苟且图存，贻羞万古，孰若大张挞伐，一决雌雄。连日召见大小

八国联军在天津登陆

251

臣工，询谋金同。近畿及山东等省义兵，同日不期而集者，不下数十万人，下至五尺童子，亦能执干戈以卫社稷。彼仗诈谋，我恃天理；彼凭悍力，我恃人心。无论我国忠信甲胄，礼义干橹，人人敢死；即土地广有二十余省，人民多至四百余兆，何难剪彼凶焰，张我国威。其有同仇敌忾，陷阵冲锋，抑或尚义捐赀，助益饷项，朝廷不惜破格懋赏，奖励忠勋。苟其自外生成，临阵退缩，甘心从逆，竟作汉奸，朕即刻严诛，决无宽贷。尔普天臣庶，其各怀忠义之心，共泄神人之愤。朕实有厚望焉！钦此。"①

这个宣战诏书，是军机章京连文冲起草的。这里痛斥了法国领事杜士兰索要大沽炮台的强盗行径。但是，慈禧太后错误地高估了拳民，错误地低看了列强，错误地分析了形势，因而错误地进行了宣战。这个诏书有几句话十分可笑。例如"彼凭悍力，我恃人心"，例如"无论我国忠信甲胄，礼义干橹，人人敢死"。不问双方的实力，只凭己方的"忠信""礼义"，就可以打败对方吗？慈禧在痴人说梦，异想天开。

二　慈禧西狩　光绪被挟

光绪二十六年七月二十一日（1900 年 8 月 15 日），八国联军占领北京。慈禧太后仓皇逃走。在逃走的前一天，她下令处死了珍妃。慈禧太后裹挟着光绪帝西逃。此时的光绪帝已经知道珍妃遇难的消息，痛不欲生。慈禧太后在西狩一年半后，重又回到了北京。

光绪二十六年（1900）七月二十一日，天尚未明，心力交瘁的慈禧太后如坐针毡，一夜没睡。载澜神色慌张地驰入宫内，急切地向慈禧奏道："夷兵要攻东华门了！"

慈禧知道事情极为紧迫，慌忙穿上宫装，欲投水自尽。载澜紧忙拉住她的衣服，急切地劝说道："不如且避之，徐为后计。"

慈禧一听，也有道理，便就坡下驴。她急忙换上一身青衣，打扮成逃难的老妇模样，悲切地边哭边走，头尚未梳。

① 《义和团档案史料》，上册，第 162 页。按此上谕《清德宗实录》《光绪朝东华录》《清季外交史料》均未载。

慈禧忙乱中紧盯着光绪帝。她要光绪帝跟着她一起走。光绪帝仅穿黑纱长衫及黑布战裙，其余行李铺盖一律未及携带。

光绪帝神情黯然，面色悲戚，痛不欲生，形同木偶。光绪帝已经听到太监传给他的消息，即昨天午后慈

1900 年战后的北京城

禧下令处死了打入冷宫三年的他的爱妃珍妃。光绪帝此刻正处在极端痛苦之中。

多年来，史书记载，珍妃是在慈禧逃走的早晨被处死的。近年金易、沈义羚著《宫女谈往录》一书，通过老宫女之口，揭示了珍妃被处死的真相。

光绪（中）和大臣在一起

老宫女当年是慈禧太后的贴身侍女，随侍太后多年，对宫廷内情十分熟谙。慈禧将老宫女指配给剃头匠刘太监。刘太监是太监二总管崔玉贵的徒弟。而崔玉贵恰恰是执行太后旨命，将珍妃推下井的人。辛亥革命后，太监出宫了，崔玉贵才将这段公案告诉他的徒弟刘太监，刘太监又告诉了他的妻子老宫女。

原来，七月二十日中午，即在逃走的前一天，慈禧吩咐崔玉贵，在未正（十四时）时刻召见珍妃，让她在颐和轩候驾。

为避嫌，崔玉贵找到颐和轩管事太监王德环共同传旨。珍妃被软禁在景祺阁北头的一个单独的小院，名东北三所。珍妃被关在北房三间最西边的屋子。屋门由外侧锁着，窗户有一扇是活的，吃饭、洗脸都是由下人从窗户递进去，同下人不许接谈。吃的是普通下人的饭，一天两次倒马桶，由太后派遣的两个老太监轮流监视。

他们传旨完毕后，珍妃就跟他们来了。

到了颐和轩，一看一个侍女也没有，只有太后一个人坐在那里。珍妃不知为什么召见她，赶紧叩头，道吉祥，就一直跪在地下。

太后直截了当地说："洋人要打进城里来了，外头乱糟糟，谁也保不定怎么样，万一受了污辱，那就丢尽了皇家的脸，也对不起列祖列宗。你应当明白。"太后下巴扬着，话说得很坚决，话里有话，说完静等回话。

珍妃愣了一下，醒过神来，不明其意，径直回答："我明白，不会给祖宗丢人。"

太后进一步逼迫说："你年轻，容易惹事！我们要避一避，带你走不方便。"

珍妃不假思索地答道："您可以避一避，可以让皇上坐镇京师，维持大局。"

这是慈禧最忌讳听到的话，她立刻翻脸，大声呵斥道："你死到临头，还敢胡说。"

珍妃也不服软："我没有应死的罪！"

太后更加强硬："不管你有罪没罪，也得死！"

珍妃迎头顶撞："我要见皇上一面，皇上没让我死！"

太后气急败坏："皇上也救不了你，把她扔到井里头去。来人哪！"

崔玉贵和王德环便连揪带推，把珍妃推到贞顺门内的井里。珍妃自始至终嚷着要见皇上，最后大声喊："皇上，来世再报恩啦！"[1]

以上就是珍妃被处死的真相。因为是当事人崔玉贵亲口告诉他的徒弟刘太监的，刘太监又亲口告诉他的妻子老宫女的，老宫女又亲口讲给作者金易的，因此，这个真相就应该是可信的。

得知珍妃被处死的消息，光绪帝求死不得、求生不能，怀着悲愤，被

---

[1] 金易、沈义羚：《宫女谈往录》，紫禁城出版社 1992 年版，第 206 页。

景祺阁与珍妃井　　　　　　　旧时的珍妃井，珍妃在此罹难

慈禧裹挟着西狩去了。

七月二十三日，慈禧圣驾一行抵达怀来县，县令吴永第一个以县令的身份接驾。

慈禧在召见了吴永很长时间后，才突然想到了光绪帝。她说："你应当叩见皇帝。"于是面向太监李连英说："连英，你快领他去见皇帝。"

此时的吴永才敢正面看看皇帝。皇帝立在左边空椅之旁，身穿半旧无色细行湖绉棉袍，宽襟大袖，上无外褂，腰无束带，发长至逾寸，蓬首垢面，憔悴已极。吴永向皇帝行跪拜礼，皇帝默不作声。光绪帝于两天前痛失爱妃，而且是那样被慈禧惨无人道地害死，此时的光绪帝痛不欲生，形同槁木。他哪里还想说话呢。

慈禧想吃鸡蛋，吴永意外地找到五个，慈禧吃了三个，给光绪帝吃了两个。

西狩途中，吴永对光绪帝进行了细致观察，并有一段形象逼真的描述："宫监对于皇上，殊不甚为意，虽称之为万岁，实际不啻为彼辈拨弄傀儡。德宗亦萎靡无仪表，暇中每与诸监坐地作玩耍，尤好于纸上画成大头长身各式鬼形无数，仍拉杂扯碎之；有时画成一龟，于背上填写项城

255

（袁世凯）姓名，粘之壁间，以小竹弓向之射击。既套取下剪碎之，令片片作蝴蝶飞。盖其蓄恨于项城（袁世凯）至深，几以此为常课。"[1]

从中可见，珍妃之死对光绪帝刺激之深。可以说，他曾一度丧失生活信心，取玩世不恭之态。当然，这也许是光绪帝的韬晦之计。光绪帝是非常仇恨袁世凯的。

光绪二十七年七月二十五日（1901年9月7日），清政府与德、奥、比、西、美、法、英、意、日、荷、俄十一国签订了和约，史称《辛丑条约》。这是一个丧权辱国的不平等条约。和约既成，各国联军便于八月五日退出北京。

慈禧、光绪帝一行于光绪二十八年十一月二十八日（1902年1月7日），回到北京。慈禧重新登上了她须臾不愿离开的宝座，而光绪帝重又被打入了冷漠孤寂的瀛台。

三　珍妃被害　不容置疑

珍妃被害，是历史的铁案。但近来有人著文说珍妃是自杀的，不是慈禧害死的。为此，笔者在此不得不多费些笔墨。

光绪二十六年（1900）七月二十日，慈禧太后在出逃北京前命令太监崔玉贵将珍妃投进了水井里。珍妃死于非命。慈禧为什么要害死珍妃呢？大体有三个原因。

第一，因生性自由，而遭慈禧不满。珍妃入宫时，年仅十三岁。她出身在官宦之家。其祖父裕泰，陕甘总督；父亲长叙，礼部侍郎；伯父长善，广州将军。祖父、父亲、伯父，都是省部级干部。生长在这样级别家庭的珍妃，其个性很少受到严格限制。珍妃与其姐瑾妃，自幼随伯父长善在广州。长善喜欢同雅人文士交游，曾聘请文廷式教其二人读书，书房在广州将军衙署内。当时姐妹年幼。珍妃的哥哥志锐、志钧也随长善在广州，也很有文名，与文廷式彼此欣赏，极相契合。珍妃的另一位哥哥志锜一向在北京。光绪十年（1884），长善卸任回京，姐妹也随之入京。

姐妹二人被选入宫之后，珍妃继续张扬喜欢自由的个性。她"喜作男

---

① 吴永：《庚子西狩丛谈》，岳麓书社1985年版，第74页。

子装"，与光绪帝"时常互换装束，以为游戏"。

知情的刘姓宫女曾谈到珍妃当年的装束及行止。1930 年《故宫周刊》"珍妃专号"记载刘姓宫女言：珍妃照片，乃光绪二十一年、二十二年之间所照。所着衣服，长袍为粉色，背心为月白镶宽边，乃光绪二十一年最时髦装束，系于宫中另做者。珍妃每早于慈禧前请安毕，即回景仁宫，任意装束，并摄取各种姿势，此像则于南海所照云云。这里的"最时髦装束""任意装束""并摄取各种姿势"等记载，刻画出了一个追求自由的青年女子的形象。喜欢传统女孩的慈禧，对珍妃的行为很看不惯。同时，光绪只喜欢珍妃，对慈禧的侄女孝定景皇后却不理不睬。这也引起慈禧的恼怒。

据清末名流商衍瀛《珍妃其人》的回忆，光绪喜爱珍妃，实际另有原因："光绪何以对于珍妃独加宠爱？据信修明（清末太监）说，光绪生理上有病，大婚之夕，太后派了四位年长而尊的王妃命妇在坤宁宫喜帐后听房。只听见皇后叹了口气道：这也是你们家的德行啊！从此皇后与光绪失欢。瑾妃性情忠厚，不会巴结人，与皇后同病相怜，同光绪漠漠相处，亦不甚投机。唯珍妃年最幼，入宫时仅十三岁，天真活泼，聪明伶俐。光绪每日寅时上朝，午时退朝，珍妃日侍左右，想出方法，顺应光绪的喜爱。除到太后、皇后宫请安穿旗装礼服外，陪伴光绪时作男装。黑亮的头发，后垂大辫子，戴上头品顶戴，三眼花翎，身穿袍子马褂，足登朝靴，腰系丝带，居然是一位美少年似的差官。与光绪共食共饮共玩共乐，关于男女情欲一层毫不置意，是以博得光绪帝的专宠。"

看起来，光绪帝宠爱珍妃同政治完全无关，同性爱也毫无关系，完全是因为孤独的光绪帝在珍妃身上找到了人生的乐趣。

第二，因干预朝政，而受慈禧处分。珍妃入宫之后，渐得光绪帝的宠爱。由此，一些想升官发财的人，就千方百计地欲走珍妃的后门。而年轻的珍妃确实也办了几件事。李鸿章之子李经迈记道："光绪己丑（十五年，1889 年），德宗景皇帝（光绪帝）大婚礼成，亲裁大政，珍、瑾二妃，渐蒙宠幸，时有干求。一时热中倖进之徒，多以太监文姓为弋取富贵捷径。其昭昭在人耳目者，则癸巳（十九年，1893 年）、甲午（二十年，1894 年）之间，鲁伯阳之简放江苏苏松太道、玉铭之简四川盐茶道，及大考翰詹，先谕阅卷大臣以文廷式须置第一。"

257

据说，这三件走后门的案件都与珍妃有密切关系。前两个案件是卖官鬻爵，后一个案件是先说好话，这都是明目张胆地干预朝政。

另据清末名流商衍瀛《珍妃其人》的回忆，珍妃卖官鬻爵的事，当时人都清楚："珍妃由其胞兄志锜为主谋，串通奏事处太监拉官纤，将月华门南的奏事处作为机关。奏事处是太监与内外官员的传达处，太监中最有势力为郭某（绰号小车子，因其常言"小车子不倒尽管推"，故得此绰号）、奏事处太监文澜亭、王俊如诸人。珍妃住景仁宫，景仁宫首领太监亦在其列。所得的钱，以一部分供给珍妃，余由各人分肥。珍妃蒙混请求光绪帝，私卖官缺，日渐彰闻。甚至卖到上海道鲁伯阳，更为舆论所指摘。又卖至四川盐法道玉铭，于召见奏对时，光绪问以在哪个衙门当差，对以在木厂；光绪骇然，命将履历写出，久久不能成字。因奉谕旨："新授四川盐法道玉铭，询以公事，多未谙悉，不胜道员之任，玉铭着开缺，以同知归部诠选。"此事在光绪二十年（1894）甲午四月间，风声所播，涉及宫闱。太后（慈禧）据所闻，切责光绪，遂于是年十月二十九日谕云："朕钦奉慈禧端佑康颐昭豫庄诚寿恭钦献崇熙皇太后懿旨：本朝家法严明，凡在宫闱，从不准干预朝政。瑾妃、珍妃，承侍掖廷，向称淑慎，是以优加恩眷，荐陟崇封。乃近来习尚浮华，屡有乞请之事。皇帝深虑渐不可长，据实面陈。若不量予警戒，恐左右近侍借以为夤缘蒙蔽之阶。患有不可胜防者。瑾妃、珍妃，均著降为贵人，以示薄惩而肃内政。"当时虽将瑾妃、珍妃同提，而注重实在珍妃，将珍妃交皇后严加管束。

这里同样地指实了珍妃卖官鬻爵前面提到的两个案件，即上海道鲁伯阳案和四川盐法道玉铭案。可见，珍妃确实主谋了卖官鬻爵案。

尤其是文廷式考中一等第一名一案，更与珍妃关系至大。文廷式（1856—1904），字道希，号芸阁。晚号纯常子。江西萍乡人。文廷式曾在广州任长善的幕府，与珍妃兄志锐相友善。志锐是长善的嗣子。光绪八年（1882），文廷式中顺天乡试第三名，"誉噪京师，名公卿争欲与之纳交"。当时，文廷式与福山王懿荣、南通张謇、常熟曾之撰，称为"四大公车"。光绪十五年（1889），考取内阁中书第一名，得以见到了皇帝的师傅翁同龢。次年，恩科会试中式，殿试第一甲第二名，赐进士及第，授翰林院编修。光绪二十年（1894），由于珍妃的推荐，大考翰詹，光绪帝"亲定等级"，拔擢文廷式为一等第一名。升授翰林院侍读学士，兼日讲起居注官。

在这件事上，珍妃确实起了作用。而这是违规的。

中日甲午战争爆发，清廷内部在和战问题上意见分歧，帝党主战，后党主和。文廷式上折参奏北洋大臣李鸿章畏葸，"挟夷自重"。珍妃之兄志锐慷慨激昂，"上疏画战守策，累万言"。光绪帝"览奏嘉叹"，特意召见志锐，志锐痛切陈奏，"至于流涕"。志锐弹劾后党大臣孙毓汶、徐用仪"把持军机"。

至此，文廷式得到光绪帝的眷顾，是由于珍妃的吹风；志锐被光绪帝召见，也是由于他是珍妃的哥哥。而文廷式和志锐又都是帝党，他们向后党的李鸿章等大臣发难。慈禧看在眼里，恨在心头。她特发懿旨，要教训一下珍、瑾二妃，主要是珍妃，并借此打击帝党的势焰。光绪二十年（1894）十月二十九日，光绪帝摄于慈禧的责备，颁布上谕："朕钦奉慈禧端佑康颐昭豫庄诚寿恭钦献崇熙皇太后懿旨：本朝家法严明，凡在宫闱，从不准干预朝政。瑾妃、珍妃，承侍掖廷，向称淑慎，是以优加恩眷，荐陟崇封。乃近来习尚浮华，屡有乞请之事。皇帝深虑渐不可长，据实面陈。若不量予警戒，恐左右近侍借以为贪缘蒙蔽之阶，患有不可胜防者。瑾妃、珍妃，均著降为贵人，以示薄惩而肃内政。"

慈禧因珍妃"习尚浮华，屡有乞请之事"，而将她们姐俩一律降为贵人，连降两级，处分是严厉的。慈禧处分瑾妃、珍妃，固然是为了打击帝党，但珍妃也确实违反了清朝祖制家法。珍妃替文廷式说好话，干预了光绪帝的决策。同时，又为两个人谋求到了官职，她本人又收受了贿赂，这就是"干预朝政"。

慈禧处分瑾妃、珍妃，没有冤枉珍妃，显然是有道理的。

慈禧于二十年十一月初一日（1894年11月27日）发布懿旨，缮写装裱，挂在珍妃的住处：

> 皇后有统辖六宫之责。俟后妃嫔如有不遵家法，在皇帝前干预国政，颠倒是非，著皇后严加访查，据实陈奏，从重惩办，决不宽贷，钦此。

这是慈禧给珍妃戴上的一个紧箍咒。这里明确重申，孝定景皇后对其他妃嫔有惩罚的特权。此旨挂在珍妃的住处是在告诫珍妃应小心从事。

十一月初二日，慈禧以珍妃位下太监高万枝"诸多不法"交"内务府扑杀"。

同时，慈禧又把矛头指向了珍妃之兄志锐。十一月初三日，慈禧说志锐"举动荒唐"，将他从热河召回京城。初八日，降授乌里雅苏台参赞大臣，解除了他的兵权。

经过不到一年，光绪二十一年（1895）十月十五日，慈禧命敬事房传知礼部恢复瑾妃、珍妃的位号。看起来，慈禧的目的是教育瑾妃、珍妃一下，并不是想一棍子打死。

第三，因支持变法，而被慈禧囚禁。光绪二十四年（1898）戊戌变法期间，珍妃支持光绪帝变法。戊戌变法触怒了封建顽固派，慈禧最终摧毁了戊戌变法。

光绪二十四年八月十三日（1898年9月28日），慈禧下令杀害了杨深秀、杨锐、林旭、谭嗣同、刘光第、康广仁，史称"六君子"。次日，慈禧以光绪帝的名义颁布上谕。

这个上谕气急败坏地指责康有为谋围颐和园、劫制皇太后的策划，下令追捕康有为。

慈禧此次对珍妃进行了严厉的处治。她下令将珍妃囚禁于紫禁城东北部的北三所，珍妃完全失去了人身自由。同时，又处治了珍妃属下的太监。太监戴恩如被加上"干预国政，搅乱大内，来往串通是非"的罪名，交内务府大臣即日板责处死。珍妃位下的另外六名太监也以"结党串通是非"的罪名，分别受到了"重责二百板，永远枷号"和"板责一百，枷号二年"的处分。对囚禁中的珍妃，慈禧看管甚严。慈禧谕令所有太监，不准为珍妃传递信息，"如不遵者，查出即行正法，决不姑容"。

珍妃的死因。光绪二十六年（1900）七月二十日，八国联军侵入北京。就在这时，珍妃死难。珍妃究竟是怎么死的，学者持慈禧害死说，但也有珍妃自杀说。近年居然有人正式著文称珍妃乃是自杀。

大体有两说：一为慈禧害死说，一为珍妃自杀说。

第一说，慈禧害死说。

关于珍妃之死，当时史籍的记载多为慈禧害死说。

其一，李希圣《庚子国变记》记道："二十一日，天未明……珍妃有宠于上，太后恶之，临行推堕井死。"

这是说，因"太后恶之"，所以"临行推堕井死"。显然是慈禧害死了珍妃。

其二，恽毓鼎《崇陵传信录》记道："七月二十日，英军陷京师。翌日，联军继之。两宫黎明仓皇乘民车出德胜门，白旗遍城上矣。太后御夏衣，挽便髻。上御青绸衫，皇后及大阿哥随行，妃嫔罕从者。濒行，太后命崔阉（崔玉贵）自三所出珍妃（三所在景运门外），推堕井中。"

这是说，慈禧命太监崔玉贵将珍妃"推堕井中"。

其三，景善《景善日记》记道："二十一日，文公（文年）方才路过，彼此于门口略得谈叙。云老佛（慈禧）终夜未寝，不过安歇一时之久。于寅刻仓促着以昨日叫进之农妇之衣，以汉妆梳头，实属奇事。老佛有言，团民闹事之初，谁想到有今日之怪状乎？后叫进轿车三辆，赶入大内，御夫并未戴缨帽也。于寅初二刻降旨，令宫眷诸位均道请安，并有暂时毋庸同行之旨。珍妃素不孝老佛，现胆敢跪请老佛之前，以皇上不必西幸，应请圣驾在京裁度议和各事等语。老佛大发雷霆，立时命该班之太监，将此忤逆之女推到井内。皇上颇有忧伤之状，因珍妃系圣眷最宠之人，跪求老佛施恩，贷其一死。乃慈颜颇为不快，云我事为时甚迫，谁肯多废闲话乎？尔等仍遵前命，将珍妃致死，以为鸮鸟生翼，欲啄母睛者之戒。由李、宋二太监，将珍妃推到宁寿宫外之大井也。皇上忧惶迫切，悚疚莫名。"

因学者考证《景善日记》是伪造的，这个记载虽然绘声绘色，但也失去了价值。然而，其记载的基本内容，即慈禧害死了珍妃，倒是当时人的一种认识。

以上的记载，记录者都远离事发现场，基本是道听途说。因此，他们的记载，也只能作为旁证供我们参考，不能视为主证。

我们应进一步看一看当时同此案有关的宫女和太监的说法。1930年《故宫周刊》第三十期出版了"珍妃专号"，刊载了"宫人中语"，叙称"本院得诸旧宫监及白姓宫女之口"。太监唐冠卿言二则，白姓宫女言一则，刘姓宫女言一则。因是口碑资料，显得弥足珍贵。

其一，白姓宫女的一席话："入井前一夕，慈禧尚召妃朝见，谓现今江山已失大半，皆汝所致，吾必令汝死。妃愤曰：随便办好了。"故宫附注，白姓宫女曾侍奉珍妃，只是珍妃在南海被责后，即被慈禧逐出宫去。

因此，"则庚子坠井之变，白何由知之"？她早已远离皇宫，珍妃坠井之事，她从哪里知道的呢？

其二，太监唐冠卿的自述：

> 庚子七月十九日，联军入京，崔玉贵率快枪队四十人守保和门，我也率四十人守乐寿堂。时甫过午，我在后门休憩，突然看见慈禧后自内出，身后并无人随侍。我想她可能要去颐和轩，遂趋前扶持。乃至乐寿堂右，后竟循西廊行，我颇惊愕。启曰："老佛爷何处去？"曰："汝勿须问，随我行可也。"及抵角门转弯处，遽曰："汝可在颐和轩廊上守候，如有人窥视，枪击勿恤。"我方骇异间，崔玉贵来，扶后出角门西去，窃意将或殉难也，然亦未敢启问。少顷，闻珍妃至，请安毕，并祝老祖宗吉祥。后曰："现在还成话吗，义和拳捣乱，洋人进京，怎么办呢？"继语音渐微，哝哝莫辨，忽闻大声曰："我们娘儿们跳井吧！"妃哭求恩典，且云："未犯重大罪名。"后曰："不管有无罪名，难道留我们遭洋人毒手吗？你先下去，我也下去。"妃叩首哀恳，旋闻后呼玉贵。贵谓妃曰："请主儿遵旨吧！"妃曰："汝何亦逼我耶！"贵曰："主儿下去，我还下去呢！"妃怒曰："汝不配。"我聆至此，已木立神痴，不知所措。忽闻后疾呼曰："把她扔下去吧！"遂有挣扭之声，继而砰然一响，想妃已坠井矣。斯时光绪帝居养心殿，尚未知之也。

太监唐冠卿这段自述，是他听到的，即不是目击，而是耳闻。他是隔着一道墙，在墙外听到的。因此墙内大声对话，他听得真切。而小声对话，他只能"哝哝莫辨"了。他的自述是亲耳听到的，故而真实可信。但隔墙听音，也不是直接目击，留有些许缺憾。

再进一步，我们看到了目击者，或者说是现场当事人的自述。这些自述形成了证据链条，更加真实可信。近年金易、沈义羚著《宫女谈往录》一书，通过老宫女之口，揭示了珍妃被处死的真相。老宫女当年是慈禧太后的贴身侍女，随侍太后多年，对宫廷内情十分熟谙。珍妃被慈禧赐死之前和之后的情况，老宫女是目击者。老宫女的自述很值得一看。

其一，慈禧老宫女的自述：

"逃跑是在光绪二十六年，即庚子年七月二十一日（1900 年 8 月 15 日）的早晨，也就是俗话说——闹义和团的那一年。"老宫女一边回忆，一边慢慢地说，"虽然这事已经过了四十多年，大致我还能记得。"

"我记得，头一天，那是七月二十日的下午，睡醒午觉的时候——我相信记得很清楚。老太后在屋子里睡午觉，宫里静悄悄的，像往常一样，没有任何出逃的迹象。这天正巧是我当差……

"在宫里我们只知道脚尖前的一点小事，其他大事丝毫也不知道。老太后有好多天不到园子里去了，和往常不大一样。到二十日前两三天，听小太监告诉我们，得力的太监在贞顺门里，御花园两边，都扛着枪戒备起来了。问为什么，谁也不说。我们也风闻外头闹二毛子（教民），但谁也不清楚是怎么回事……

"那一天下午，我和往常一样，陪侍在寝宫里，背靠西墙坐在金砖的地上，面对着门口。这是侍寝的规矩。老太后头朝西睡，我离老太后的龙床也就只有二尺远……

"突然，老太后坐起来了，撩开帐子。平常撩帐子的事是侍女干的，今天很意外，吓了我一跳。我赶紧拍暗号，招呼其他的人。老太后匆匆洗完脸，烟也没吸，一杯奉上的冰镇菠萝也没吃，一声没吩咐，径自走出了乐寿堂（这是宫里的乐寿堂，在外东路，是老太后当时居住的地方，不是颐和园的乐寿堂），就往北走。我匆忙地跟着。我心里有点发毛，急忙暗地里去通知小娟子。小娟子也跑来了，我们跟随太后走到西廊子中间，老太后说："你们不用伺候。"这是老太后午睡醒来的第一句话。我们眼看着老太后自个儿往北走，快下台阶的时候，见有个太监请跪安，和老太后说话。这个太监也没陪着老太后走，他背向着我们，瞧着老太后单身进了颐和轩。

"农历七月的天气，午后闷热闷热的，大约半个多时辰，老太后由颐和轩出来了，铁青着脸皮，一句话也不说。我们是在廊子上迎太后回来的。

"其实，就在这一天，这个时辰，这个地点，老太后赐死了珍妃。她让人把珍妃推到颐和轩后边的井里去了。我们当时不知道，晚上便有人偷偷地传说。后来虽然知道了，我们更不敢多说一句话。

"我所知道的事就是这些。"

以上为慈禧贴身宫女的自述，揭开了慈禧在处死珍妃之前和之后的举动和神态。显然，慈禧心中有数，她是事先谋划好了的。在八国联军侵入北京的前一天，慈禧暗自策划，秘密行动，不事声张地处死了珍妃。这名贴身宫女自述的是她亲眼所见慈禧处死珍妃前后的行动，至于处死珍妃现场的情况，宫女一无所知。这个空白，由现场的当事人太监崔玉贵填补了。事后得知，现场的当事人只有四位：慈禧、珍妃、太监崔玉贵、太监王德环。因而，现场当事人太监崔玉贵的自述是最有说服力的。

崔玉贵的自述是通过老宫女之口转述的。慈禧将老宫女指配给剃头匠太监刘祥。太监刘祥是太监二总管崔玉贵的徒弟。而崔玉贵恰恰是执行太后旨命，将珍妃推下井的人。辛亥革命后，太监出宫了，崔玉贵才将这段公案的前前后后讲给他的徒弟刘太监，刘太监又告诉了他的妻子老宫女。老宫女又讲给作者金易、沈义羚听。金易、沈义羚将他们亲自听到的老宫女的话，笔之于书。这就是老宫女的口述历史。于是，太监崔玉贵的自述才大白于天下。现在，将老宫女转述的崔玉贵的自述介绍如下。

清朝太监合影

其二，太监崔玉贵的自述：

他（崔玉贵）愤愤地把鼻烟壶往桌上一拍，说："老太后亏心。那时候累得我脚不沾地。外头闹二毛子，第一件事是把护卫内宫的事交给我了。我黑夜白天得不到觉睡，万一有了疏忽，我是掉脑袋的罪。第二件事，我是内廷回事的头儿，外头又乱糟糟。一天叫起（召见大臣）不知有多少遍，外头军机处的事，我要奏上去；里头的话我要传出去。我又是老太后的耳朵，又是老太后的嘴。里里外外地跑，一件事砸了锅，脑袋就得搬家，越忙越得沉住气，一个人能有多大的精气神？七月二十日那天中午，我想乘着老太后传膳的机会，传完膳老太后有片刻漱口吸烟的时间，就在这个时候请膳牌子最合适（膳牌子是在太后或皇上吃饭时，军机处在牌子上写好请求进见的人名，由内廷总管用盘子盛好呈上，听凭太后、皇上安排见谁不见谁）……就在这时候，老太后吩咐我，说要在未正时刻召见珍妃，让她在颐和轩候驾，派我去传旨。"说到这，崔玉桂（贵）激动起来了，高喉咙大嗓门地嚷着。

"我就犯嘀咕了，召见妃子历来是两个人的差事，单独一个人不能领妃子出宫，这是宫廷的规矩。我想应该找一个人陪着，免得出错。乐寿堂这片地方，派差事的事归陈全福管。我虽然奉了懿旨，但水大也不能漫过船去。我应该找陈全福商量一下。陈全福毕竟是个老当差的，有经验，他对我说：这差事既然吩咐您一个人办，您就不要敲锣打鼓，但又不能没规矩。现在颐和轩管事的是王德环，您可以约他一块去，名正言顺，因为老太后点了颐和轩的名了，将来也有话说。我想他说得在理。

景祺阁北头有一个单独的小院，名东北三所，正门一直关着。上边有内务府的十字封条，人进出走西边的腰子门。我们去的时候，门也关着，一切都是静悄悄的。我们敲开了门，告诉守门的一个老太监，请珍小主接旨。

这里就是所谓的冷宫。我是第一次到这里来，也是这辈子最末一回。后来我跟多年的老太监打听，东北三所和南三所，这都是明朝奶母养老的地方。奶母有了功，老了，不忍打发出去，就在这些地方住，并不荒凉。珍妃住北房三间最西头的屋子。屋门由外倒锁着，窗户有一扇是活的，吃饭、洗脸都是由下人从窗户递进去，同下人不许接谈。没人交谈，这是最苦闷的事。吃的是普通下人的饭。一天有两次倒马桶。由两个老太监轮流监视，这两个老太监无疑都是老太后的人。最苦的是遇到节日、忌日、初一、十五，老太监还有奉旨申斥，就是由老太监代表老太后，列数珍妃的罪过，指着鼻子、脸申斥，让珍妃跪在地下敬听。指定申斥是在吃午饭的时间举行。申斥完了以后，珍妃必须向上叩首谢恩。这是最严厉的家法了。试想，在吃饭之前，跪着听完申斥，还要叩头谢恩，这能吃得下饭吗？珍妃在接旨以前，是不愿意蓬头垢面见我们的，必须给她留下一段梳理工夫。由东北三所出来，经一段路才能到颐和轩。我在前边引路，王德环在后边伺候。我们伺候主子向例不许走甬路中间，一前一后在甬路两边走。珍小主一个人走在甬路中间，一张清水脸儿，头上两把头摘去了两边的络子。淡青色的绸子长旗袍，脚底下是普通的墨绿色的缎鞋（不许穿莲花底），这是一副戴罪的妃嫔的装束。她始终一言不发。大概她也很清楚，等待她的不会是什么幸运的事。

到了颐和轩，老太后已经端坐在那里了。我进前跪安复旨，说珍小主奉旨到。我用眼一瞧，颐和轩里一个侍女也没有，空落落的只有老太后一个人坐在那里，我很奇怪。

珍小主进前叩头，道吉祥，完了，就一直跪在地下，低头听训。这时屋子静得地上掉一根针都能听得清楚。

老太后直截了当地说，洋人要打进城里来了。外头乱糟糟，谁也保不定怎样，万一受到了侮辱，那就丢尽了皇家的脸，也对不起列祖列宗。你应当明白。话说得很坚决。老太后下巴扬着，眼连瞧也不瞧珍妃，静等回话。

珍妃愣了一下说，我明白，不会给祖宗丢人。

太后说，你年轻，容易惹事！我们要避一避，带你走不方便。

珍妃说，您可以避一避，可以留皇上坐镇京师，维持大局。

就这几句话戳了老太后的心窝子了。老太后马上把脸一翻，大声呵斥说，你死在临头，还敢胡说。

珍妃说，我没有应死的罪！

老太后说，不管你有罪没罪，也得死！

珍妃说，我要见皇上，皇上没让我死！

太后说，皇上也救不了你。把她扔到井里去。来人哪！

就这样，我和王德环一起连揪带推，把珍妃推到贞顺门内的井里。珍妃自始至终嚷着要见皇上！最后大声喊，皇上，来世再报恩啦！

我敢说，这是老太后深思熟虑要除掉珍妃，并不是在逃跑前，心慌意乱，匆匆忙忙，一生气，下令将她推下井的。

我不会忘掉那一段事，那是我一生经历的最惨的一段往事。回想过去，很佩服二十五岁的珍妃，说出话来比刀子都锋利，死在临头，一点也不打颤。我罪不该死！皇上没让我死！你们爱逃跑就逃跑，但皇帝不应该跑！这三句话说得多在理，噎得老太后一句话也答不上来，只能耍蛮。在冷宫里待了三年之久的人，能说出这样的话，真是了不起。

以上就是慈禧贴身的老宫女转述的太监崔玉贵的自述。这个自述，虽然是口碑资料，但由于其来源可靠，并形成了紧密相关的证据链条，因此这个口碑资料就确凿可信。而揆其内容，也完全合情合理。太监崔玉贵在自述的过程中的心理变化，以及他对珍妃与慈禧的品评，也印证了自述的真实性。可以说，金易、沈义羚著的《宫女谈往录》里关于太监崔玉贵的自述，是目前发现的珍妃死因最权威最可靠的回忆资料。

珍妃确实是慈禧命令太监推入井中害死的。

第二说，珍妃自杀说。

在珍妃死亡的当时，就有珍妃自杀说。

胡思敬撰《驴背记》，其前小序曰："庚子之变，予随扈不及，挈室避居昌平。尝孤身跨一蹇驴，微服入都，探问兵间消息。返则笔而记之，既又系以小诗，皆实录也。"可见，《驴背记》所记，都是庚子之变当时的实录，《驴背记》记道："珍妃上（光绪帝）所宠爱。太后挈上出奔，妃欲从，不许，逼令自裁，因投井死。"这里的"逼令自裁，因投井死"，说的就是珍妃是自杀身亡的。

近年，珍妃自杀说又被再次提起。那根正等著《我所知道的慈禧太后》，即坚持珍妃自杀说。那根正系慈禧的弟弟桂祥的曾孙。这本书就是他口述的。慈禧姐弟四人，大姐慈禧，二姐婉贞，三弟照祥，四弟桂祥。二姐婉贞为醇亲王奕谭之妻。奕谭与婉贞的儿子即为后来的光绪帝。桂祥之女后来嫁给了光绪帝，即后来的隆裕皇太后。如此，隆裕皇太后即是那根正之爷爷的姐姐。

那根正回忆说道，当年我爷爷奉诏进宫，去见他姐姐隆裕皇太后时，隆裕对我爷爷讲当时的事情，隆裕皇太后自述道：

很多人都说是我嫉妒告她（珍妃）黑状，所以老太后派人把她推到井里去了。其实事情是这样的：当时与八国联军战败后，洋人军队打到北京。于是，在完全没有取胜希望的情况下，老太后西行。当时的情况非常紧急，因为谁也不清楚这帮洋人最后会干什么，会不会像烧圆明园那样，把紫禁城也烧了。当时西行带不了那么多人，因为人多了就会成为负担。但是因为当时光绪是皇帝，而我是皇后，同时又是老太后的亲侄女，要带也只能带我和皇上走。而其他的一些亲属就地回娘家躲避，妃子们也不例外。可是当时的珍妃非常气盛，不服从老太后的指挥，并当场顶撞了老太后。在那个紧急时刻，珍妃一直对老太后说："我是光绪的妻子，我要跟着去。您有偏见，皇后是您的侄女，所以您带她走。所以，我也请求您带我走。"这就让老太后非常难堪，带走一个珍妃，就必须带走瑾妃，还有其他的一些人，所以要开这个口子很难，加上洋人已经打到北京了，再不走就来不及了。于是老太后当时非常不高兴，认为珍妃根本不识大体。

从另一个层面讲，本来老太后就对珍妃平日的作为有点不高兴，再加上这些紧急时刻的顶撞，老太后气得脸色发白，直打哆嗦。在皇宫里，大清几百年来从来没有人这么敢于顶撞太后，即便是皇上也没有过，何况一个珍妃。老太后也是一个非常要脸面的人，所以气得当时抬脚就走，珍妃一直跟着老太后说自己的理由，于是就来到了距离珍妃住所不远处。珍妃这时还不死心，对太后说："我是光绪的妻子，就要跟皇上在一起。不在一起，宁愿死。活着是皇家人，死了是皇家鬼。"老太后一听，就更加生气。本来火烧眉毛的事情，哪还有时间吵架呀，于是就对珍妃说："你愿意死就死去吧！"当时说话的地方不远处就有一眼井，于是珍妃紧走两步，说："那既然这样，我就死给你看。"于是直接就奔井口去了。老太后一看情况不对，这孩子跟我顶撞两句，怎么还真的去死啊。于是对崔玉贵说："赶紧去拉住她。"但是这个时候已经晚了，当崔玉贵跑过去的时候，珍妃已经跳下去了。可老太后一看没办法了，内忧外患啊，于是没来得及管她，就走了。

这就是出逃之前所发生的事情。一年以后，老太后和我们重新回到宫里，想起珍妃来，还是觉得非常惋惜。这一点我们都能看得出来。而且人人都传言珍妃就是老太后派人害死的，老太后也觉得自己很冤枉。虽然大伙没当自己的面说，但是这事情落在自己头上了，总得有个结果，有个说法，皇家不是随便能损失一个妃子的。于是老太后想来想去，就把罪责推到崔玉贵头上了。当时老太后说："崔玉贵，让你拉住珍妃你没拉住，等于是你把珍妃害死的。没拉住就等于是你害死的。"当时老太后就给自己找了这么一个台阶。

老太后因为要找一个台阶，所以扬言要杀崔玉贵，当然也是为了让大伙能平息一下怨气。但崔玉贵是父亲桂祥的干儿子啊。跟我们家关系又非常好，每年父亲过生日都要送好多东西过去。这一听要杀自己，马上就跑到父亲那里，跟父亲说了这件事情的前因后果。于是父亲就找到老太后通融了一下。但是死罪没有了，责罚当然还是需要的，于是就把崔玉贵撵出宫去了。崔玉贵出宫，大概有两年的时间就在咱们家住着。这件事我不说你也看到了。但是太监出宫哪么容易啊，崔玉贵一直想着再回到宫里，也通过人找我说过这件事情，但是当时我是不能做主的。作为太监在外边，脸面上没地方搁，而这两年基本上就是在咱们家，帮帮忙，打打杂。等过了这两年，父亲又找到老太后让崔玉贵回到宫里，这样崔玉贵就又回来了。

这段自述，据说是隆裕皇太后对口述者之爷爷讲的。其内容的真实性值得怀疑。

其一，事件发生的时间不准。是发生在出逃的当天，还是发生在出逃的前一天，抑或是前几天，都没有说清楚。

其二，事件发生的地点不确。究竟发生在什么地方，是一个固定的地点，还是随意的地方，都没有确定下来。只是说"当时说话的地方不远处就有一眼井"，这是什么井，也没有指实。

其三，事件现场参与者不清。到底现场有几位参与者，叙述不清。后来口述者的爷爷又说："因为这件事情发生的时候，皇后在场，她就是现场的见证人。"但是，从隆裕皇太后的这个自述来看，她不像是现场的参与者。

其四，事件的来龙去脉不明。慈禧是在出逃前的什么时间，什么地点，谕命哪个太监，怎样从东北三所将珍妃提将出来的；当时在场的有几个人，慈禧的神态如何，珍妃的表情如何，是谁先发话，是谁后答话的；慈禧与珍妃的对答，怎样导致珍妃之死的，这是事件的关键。从这个自述来看，完全是突发事件，但交代不明。总之，以上这些都没有交代清楚。

其五，出京西逃的人员不对。隆裕皇太后的回忆口述有一个严重的硬伤，就是对同她一起西逃的人员到底有没有瑾妃和其他一些人，她口述失实。隆裕说，"但是因为当时光绪是皇帝，而我是皇后，同时又是老太后的亲侄女，要带也只能带我和皇上走。而其他的一些亲属就地回娘家躲避，妃子们也不例外"，又说，"带走一个珍妃，就必须带走瑾妃。还有其他的一些人，所以要开这个口子很难"。这里隆裕清楚说明，此次西逃，根本没有带走瑾妃和"其他的一些人"，只带走了光绪皇帝和孝定景皇后。

但事实并不是这样。老宫女荣儿当年曾经跟随慈禧太后西逃。荣儿的口述历史《宫女谈往录》对参与西逃的人员有准确的记载："迈出（皇宫）贞顺门后，就自动地按次序排列起来，因为衣饰都变样了，要仔细看才能辨认出谁是谁来。皇后是缸靠（褐）色的竹布上衣，毛蓝色的裤子，脚下一双青布鞋，裤腿向前抿着，更显得人高马大。瑾小主（瑾妃）一身浅灰色的裤褂，头上蒙一条蓝毛巾，裤子的裤裆大些，向下嘟噜着，显得有些拙笨。三格格、四格格、元大奶奶，都是一身蓝布装束，头上顶一条毛巾。由后看分不出谁是谁来。

"站在老太后（慈禧）东边的是皇上（光绪）、大阿哥，还有一位年轻男子我不认识，后来才知道是贝子溥伦。站在老太后下手的，是皇后（隆裕）、小主（瑾妃）、三格格、四格格、元大奶奶。我们丫头群里，有娟子和我，两位格格合带一个侍女，皇后带一个侍女，加起来男的是三个，女的有十个。

"这样，皇后、小主（瑾妃）一辆车，二位格格、元大奶奶一辆车，大蒲笼车就比较松动一些。

"正房东屋老太后和皇上已经静悄悄没有响动了，西屋的皇后、小主（瑾妃）、三格格、四格格、元大奶奶也都没有声息了。这都是有教养的人，在这种场合，是谁也不会叫苦的。"

仅从以上摘引的四段文字，就可看出，西逃的人员中不仅有瑾妃，还有三格格、四格格、元大奶奶。三格格、四格格是庆亲王奕劻的三女儿、四女儿。元大奶奶是慈禧太后的内侄媳妇。这三位贵妇人得宠于慈禧太后。慈禧太后点名让她们随扈西行。而孝定景皇后还同瑾妃同乘过一辆车。同时，在住宿条件紧张的情况下，孝定景皇后还曾同瑾妃、三格格、四格格、元大奶奶同住一室。西逃人员从光绪二十六年（1900）七月二十一日起，到光绪二十六年（1900）九月四日到达西安止，共走了两个月零十一天，在这段时间里，孝定景皇后会经常看到瑾妃和其他三位贵妇人的。这还不算在西安驻跸及慈禧回銮的时间。孝定景皇后应该不会忘记同她一起逃难的瑾妃和其他三位贵妇人的。但是，她在同其孙侄儿那根正的回忆口述中竟然说什么"带走一个珍妃，就必须带走瑾妃。还有其他的一些人，所以要开这个口子很难"，似乎除了皇帝和她孝定景皇后外，连瑾妃和三位贵妇人都没有带走。隆裕皇太后的口述出现如此严重的破绽，不能不使我们对其真实性产生怀疑。

以上五点，足以证明隆裕皇太后的口述是不真实的。

两个自述，一个是太监崔玉贵的自述，一个是隆裕皇太后的自述，他们都提到了崔玉贵。显然都承认崔玉贵是现场当事人。崔玉贵自述承认，是他听到了慈禧的懿旨，"我和王德环一起连揪带推，把珍妃推到贞顺门内的井里"。把珍妃推到井里，虽然是奉了懿旨，总不是一件光彩的事。即使清朝倒台了，崔玉贵如果没有干这件伤天害理的事，他也不会将屎盆子故意往自己头上扣。崔玉贵之所以勇敢地承认了自己的行为，一是因为

271

他是听从慈禧的命令办的。二是因为民国时期也没有人追究他的责任了。三是毕竟他还是面对了历史的真实。这名太监在这一点上还是应该肯定的。

对于慈禧后来对他的处治，崔玉贵是这样说的："你们知道，我是提前由西安回来的。把老太后迎回宫里来，不到三天，老太后就把我撵出宫来了。老太后说，她当时并没有把珍妃推到井里的心，只在气头上说，不听话就把她扔到井里去，是崔玉贵逞能硬把珍妃扔下去的，所以看见崔就生气、伤心。因此她把我硬撵出宫来。后来桂公爷（桂祥）说，哪个庙里没有屈死鬼呢！听了这话，我还能说什么呢？自从西安回来后，老太后对洋人就变了脾气了，不是当初见了洋人让洋人硬磕头的时候了，是学会了见了洋人的公使夫人笑着脸、拉拉手了。把珍妃推到井里的事，洋人是都知道的。为了转转面子，就将罪扣在我的头上了。这就是老太后亏心的地方。说她亏心并没有说她对我狠心，到底还留我一条小命。如果要拿我抵偿，我又有什么办法呢？想起来，我也后怕。听桂公爷说，撵我出宫，是荣寿公主给出的主意。这个主更不好惹。"

庚子事变之后，慈禧从西安回銮京师。显然，这时的慈禧对她当时害死珍妃的行为进行了反思。为了掩盖她的罪行，她找到了一个替罪羊，就是太监崔玉贵。但慈禧对崔玉贵的处治还是有所保留的。慈禧并没有将崔玉贵处死，而只是撵出宫去。从对崔玉贵的这个有所保留的处治，我们也可以看出慈禧嫁祸于人的底气是不足的。

总之，就目前掌握的史料分析，慈禧害死珍妃说应当成立，珍妃自杀说理由不充分。那么，回到北京的光绪帝又是怎样的呢？

四　谨小慎微　礼仪皇帝

光绪二十七年八月二十四日（1901 年 10 月 6 日），慈禧与光绪回到了北京。光绪三十四年十月二十一日（1908 年 11 月 14 日），光绪帝病逝于瀛台涵元殿。这七年多的时间，作为毫无权力的光绪帝，都做了些什么呢？

先前有人说："太监每天进送'御膳'时，架起跳板，走向瀛台。'进膳'之后，就抽去了跳板。光绪只能永远在瀛台之中，不能离开那里。"

光绪帝的处境真的如此吗?

这是需要做些历史考察的。我们依据的史料,除了官方的《清德宗实录》《光绪朝东华录》之外,还有慈禧御前女官德龄的回忆录《清宫二年记》、容龄的《清宫琐记》,以及恽毓鼎的《澄斋日记》、王文韶的《王文韶日记》等。

德龄、容龄的父亲是裕庚。裕庚的史料,极为稀少,正史几乎无记载。笔者费尽工夫,也只是找到了一点蛛丝马迹。《出使各国大臣年表》里,有关于裕庚的极为简略的记载:

> 日本
>
> 光绪二十一年,乙未(1895),(汉)裕庚。(闰五、戊午、十八,7.10;惠潮嘉道开缺,以四京候差。)
>
> 光绪二十二年,丙申(1896),(汉)裕庚。
>
> 光绪二十三年,丁酉(1897),(汉)裕庚。
>
> 光绪二十四年,戊戌(1898),(汉)裕庚。(六月,回国。)
>
> 法国
>
> 光绪二十五年,己亥(1899),(汉)裕庚。(仆少。五、丙辰、十,6.17;仆少差。)
>
> 光绪二十六年,庚子(1900),(汉)裕庚。
>
> 光绪二十七年,辛丑(1901),(汉)裕庚。
>
> 光绪二十八年,壬寅(1902),(汉)裕庚。(任满。)[1]

这是说,汉军八旗裕庚曾先后出任驻日本和法国公使。

先是出使日本。光绪二十一年闰五月十八日(1895年7月10日),清廷任命其为驻日本公使。裕庚先前曾任广东省惠潮嘉道。惠潮嘉道下辖惠州府、潮州府和嘉应直隶州。后来免去其道员的职务,以四品京堂候补身份出任驻日公使。在日本三年,裕庚于光绪二十四年六月任满回国。

后来出使法国。光绪二十五年五月十日(1899年6月17日),以正四品的太仆寺少卿的身份出任驻法国公使。光绪二十八年(1902)六月任满

---

① 钱实甫:《清代职官年表》,第4册,第3039页。

回国。其继任者为孙宝琦，是六月八日到任的。

裕庚的祖籍有说是东三省的，有说是广东香山的。裕庚生活在广东，懂英语，是一个具有世界眼光的第一代中国外交家。

据说，德龄的母亲是法国人。

德龄兄妹五人。大哥早逝。二哥勋龄在法国学习陆军，长于摄影术，后来做了慈禧的摄影师。老三是德龄。四弟馨龄，后来在颐和园轮船处当差，英年早逝。容龄行五，中国第一代舞蹈家，嫁给了广东的唐宝潮先生，曾用英文写过一本历史小说《香妃》，1973年去世。

德龄朝服照

根据作家秦瘦鸥在其译著《瀛台泣血记》的"介绍原作者"里的文字介绍，结合德龄的《童年回忆录》等有关史料，我们大致可以廓清德龄的身世。

德龄，生于1886年，逝于1944年。大约六岁时，她从欧洲回到了中国的湖北沙市。德龄写道："父亲到沙市任职之前，我们曾在法国住过一个时期。我在很小的时候，就会了法国话。小孩子学语言最容易，尤其是当他和讲那种言语的孩子在一起玩的时候。所以当我还不会读不会写的时候，法语是我最先学会的外国话。现在我对法语还是像满洲话一样的容易出口。而且我讲法语，觉得比英语还要纯熟。这两种语言后来曾给我极大的帮助。"①

1895年，德龄一家随父亲裕庚到了日本。在日本期间，德龄学习了日文和英文。德龄写道："到我快要离开日本的时候，不但我的日本话说得像日本人一样——这一点我的日本朋友很为我骄傲，我自己也觉得骄傲。"裕庚还从英国请来一位老师密斯勃朗，专门教授德龄兄妹英文。德龄写

---

① 德龄：《童年回忆录》，十、"洋鬼子的教育"。

道："我的英文成就完全是密斯勃朗的功劳，当然也是我父亲的功劳，因为是他把她从英国请来教我们的。"

1899 年 6 月 17 日，裕庚出使法国。德龄当时十四岁。在法国巴黎，德龄和容龄度过了美妙的青春岁月。德龄写道："这计划实现了。有三年工夫我们跟着依沙都拉·邓肯学跳舞，每星期三次，每次一个半钟头。每天早晨有一个小时的法文课。红芳（保姆）还是那样，监督着我们，宁可我们不吃早饭，不准我们稍有迟到。但是我喜欢法文，法文教师也很赞赏我。我的法文在她的指导下，进步得极快。

德龄洋装照

容龄芭蕾舞照

几乎一到法国，母亲立刻就买了一架钢琴，所以法文课之后，我就学唱歌。这也是我极喜欢的功课，我尽力地学习。然后是密斯勃朗的一小时的英文课。"①

依沙都拉·邓肯是享誉世界的著名舞蹈家。德龄、容龄姐妹跟从她学习舞蹈，这是中国晚清文化史上的一件破天荒的大事。从中不难看出，中国外交官裕庚难能可贵的开放意识、开拓意识及世界意识。

裕庚出使法国大使馆任期期满回国，光绪二十八年十二月四日（1903 年 1 月 2 日），到达上海。二十六日到达天津。二十九日到达北京。三月一

---

① 德龄：《童年回忆录》，三十、"新世界的展开"。

275

日，军机大臣、庆亲王奕劻及其长子贝子载振来看望裕庚一家，传达了慈禧太后的口谕，要尽快接见裕庚夫人、德龄和容龄等三人，希望翌日晨六时她们到达慈禧的夏宫颐和园。第二天早六时，她们如约赶到了颐和园，拜见了慈禧。从此，德龄、容龄做了慈禧太后的御前女官。后来"太后又赏给我和我妹妹郡主衔，这是只有宫中的人才能享受到的，而且是太后的特赏"。① 德龄、容龄姊妹二人在清宫待了约有两年。1905 年 3 月，借着父亲裕庚患病之机，德龄、容龄姐妹离开皇宫回家，结束了两年的宫内生活。她们南下到了上海，探望患了重病的父亲。裕庚于 1905 年 12 月 18 日逝世，德龄、容龄穿孝百日，就不能回到宫中了。

她们在上海的交际场上相当活跃。不久，德龄结识了美国驻沪领事馆中的副领事萨迪厄斯·怀特（White），由恋爱而结婚。后来怀特职位更调，他们便一起回到了美国。继而，怀特改充新闻记者，德龄也就开始了她的著述生涯。她的作品除《清宫二年记》《瀛台泣血记》《御香缥缈录》外，尚有《金钥匙》《叩头》等六七部，都是描写清末宫廷故事的。德龄和怀特有一个男孩，不幸未成年即病逝了。孩子病逝，影响了他们之间的感情，据说他们不久即离婚了。1927 年、1928 年时，德龄曾在中国逗留较长时间。其间，同国内演员演过几天英文戏。她自己扮演了亲自接触过的慈禧太后。1935年，德龄曾独自回到中国一次。1944 年 11 月 22 日，因车祸死于加拿大。

1903 年 3 月 2 日入宫，到 1905 年 3 月出宫，德龄姐妹在宫内陪伴慈禧整整两年的时间。入宫时，德龄十八岁，容龄十四岁。她们已经

慈禧与德龄合影

---

① 德龄：《清宫二年记》，二十、"结束了二年的宫中生活"。

瑾妃、德龄、慈禧、容龄、德龄之母、光绪皇后（左起）合影

可以应对宫内复杂的矛盾了。因此，她们的回忆录，即德龄的《清宫二年记》、容龄的《清宫琐记》，就具有特殊的史料价值。这个时期，德龄、容龄多次见到光绪帝，甚至同光绪帝直接交谈过。她们笔下的光绪帝就真实可信，很有参考价值。

辛丑之后，回到北京的光绪帝究竟做了些什么呢？经过笔者的史料考察，可以知道光绪帝大体是做了六件事。

第一件事，礼仪早朝。德龄的《清宫二年记》记道：

太后刚穿戴好，光绪皇帝穿着礼服来了。他在太后面前跪下说道："亲爸爸，吉祥。"皇帝称太后为父亲，这似乎是很奇怪的。但是太后喜欢做男人，要我们都用男性称呼她，这也是太后的一种怪癖。

我不知道是不是应该向皇帝行礼，不过我想礼貌周到一些总是不错的。于是，我就等待着皇帝或太后两人中有一人走出。因为在太后面前，谁都不准向别人行礼。一会儿皇帝出去了，我就跟着他出去。就在行礼的时候，太后出来了。她用一种很特别的目光对我看看，似乎对于我的举动很不以为然，却并不说出什么。我非常不安，因此断定多礼不一定是对的。

于是，我回到房间里，看见一个小太监，拿着几只黄盒子，放在左边桌子上。太后坐在大椅上，那成为她的小宝座。小太监打开黄盒子，从每个盒子里拿出一个封袋献给太后，太后用象牙小刀把封袋裁开，取出里面的东西看了一遍。这都是各部各省所上的奏章。皇帝已经进来了，站在桌子旁边。太后每读完一份，就递给皇帝。我站在太后的椅子后面，看着皇帝很快地把这些都读完了。读完后，奏章又被放回盒子里。在这一段时间里，是鸦雀无声的。这时候，李连英进来报告太后，轿子已经预备好。太后立刻站起来向外走。我跟着她，扶她下阶梯，走上轿。皇帝、皇后、太监，就照以前的地位跟着。到了朝堂，我们到屏风后面去，太后登了宝座，早朝开始。我很想知道早朝的仪式和内容，但是那些宫眷总是和我在一起。后来趁她们和我妹妹谈话的时候，我溜到一个角落里，静静地坐下来，听太后和大臣们谈话。

头上一段话，我没有听清楚。因为那时候有许多人在耳语。但是，从屏风雕花的缝隙里望出去，我可以看见太后正在和一位将军谈话。我又看见庆王（庆亲王奕劻）带着军机班的人来。庆王是军机大臣。太后和将军谈完话，就和庆王商议放缺的事情。庆王呈给太后一张名单。太后看过后，就在中间提出几个人。

庆王说："有几个人名字，虽然没有在这单子上，却是很适宜于这一种职位的。"

"好的，一切照你的意思办吧。"太后说，又问皇帝，"这样好吗？"

"好。"皇帝回答，这样早朝就算完毕。①

光绪帝出席宫中早朝，但小心谨慎，基本一言不发。

① 德龄：《清宫二年记》，六、"做了太后的侍从"。

光
绪
皇
帝

第二件事，主持祭祀。光绪帝亲自主持祭祀，认真去做。清代祭祀典礼甚多，《清史稿》记载甚详，文曰："清初定制，凡祭三等：圜丘、方泽、祈谷、太庙、社稷为大祀。天神、地祇、太岁、朝日、夕月、历代帝王、先师、先农为中祀。先医等庙，贤良、昭忠等祠为群祀。乾隆时，改常雩为大祀，先蚕为中祀。咸丰时，改关圣、文昌为中祀。光绪末，改先师孔子为大祀，殊典也。天子祭天地、宗庙、社稷。有故，遣官告祭。中祀，或亲祭，或遣官。群祀，则皆遣官。

大祀十有三：正月上辛祈谷，孟夏常雩，冬至圜丘，皆祭昊天上帝；夏至方泽祭皇地祇；四孟享太庙，岁暮祫祭；春、秋二仲，上戊，祭社稷；上丁祭先师。

中祀十有二：春分朝日，秋分夕月，孟春、岁除前一日祭太岁、月将，春仲祭先农，季祭先蚕，春、秋仲月祭历代帝王、关圣、文昌。

群祀五十有三：季夏祭火神，秋仲祭都城隍，季祭炮神……"[1]

根据清朝礼制，清宫祭祀典礼分为大祀、中祀和群祀。大祀十三项、中祀十三项、群祀五十三项，合计七十九项。皇帝要亲自祭天地、宗庙、社稷等大祀，如果有其他原因不能亲祭，可以遣官代祭。而中祀，则可以亲祭，也可以遣官。至于群祀，则一律遣官祭祀。这就是说，皇帝每年主持的祭祀典礼相当繁重。光绪帝关于祭祀典礼，每年的安排就很满。据恽毓鼎《澄斋日记》的记载，这一时期，光绪帝每年主持的祭祀典礼种类繁复，内容丰富。

例一，祭社稷坛。光绪帝亲祭社稷坛，文曰："（光绪三十年，1904）二月初九日，晴。皇上祭社稷坛，臣毓鼎侍班。丑刻入东长安门……坛中祀太社太稷，左以勾龙后土配，右以后稷配，地撒五色土，中为方坎。寅刻（三时许）驾到，设拜位于遗门外……卯初刻（五时许）礼毕，天微明。"[2]

社是土神，稷是谷神。社稷坛是皇帝祭祀土神、谷神之所，位于紫禁城午门外西侧。始建于明永乐十八年（1420），清沿明制，为社、稷合祭一坛之制。坛方二成（即层），高四尺。上成方广五丈，次成方广五丈三

① 《清史稿》，第 82 卷，第 10 册，第 2485 页。
② 恽毓鼎：《澄斋日记》，第 235 页。

尺。四出阶各四级，皆白石。上成坛面筑五色土，中央黄，东方青，西方白，南方红，北方黑。中间立社主石，方广一尺六寸，其半埋于土中，筑方坎藏之。祭祀完毕，覆以木盖。

光绪帝于晨三时许到达社稷坛，祭祀完毕约五时许，天才刚刚发亮。

例二，祭关帝庙。光绪帝亲祭关帝庙，文曰："（光绪三十年，1904）二月十六日，晴，大风。皇上祭关帝庙。臣恽毓鼎侍班（检香案集无此班。盖从前遣员致祭，不知何年改为亲行。俟考）。丑正，翁叔平前辈有陪祀差，过我偕行。风狂如虎，车帘皆飞……寅正（四时）驾到，更衣行礼……上（光绪帝）三跪九叩。后殿祀圣帝三代，遣王行礼。礼成，候上（光绪帝）更衣。舆出庙门，起居注官始退出。"①

例三，祭先农坛。光绪帝亲祭先农坛，文曰："（光绪三十年，1904）二月二十六日，仲春吉亥。皇上祭先农坛。礼毕行耕藉礼。臣毓鼎侍班。黎明登车至坛。上（光绪帝）先诣太岁殿行礼。臣在台下恭候……上（光绪帝）在更衣殿小坐，易蟒袍，去外褂，亲耕，行四推礼。王公二人牵牛（被以锦龙鞯，插金花四枝）。户部侍郎景沣、顺天府尹沈瑜庆进耒耜，户部尚书鹿传霖播籽种，顺天府丞李盛铎籽种，合以从（用黄带以肩承之）。彩旗四飐，吹笛击鼓，唱田歌。是日天气晴和，土膏滋润，天颜甚喜。推毕，外加褂，升观耕台。起居注官亦登台侍班，蟒袍补褂序立于台东北隅，微向黄幄。王公九卿以次推毕。上（光绪帝）下台。起居注官亦退，在帐篷少憩，候驾旋乃行。本日讲官分两班，侍农坛者须穿

观耕台

① 恽毓鼎：《澄斋日记》，第236页。

朝服，不便更换也。"①

恽毓鼎详细记载了光绪帝于先农坛亲自祭祀先农的整个过程。先农神指神农氏，是主管农事的神。先农坛是皇帝祭祀先农神之坛，位于北京外城之西。坛一成（即层），方形南向。祭祀先农和亲耕的传统，可以追溯到周朝，但不是每年举行。明清两代，成为国家重要的祭祀典礼。每年仲春亥日，皇帝率百官到先农坛，祭祀先农神并亲耕，行耕藉礼，称为藉田礼。在先农神坛祭拜过先农神后，在俱服殿更换亲耕礼服，随后到亲耕田举行亲耕礼。亲耕礼毕后，在观耕台观看王公大臣耕作。皇帝祭祀先农，表示朝廷对农耕的重视，以为天下之表率。

观耕台，现存的为清乾隆年间建造。观耕台占地面积约五百零八平方米。台高一百九十厘米，平面方十六米，东、西、南三面设九级台阶，台阶踏步汉白玉条，石边沿雕刻莲花图案。台上四周有汉白玉石栏板，望柱头为龙云雕刻，地面方砖细墁。台底须弥座由黄绿琉璃砖砌筑，琉璃砖上雕刻花草图案。台须弥座结构层次完全依《清式营造则例》规制，为典型的宫殿坛基建筑。

观耕台为皇帝亲耕完毕，观看王公大臣们耕作的高台。所谓一亩三分地，是皇帝祭祀先农神后亲耕的田地，位于观礼台的南方。我们平常所说的一亩三分地就是由此而来。

例四，祭秋分夕月。光绪帝亲祭秋分夕月，文曰："（光绪三十年，1904）八月十四日，晴。皇上秋分夕月。故事，夕月以酉刻（午后五时—七时），昨见邸抄，乃传申初（午后三时许）。一下钟登车，出西便门，顺石路至平则门坛外起居注棚少坐，与同事齐班（恩露芝、景佩珂学士、吴颖芝撰文）。先诣坛上瞻仰，中设夜明之位，左以北斗七星、金木水火土五星、二十八宿、周天恒星配。三下钟驾到。上（光绪帝）御玉色朝裙，玉色朝靴，悬珠数珠，升坛行礼。起居注官朝服序立于坛陛下西北上向。四下钟（午后四时）礼成而退。"②

每年秋分之时，皇帝到月坛祭祀月神。月坛，亦称夕月坛。月坛建于明嘉靖年间，位于北京城西阜城门外。坛方形，正位面东。一成，方四

---

① 恽毓鼎：《澄斋日记》，第 238 页。
② 恽毓鼎：《澄斋日记》，第 256 页。

丈，高四尺六寸。四出陛，皆白石，六级。此外，皇帝还祭祀北斗七星，金木水火土五星，二十八宿及周天恒星。一年有二十四个节气，秋分是第十六个节气，在每年的九月二十二日至二十四日。祭日，称"朝日"；祭月，称"夕月"。而日月之祭的时间，自周代起就定在了春分和秋分。

但是，后来秋分夕月之礼逐渐演变成了中秋之俗。一般的说法是，祭月固定在秋分日，而秋分日未必有满月，有时甚至可能无月。祭月无月自然大煞风景，后来就约定俗成，把祭月的日子固定在了八月十五日，秋祭月也就演变成了"中秋节"。

例五，祭祈谷。光绪帝亲祭祈谷于天坛，文曰："（光绪三十一年，1905）正月初八日，子正（二十四时）起，丑正（二时）之坛外帐篷，与同事齐班（达夀一学士、翁弢夫侍读），先诣坛下恭候。寅正（四时），上（光绪帝）祈谷于天坛，臣等自下数上第二层侍班（上拜位在第三层）。中祀昊天上帝，奉三祖五宗配，礼行三献，乐奏九章。礼成，东方微明（侍班凡七刻，为时最久），退至帐篷，俟车驾启行，乃登车。连日大风甚寒，独今夜风平气暖，碧宇澄清，知昊苍之佑我皇者至矣。"①

明清皇帝祭天之坛，名天坛，初名天地坛。位于北京外城东南。天坛内有圜丘坛。明嘉靖九年建，清代因之，乾隆十四年重修。每年阴历冬至为皇帝祀天之所，春季皇帝祈求五谷丰登，在此祭天。坛制圆形，规制像天，南向。三成：上成径九丈，高五尺七寸；二成径十有五丈，高五尺二寸；三成径二十一丈，高五尺。每成四出陛皆白石，九级。上成石栏七十有二，二成百有八，三成百八十，合三百六十周天之度。柱亦如之。这是一个非常精美的古代建筑。

光绪帝早四时祭祀于天坛，很是辛苦。

例六，享太庙。光绪帝亲享太庙，文曰："（光绪三十一年，1905）四月初一日，孟夏时享太庙，臣毓鼎侍班。丑正登车，寅初至殿阶上，与同事齐班（延子、澄文、翁弢夫）。寅正二刻（四时三十分），皇上行礼，起居注官朝服立于栏外北上东向。卯初二刻（五时三十分）礼毕。归寓酣寝。②

---

① 恽毓鼎：《澄斋日记》，第 263 页。
② 恽毓鼎：《澄斋日记》，第 268 页。

（光绪三十三年，1907）十月初一日，孟冬时享太庙，臣毓鼎侍班。卯初至丹墀上，与同事齐班，因时尚早，与景佩珂学士入殿瞻仰，共十一龛，中为肇祖原皇帝。若以昭穆为次，则东西应各五龛。乃东六西四，穆宗神龛应在西列东向，乃在东龛之末，皆不可解。殿中深邃，神牌辨字不清，又不敢逼视。询之礼部诸君，亦无以应。当向《会典》考之（中奉肇祖为始祖、太祖、太宗、世祖、圣祖、世宗、高宗、仁宗、宣宗、文宗、穆宗，各分昭穆，则穆庙当在西末，不应在东，而上之拈香，乃至东而止）。卯正二刻（六时三十分），驾临，仰视天颜，异常清减，又不如孟秋时矣。祭时，白雾塞空，对面不见楼阁，气味甚恶，八点钟返寓时，犹未散尽也。"①

太庙是皇家祭祀已故帝后、功臣之祖庙。位于五门外东侧，始建于明永乐十八年（1420），清顺治元年重建。今建筑完好。朱门，黄瓦，围以崇垣。周二百九十一丈六尺。大门三，门内东南为宰牲亭、井亭。戟门五间，崇基，石栏。门外东西，井亭各一。前跨石桥五，下有引流。桥南，东为神库，西为神厨，各五间。中三门，前后均三出陛。前殿十有一楹，

圜丘坛

---

① 恽毓鼎：《澄斋日记》，第355页。

太庙前殿

陛三成，缭以石栏。正南及右、左，凡五出陛。

光绪帝在四月初一日，早四时三十分，在太庙祭祀祖先。又于十月初一日，早六时三十分，在太庙祭祀祖先。

例七，看祝版。光绪帝亲看祝版，文曰："（光绪三十二年，1906）三月三十日，晴。皇上升中和殿看祝版，臣毓鼎侍班。天甚寒，衣绵三重，犹凛凛。节交孟夏，天气不当如此。"①

例八，祀皇地祇。光绪帝亲祀皇地祇，文曰："（光绪三十二年，1906）五月初一日，晴。夏至节。皇上祀地于方泽。毓鼎侍班，寅刻至安定门至帐篷，与同事齐班（文焕章、阿简臣、杨少泉）。卯刻（五时）驾临，起居注官朝服立于阶下，南上东向。大风狂起，吹披肩如翅欲飞，人凝立始能不动（坛上中祀皇地祇，旁列八幄，奉三祖五宗，配四从，坛在第二成，祀四海四渎、五岳五镇之神）。"②

---

① 恽毓鼎：《澄斋日记》，第 306 页。
② 恽毓鼎：《澄斋日记》，第 313 页。

孔庙大成门

　　方泽坛，俗称地坛。位于北京安定门外东侧，始建于明嘉靖九年（1530），是明清两代皇帝祭地之所。占地六百四十亩，建有方泽坛、皇祇室、斋宫、神厨、神库、宰牲亭等建筑二十多座。方泽坛是地坛的主体建筑，上下两层，各高一百二十八厘米，方形，以符天圆地方之说。坛下四周有泽渠，宽一百九十厘米，深二百七十厘米。祭祀时注水于水渠。明清两代定祭地为大祀。每岁夏至，皇帝亲诣此地行祭祀礼。夏至节早五时，光绪帝亲诣地坛，祭祀地神。

　　例九，祭先师孔子。光绪帝亲祭先师孔子，文曰："（光绪三十三年，1907）二月初六日，先师孔子升大祀，皇上亲诣文庙行礼。臣毓鼎侍班。天明登车，七钟一刻抵国子监，在殿下与同事齐班（世仁甫、文焕章、杨少泉）。八点钟驾到，起居注官朝服序立丹墀上中门栏外，东向北上。九点钟礼毕。衍圣公孔令贻先一日到京，是日亦随班行礼。余出，在帐篷易便衣归寓，往返逾三十里。"[1]

――――――――――

　　[1]　恽毓鼎：《澄斋日记》，第 345 页。

祭祀先师孔子在孔庙举行。孔庙，又称先师庙。位于安定门内国子监街东段路北。原大门额曰先师庙，南向，二门额曰大成门。

第三件事，接见外宾。接见外交使节、外国来宾，是光绪帝的一项重要的国事活动。恽毓鼎《澄斋日记》里，有多处记载。

例一，接受使臣贺岁。接见外国使节。文曰："（光绪二十九年，1903）正月初九日，晴。各国公使觐见贺岁。毓鼎侍班，挈元鸿二侄、惠儿往观。至九卿朝房，与同事齐班［惠学士（纯）、宝侍读（熙）、周学士（克宽）］。巳正二刻（十时三十分），皇太后、皇上升乾清宫，起居注官常服补褂序立于殿内东面北上。各国公使参随共七十余人会齐入见，公致颂词。各公使又趋宝座案前，分致颂词。皇太后亦各以吉祥语分答，礼毕而退。是役也，韩国公使亦与焉，其服饰与日本大同小异。①

（光绪三十年，1904）正月初五日……巳正二刻（十时三十分），十一国使臣贺年，皇太后升宝座，上（光绪帝）侧坐。起居注官复入侍班。各使臣率随员皆进，约六七十人，推资深使臣一员（但论在中国年份，不论国之大小）致颂词，庆亲王亦答以颂词，各使臣序升宝座，太后逐一慰劳，皆由侍郎联芳操英语传之。礼毕均退，起居注官亦退。"②

例二，接受使臣国书。文曰："（光绪三十年，1904）正月初五日。晴。黎明起，祭神毕，入城。外使臣觐见，毓鼎侍班。辰正（八时）至景运门内九卿朝房，与同事齐班（伊仲平学士、奎元卿侍讲、吴颖芝编修）。巳初二刻（九时三十分），皇上升乾清宫，大西洋国使臣（即葡萄牙国，入中国最早，明人只知其在大西洋，而不详其国名，故以大西洋国呼之，相沿至今未改）呈递国书。起居注官蟒袍补褂……立于殿内，近西墙，南距栏约两步，东面北上。使臣致词讫，升宝座递书，上（光绪帝）微欠身受之（由中阶上，再由东阶退行而下）。礼毕而退。"③

例三，接见外国使节。德龄在《清宫二年记》里记载了慈禧太后与光绪皇帝接见外国公使的情形，文曰："忽然看见一个职位很高的太监进来跪着说：'美国提督和公使等已经到宫门口了，他们一共有十二个人。'太

---

① 恽毓鼎：《澄斋日记》，第 206 页。
② 恽毓鼎：《澄斋日记》，第 229 页。
③ 恽毓鼎：《澄斋日记》，第 228 页。

后听了，笑着对我说：'我以为只有美公使提督带一二个随员来，其余的是些什么人呢？不过没有关系，我总是接见他们的。'

我们帮助太后上了宝座，替她把衣服理好，并把一张纸递给她，那上面写着她所预备说的话。然后我们和皇后同到屏风后面。这时候四周寂静，所以当提督们来的时候，我们可以很清楚地听到他们的皮鞋踏在庭院里石板上的声音。我们在屏风后面张望，看到几位王公引着这些人进殿。进来之后，这些人就站成一排，对太后行三鞠躬礼。皇帝在太后左边，也在宝座上，不过他的宝座非常小，和一张平常的椅子差不多。太后说完了欢迎的话，他们就从一边走下阶梯，与皇帝握手，然后从另一边下去。庆王就带他们到另一个宫里设宴招待。这一次接见仪式非常简单。"①

例四，接见使臣眷属。《王文韶日记》记道："（光绪二十七年十二月）二十三日（2月1日），晴。太后赏福寿字并融合二大字直幅汉碑匾

慈禧与外国公使夫人合影

------

① 德龄：《清宫二年记》，十二、"太后和康格夫人"。

287

额，见面磕头，午正（十二时）散直。是日，皇太后御养性殿，觐见各国使臣夫人及参随眷属共十三人、子女七人，计八国。前期奉派诣寿宁宫照料一切，赐宴乐寿堂，分男女两处（两宫亲加慰劳。）男系领衔公使奥国齐干及各国翻译各眷属，由齐带领也，申初竣事。此乃千古未有之创举，可谓躬逢其盛矣。"①

王文韶（道光十年至光绪三十四年；1830—1908），字夔石，号耕娱。浙江仁和（今杭州）人。咸丰二年（1852）进士。左宗棠、李鸿章皆荐其才。不数年，擢湖北按察使，升湖南布政使，署湖南巡抚。光绪三年（1877），奉特召入京署兵部侍郎，充军机大臣及总理各国事务衙门行走，深获慈禧太后及恭亲王奕䜣的宠信。十四年（1888），出任湖南巡抚，次年，擢升云贵总督。中日甲午战争爆发，应召入都，派充帮办北洋事务大臣。二十一年（1895），调任直隶总督兼北洋大臣。二十四年（1898），以户部尚书、协办大学士入军机处。戊戌变法时，受命办理矿务铁路总局。二十六年（1900），充国史馆副总裁。是年夏，义和团运动进入高潮。王文韶认为，外衅不可轻启，主张镇压义和团"乱民"，再三上陈。八国联军侵入北京，王文韶携带军机印信，徒步追赶逃亡中的慈禧一行。由此，王文韶颇受倚重。后任外务部会办大臣，授体仁阁大学士。后任督办矿务大臣，转文渊阁大学士，晋武英殿大学士。三十三年（1907），致仕回籍。越一年，病逝。其晚年，特受慈禧太后信任。其日记很有史料价值。

顺插一事，大学士名次问题。恽毓鼎《澄斋日记》记道："大学士名次先后，以殿阁为序：首保和殿，次文华殿，次武英殿，次文渊阁，次东阁，次体仁阁。保和殿不常设。文华自李（李鸿章）、荣（荣禄）二文忠逝后，亦不设。现以仁和（王文韶）居武英为首辅，内阁公事皆秉承焉。不分满汉，东阁即内阁也。以其在太和门之东，故名。"②

慈禧太后的御前女官德龄，曾经目睹光绪皇帝陪同慈禧太后接见俄国大使夫人的情景。德龄在其回忆录《清宫二年记》里写道："我们忙着准备一切，等候渤兰康太太（俄国大使的夫人）光临。大约在十一点钟光景，她来了。先由我妹妹（容龄）在会客厅接见她，然后引她进仁寿殿见

① 袁英光、胡逢祥整理：《王文韶日记》，中华书局1989年版，第1057页。
② 恽毓鼎：《澄斋日记》，第233页。

光绪皇帝

太后。太后登了宝座，皇帝坐在太后的左边，我站在太后右边做翻译。太后穿着黄缎绣袍，上面绣着彩凤和'寿'字，还镶着金边，满身挂着鸡蛋般大的珍珠，手上戴着许多金镯、金戒指和金护指。我妹妹领着渤兰康夫人进殿，夫人就向太后行礼，太后也与她握手。夫人呈上沙皇全家的相片。太后讲了一篇措辞极美的欢迎词，并谢了沙皇帝后的盛意。我都替她翻成了法语，因为大使夫人不懂英语，太后又命皇帝与夫人相见，于是皇帝与她握握手，并问俄皇帝后安好。于是，太后走下宝座，带大使夫人到她的宫中，在那里她们谈了约有十分钟。太后又命我引夫人见了皇后。"①

这里，光绪皇帝陪同慈禧太后接见了俄国大使的夫人，皇帝同俄国大使的夫人握了手，并问俄国皇帝、皇后安好。

第四件事，参与庆典。光绪帝经常参与宫内外重大庆典活动，《王文韶日记》有粗略记载。

例一，参与元旦庆典。《王文韶日记》记道："（光绪二十八年，1902）正月壬寅元旦壬戌（初一日），晴。卯初（五时许）入直，卯正（六时）召对（穿蟒袍补褂）。两宫（慈禧与光绪）赏福字荷包金银八宝金银锞并钱，均如年例。辰正二刻（八时三十分），太后升皇极殿受贺，皇上率同行礼。巳初二刻（九时三十分），皇上升太和殿受贺（以上均朝衣朝冠本色貂褂）。巳正二刻（十时三十分），寿皇殿随同行礼（蟒袍补褂）。午正回寓。"②

例二，接受万寿祝贺。光绪帝生日为阴历六月二十六日，光绪帝照例接受庆贺。《王文韶日记》记道："（光绪二十八年，1902）（六月）二十六日，霁。辰初（七时许）入对。辰初二刻（七时三十分），皇上升乾清宫受贺，行礼如仪。辰正（八时）入座听戏，赏如意、袍褂料、荷包、花瓶、手炉、螺钿盘、帽纬等件（名曰盘子赏）。亦年例也。申初二刻（十五时三十分）散归。"③

例三，祝贺慈禧万寿。慈禧太后的诞辰为阴历十月初十日，这一天是万寿节，要郑重地进行庆祝。

---

① 德龄：《清宫二年记》，五、"接见俄国大使的夫人"。
② 《王文韶日记》，第 1059 页。
③ 《王文韶日记》，第 1077 页。

在颐和园庆贺。《王文韶日记》记道："（光绪二十八年，1902）（十月）初十日，晴。皇太后万寿，卯正（六时）入对。辰初二刻（穿朝服），（颐和园）排云殿随同皇上行礼，来往赏坐船。辰正（八时）入座听戏，未初至直庐小憩，酉初二刻（十七时三十分）散戏。又赏排云门观灯，王公大臣均侍立。灯事毕，赏至后殿瞻仰并赏元宵。叫散已戌初二刻（十九时三十分）矣。"①

在中南海庆贺。恽毓鼎《澄斋日记》记道："（光绪卅二年，1906）十月初十日，皇太后万寿，升仪銮殿受贺。臣毓鼎侍班……太后升殿，上（光绪帝）在来熏风门外阶上，率王公百官行礼。起居注官朝服序立于阶下北上东向。一二品大员拜于景福门外。礼毕退出。"②

第五件事，参与谒陵。光绪帝参与访谒祖陵，《王文韶日记》记道："（光绪二十八年，1902）（三月）初六日，晴。皇太后、皇上启銮抵谒东陵。寅正（四时）先行，辰正三刻抵燕郊行宫（照向导处路程单作八十里，其实不过六十余里）。庆甲随行，小憩，未正上门。两宫（慈禧与光绪）申正二刻（十六时三十分）到。酉初三刻（十七时四十五分）入对，先请安。酉正一刻（十八时十五分）散直。"③

第六件事，读书学习。根据慈禧御前女官德龄的回忆，光绪皇帝曾努力地自学英文，而且很有成绩，并喜欢读书。同时，德龄通过自身与光绪皇帝的多次接触，对这位软禁中的傀儡有了独特的认识。德龄似乎观察到了光绪皇帝沉默中更加深层次的思想动向。德龄在《清宫二年记》写道："我每天早晨碰见光绪皇帝。他常常趁我空的时候，问我些英文字。我很惊奇他知道的字这样多。我觉得他非常有趣，两眼炯炯有神。他单独和我们在一起的时候，就完全变成另外一个人了。他会大笑，会开玩笑。但一见到太后，就变得严肃、忧郁。有时候甚至使人觉得他有些呆气。有许多在上朝时见过他的人，曾告诉我他是个迟钝的、话都不大会讲的人。我却知道得更清楚，因为我每天看到他。我在宫里这些时间，已经很能够了解他了。他，在中国实在是一个聪明又有见识的人。他是一个出色的外交人

---

① 《王文韶日记》，第1088页。

② 恽毓鼎：《澄斋日记》，第330页。

③ 《王文韶日记》，第1065页。

才，有极丰富的脑力，可惜没有机会让他发挥他的才能……

我曾和皇帝有好几次长谈，并且发现他是个有思想、能忍耐的人。他一生的遭遇是很不幸的，从小就丧失了身体的健康。他告诉我他书读得不多，但是他生来喜欢读书。他是一个天才音乐家，无论何种乐器，一学就会。他极喜欢钢琴，常常叫我教他。在朝堂里就有好几只壮丽的钢琴。他对于西洋音乐有极深的嗜好。我教了他几支华尔兹，他能够弹得很合节拍。

我觉得他的确是一个好伴侣。他也很信任我，常常把他的困难和苦痛告诉我。我们常常谈到西方文明，我很惊异于他对于每一事物懂得那样透彻。他屡次告诉我他对于自己国家的抱负，希望中国幸福。他爱他的百姓，逢到灾荒水旱的时候，他几乎愿意牺牲一切来救助他们。我可以看出他对于这些事情是如此的关切。有些太监说他怎样怎样暴虐，完全是诬蔑他。这些话我在进宫之前也就听到人家说了。他对太监们也很和气，但是主仆间的礼节总是不可少的。"①

关于光绪皇帝，容龄也有所回忆。其中最重要的是光绪帝曾经巧妙地问起过康有为的情况，文曰："光绪有一个姓孙的太监，常在他旁边服侍。我们大家一向叫他孙子。有一天，孙子到我房里来，趁着没有别人，他掏出一只表来给我看。表的玻璃蒙子上用朱笔写了一个字，他告诉我说：'万岁爷叫我问你这个人在哪里，问你知道不知道。'我拿着这个表看了半天，不认识这个字，我便说：'很对不住，我不认识这是个什么字。'他笑着轻轻地对我说：'五姑娘，你怎么欠明白！这个字是一个'康'字。'我想了半天，才明白指的是康有为，把我吓了一大跳。我便告诉他：'我实在不知道他在哪里。'我又说：'我年轻，不知道他的情况，我可以问问我母亲看。'孙子便说：'五姑娘，算了吧，你别去问裕大太太啦。'万岁爷说，这件事千万不可让任何人知道。'"②

这件事如果属实，可以看出光绪帝心中还存在着没有泯灭的希望之光。

总之，光绪皇帝在光绪二十七年八月二十四日（1901 年 10 月 6 日）

---

① 德龄：《清宫二年记》，九、"光绪皇帝"。
② 容龄：《清宫二年记》，三十、问"康"。

回到北京后，基本上做了一个礼仪皇帝。他定时早朝，主持祭祀，接见外宾，参与庆典，参加谒陵和读书学习。当然，在任何场合，对任何问题，他都基本保持沉默，基本一言不发。从他对德龄有限的谈话中，似乎可以体察到，他对未来还是怀有某种热望、某种憧憬。他还是想要有所作为的。当然，这一切，随着他的早逝，也都化为乌有了。

第十五章　光绪驾崩　历史评价

一　光绪驾崩　疑团丛生

光绪帝比慈禧太后早一天去世。这个历史的巧合，使光绪帝的死蒙上了一层迷雾。人们猜测，光绪帝是非正常死亡的。而凶手却有五名之多，即袁世凯、李连英、崔玉贵、奕劻、慈禧。但这也只是猜测而已，没有任何有力的证据能充分证明这一论点。笔者相信，光绪帝是正常病死的。但近期出现了科学最新说。

光绪帝于光绪三十四年十月二十一日（1908 年 11 月 14 日）崩逝于中南海瀛台的涵元殿。其实，自光绪二十四年（1898）戊戌政变后，光绪帝就成了慈禧太后的一个十足的傀儡。他整整做了十年傀儡。

光绪帝死后，不到二十一小时，慈禧太后亦宾天。即不到二十一小时，两宫相继死去。而且，光绪帝在先。这就使人们自然地产生了诸多疑忌。联想到他们之间十几年的恩恩怨怨，于是关于光绪皇帝之死，就产生了三种说法：一是被害死亡说；二是正常病死说；三是科学最新说。

1. 被害死亡说

这个说法流传甚广。其实，自光绪二十四年（1898）戊戌政变后，光绪帝就成了慈禧太后的一个十足的傀儡。召见臣工时，他只有陪坐的份儿，被剥夺了任何发言权。只是在慈禧命他问话时，他才说上一两句不关痛痒的话，且声音极低，有时需太后重复，臣子方能听见。对此，吴永有极为形象的记载："先相对数分钟，均不发一言。太后徐徐开口曰：'皇帝，你可问话。'乃始问：'外间安静否？年岁丰熟否？'凡历数百次，只此两语，即一日数见亦如之。二语以外，更不加一字。其声极轻细，几如蝇蚊，非久习，殆不可闻。"①

光绪帝这样做，一方面固然是迫于慈禧的淫威；另一方面也不排除他是有意在韬光养晦，以求有朝一日，东山再起。因此，他在慈禧面前表现出来的是忠顺、木讷，好像对政治已完全失去了兴趣。这是他深自愧悔呢，还是韬光养晦呢？或者二者兼而有之，则不得而知了。

光绪帝死后，不到二十一小时，慈禧太后亦宾天。这就使人们自然地产生了诸多疑虑。人们不禁要问，为什么这么巧合？是不是其中有鬼？因此，私家记载便生出了种种猜测，其中多数说法为光绪帝是被毒死的，而其凶手又说法不一。被疑为凶手的有五人，即袁世凯、李连英、崔玉贵、奕劻和慈禧。这就是光绪被害死亡说。

第一个是袁世凯。

袁世凯因戊戌政变告密有功，颇受慈禧及荣禄的赏识。

袁世凯（1859—1916），字慰庭（又作慰亭、慰廷），别号容庵，河南省项城县袁寨人。光绪二年（1876）秋，应试不中，落第而返。五年秋，再次应试，仍然名落孙山。七年（1881），踏上仕途。以后，因缘际会，袁世凯逐步升迁。二十七年（1901）九月二十七日，李鸿章病逝。袁世凯署直隶总督兼北洋大臣，接了李鸿章的班。旋奉旨，以袁世凯"共保东南疆土"有功，加太子少保衔。十二月，命参与督办政务处事宜。二十八年（1902）五月，实授直隶总督兼北洋大臣。七月，督署由保定移住天津。九月，兼商务大臣。十二月，兼电政大臣。二十九年（1903），兼会办练兵事务大臣。

袁世凯

① 吴永：《庚子西狩丛谈》，第74页。

袁世凯又训练出了北洋六镇新军，兵力骤增至九万余人，形成了以他为首脑的北洋军事政治集团。因其势力急剧膨胀，遭到满洲亲贵的疑忌，慈禧亦担心其尾大不掉，酿成后患。为此，于光绪三十三年（1907）七月二十七日，免去其直隶总督兼北洋大臣职务，授为外务部尚书、军机大臣。其目的是剪除其令人担忧的兵权。但不管怎么说，袁世凯仍隐握兵权。袁世凯虽然官运旺达，如日中天。但是，他有一个最大的心病，即他深知，因戊戌政变，光绪帝是对他切齿痛恨的。

怀来县县令吴永根据亲眼所见的记载，是很有说服力的。他记道："宫监对于皇上，殊不甚为意，虽称之为万岁爷，实际不啻为彼辈拨弄傀儡。德宗（光绪帝）亦萎靡无仪表，暇中每与诸监坐地作玩耍，尤好于纸上画成大头长身各式鬼形无数，仍拉杂扯碎之；有时或画成一龟，于背上填写项城（袁世凯）姓名，粘之壁间，以小竹弓向之射击，既复取下剪碎之，令片片作蝴蝶飞。盖其蓄恨于项城（袁世凯）至深，几以此为常课。"①

项城即袁世凯，袁世凯生于河南省项城县。这里生动逼真地刻画出了光绪帝对袁世凯的仇视。光绪帝如此痛恨袁世凯，袁世凯自然心中有数。如果光绪帝死于慈禧太后之后，袁世凯就有被光绪帝杀头的可能。为此，由袁世凯主谋暗害光绪帝也是极有可能的。

当时人就有这种猜测。宣统帝溥仪在《我的前半生》里写道："我还听见一个叫李长安的老太监说起光绪之死的疑案。照他说，光绪在死的前一天还是好好的，只是因为用了一剂药就坏了，后来才知道这剂药是袁世凯使人送来的。"②

其实，清宫规定，皇帝用药的手续十分严格。袁世凯不敢随便进药，进了药，皇帝也不能随便服用。细分析这段话，溥仪是听老太监说的，老太监是听别人说的。这些话都是口口相传，因此，不能作为凭据。

尽管袁世凯有作案的动机，但迄今为止没有发现任何确凿的证据。因此，不能指实袁世凯是谋害光绪帝的凶手。

第二个是李连英。

---

① 吴永：《庚子西狩丛谈》，第74页。
② 爱新觉罗·溥仪：《我的前半生》，群众出版社1981年版，第21页。

李连英

李连英（1848—1911），原名李英泰，字灵杰，道号乐元。入宫后慈禧赐名李连英，后被误写为李莲英，以李莲英之名行于世，而档案和正史记载都用李连英名。祖籍浙江绍兴。"其先世多宿儒显官，后世椒衍瓜衍，支分派别"，家道衰落。明末清初，祖辈迁徙山东。后来，辗转流落到直隶河间府大城县。

道光二十八年（1848）十月十七日，李连英出生在直隶河间府大城县李家村。李家村紧靠子牙河，距北京大约三百里，是一个十年九涝的低洼地带。只要小雨连绵，便颗粒无收。因为穷，这里许多人家便把孩子送去当太监。清宫里的太监大多是这一带人。

李连英家境贫寒。其祖父祖母都饿死在灾荒年代，只留下一个十岁的男孩子李玉。他就是李连英的父亲。李玉在死亡线上挣扎。后来，投靠了同族叔李柱，得以安身立命，娶妻生子。李连英兄弟五人：老大李国泰、老二李英泰（即李连英）、老三李宝泰、老四李开泰、老五李世泰。还有两个妹妹。

李玉在家乡吃不上饭，就通过亲戚的关系，在北京西直门外堂子胡同开了一个作坊，名永德堂李皮作坊。这就是后来李连英被称为"皮硝李"的原因。

咸丰四年（1854），因生活艰难，无以为继，不得已将李连英送到专门干净身行当的地方净了身，那时李连英才虚龄七岁。咸丰七年（1857），李连英进宫，起名李进喜，分配在奏事处当差。

咸丰十年（1860），李连英被调到东路景仁宫当差。同年，英法联军侵犯北京。八月八日，咸丰皇帝偕后妃大臣北逃热河，十三岁的李连英"以童年随扈奔走跋涉"，也随之逃到热河。咸丰十一年（1861）七月十六日，咸丰帝病逝于热河避暑山庄。此后，慈禧、慈安两太后联合恭亲王奕䜣，于九月三十日，在回銮北京的当天，就成功地发动了震惊中外的辛酉政变，真正掌握了皇权。

野史记载，李连英在这次政变中曾经干过一桩惊天动地的大事，就是来往于热河与北京之间，为慈禧传送政变的重要情报。事实上，这是根本不可能的。因为当时的李连英，既不是东路钟粹宫慈安太后的太监，也不是西路储秀宫慈禧太后的太监。同时，他也只有十四岁，还太年轻。慈禧不会把这么重要的任务交给他去完成。而且，传送热河与北京之间的情报，不是由某个人单独去做的，而是利用方略馆的正当渠道，通过书写暗语密信，巧妙地完成的。即使李连英的墓志碑文也只是说"虽艰苦备尝，未曾言念及之"，也没有提到他有何功劳。因此，李连英在辛酉政变中没有起到任何作用。

此后，李连英得到了人生一大际遇。就是同治三年（1864）四月二十日，十七岁的李连英被调到长春宫慈禧太后御前当差。从此，李连英得以近距离地接触慈禧太后，这为他以后的飞黄腾达提供了先决的条件。

此时，李连英同慈禧太后的宠监安得海同为慈禧服务。档案记载，安得海与李连英同时入宫，安得海比李连英年长一岁。安得海很走运，入宫就分到储秀宫为懿贵妃当差。他聪明伶俐，办事利索，很得慈禧太后青睐。慈禧甚至给他起了一个小名，叫灵珊。因为得到慈禧的重视，同治七年（1868），二十二岁的安得海连升两级，赏戴六品顶戴。但是，好景不长，安得海目光短浅，恃宠而骄，眼睛里只有慈禧太后一人，其他的人，包括恭亲王奕䜣，甚至同治皇帝、慈安太后，都不放在眼里。后来，安得海从慈禧那里得到了一个到广东采办龙衣的机会。他一路之上大肆招摇，侵扰地方。同治八年（1869）八月初七日，山东巡抚丁宝桢将其在济南正法，曝尸三天。

二十二岁的安得海的如此下场，李连英历历在目，铭刻在心。此时的李连英并不像民间传说的那样，立即平步青云，飞黄腾达。安得海一案，他也受到了牵连。先是被无缘无故地罚掉薪俸，继而又因"滑懒不当差"被革去八品顶戴及钱粮，后来又官复原职。总之，安得海的被杀，使李连英看清了自己在皇宫中的真正位置。从此，他在宫内，低调做人，小心谨慎，"事上以敬，事下以宽，如是有年，未尝稍懈"。

直到同治十一年（1872），二十五岁的李连英终于开始走运。同年九月二十一日，他被赏戴六品顶戴花翎，食月薪银八两五钱。同治十三年

（1874），二十七岁的李连英进入更加辉煌的时期。这一年，他三逢喜事：一是三月十日，他被任命为储秀宫掌案首领大太监。二是九月十五日，他被赏戴四品顶戴花翎。三是十一月十二日，他被加赏貂皮马褂。

以后，李连英在太监的路上一帆风顺，官运亨通。光绪五年（1879）十二月二十八日，三十二岁的李连英被任命为四品花翎总管，赏食月薪二十两；光绪七年十月十四日，三十四岁的李连英被赏戴三品顶戴花翎，赏月薪二十八两；光绪十年十月初一日，赏食三十八两月薪；光绪十六年六月十七日，奉旨月薪添加十两，达到四十八两；光绪二十年正月初一日，四十七岁的李连英被赏戴二品顶戴花翎。

至此，李连英的升迁达到了清朝太监行当登峰造极的地步。

李连英一生所做的最大的一件事是以监军的身份巡视北洋海军。光绪十二年（1886），慈禧派总理海军大臣醇亲王奕譞与海军衙门会办大臣李鸿章、善庆校阅北洋海军。醇亲王奕譞是个城府深邃、处事谨慎的人。鉴于其六兄恭亲王奕訢的前车之鉴，为了免除慈禧的猜忌，奕譞主动提出让大太监李连英随行。这正合慈禧太后的心意。慈禧爽快地批准了他的请求。于是，李连英就有随扈醇亲王奕譞的北洋海军的校阅之行。

奕譞一行于光绪十二年（1886）四月十三日抵达天津，会见李鸿章。次日赴大沽；十五日，出海至奉天旅顺口，视察炮台并阅看南北洋水陆军操练；十八日、十九日，检阅威海卫与烟台；二十日，回大沽；二十二日，回到天津。这一次校阅，从四月十三日抵达天津，到二十二日回到天津，首尾共十天。奕譞、李鸿章、善庆等，全面地检查了北洋海军的舰队和海防要塞、水陆学堂、水陆操练、机器厂局等。《李连英墓葬碑文》记道："当醇邸（醇亲王奕譞）观兵海口，公（李连英）从之，维持左右。"

李连英的随行，慈禧并没有明确地给他以监军的名义。但无其名，却有其实。深谙太监身份含义的李连英，知道此行包含的危险因素。安得海被正法的殷鉴不远，李连英不愿意以身试法。他此行是在走钢丝，险象丛生。为此，他首先摆正了自己的位置。他自认为，是慈禧太后派他来侍候七王爷醇亲王奕譞的。李连英此行的表现，他亲口讲给其徒弟太监刘祥听，刘祥又讲给老宫女听。老宫女说："光绪十四年（作者按：应为十二年，即1886年），太后命七王爷奕譞视察北洋海军，让李莲英（李连英）陪同。这等于七王爷是正的，李连英是副的。太监当钦差大臣视察海军，在大清朝还是第一次。因为祖宗的制度非常严格，太监不许过问政治。李连英非常了解这一点，于是把二品顶戴（作者按：此时应为三品顶戴）换成了四品顶戴，因祖宗制度太监最高不得过四品，规规矩矩地随着七王爷出发。在海船上，他不住给他预备的仅次于七王爷的豪华的舱舍。他说：我怎能跟七王爷、李中堂（李鸿章）比呢？他坚持住在七王爷的套间里，不和任何官员接触，白天只是在七王爷面前站班侍候，拿着七王爷的长杆烟袋，提着麂子皮的大烟袋荷包，往侧面一站，低眉敛目，自认为是太后钦派来侍候七王爷的。晚上，预备好热水，要侍候七王爷洗脚。说：我平日没机会侍候七王爷，现在请赏脸让我尽点孝心。感动得七王爷连连地拱手。一趟差事回来，李连英的名誉不知提高多少倍！七王爷、李鸿章争着向太后称赞，老太后更喜滋滋的，显然是给老太后露了脸，争了气，堵住了一般朝臣的嘴，连说：没白心疼他。"①

　　著名的维新派人士王照，对李连英随醇亲王奕譞校阅北洋海军持有与一般人完全不同的见解。王照，字小航，直隶宁河人。光绪二十年（1894）进士，任礼部主事。在光绪帝实行戊戌变法期间，王照是一个著名的变法人物。他曾经掀起一个大波澜。他大胆上书，陈述"转移观听之法"，建议"请皇上奉皇太后圣驾巡幸中外，以益光荣而定趋向也"。他请礼部尚书怀塔布等代递，遭到拒绝。后来，王照怀揣奏折，到礼部大堂，要求礼部堂官亲递，否则就往都察院递之。怀塔布等不得已，答应代递。但在正折外，夹带附片，说"折请皇帝游历日本，系置皇帝于险地，故不敢代递"。光绪帝抓住这个阻隔奏折的事件，想要狠狠地教训一下守旧派，便下令罢免了礼部全部六个部级正、副部长，并以王照"不畏强御，勇猛可嘉，著赏给三品顶戴，以四品京堂候补，用昭激励"。就是这个王照，发表了关于李连英随醇亲王奕譞校阅海军的看法。鉴于王照的观点向来激烈，他的这个见解就特别引人注目。他在《方家园杂咏二十首并记事》中记道："及王（奕譞）赴烟台阅海军，懿旨赐杏黄轿。王不敢乘，而心益加惕，力请派李莲英（李连英）偕往。出宫后，每见文武各员，皆命李连英随见。王意在避本生擅权之嫌也。而莲英怵于安得海之祸，布靴布衣，每日手执王之旱烟筒、大皮烟荷包，侍立装烟。退则入王之夹室中，不见

---

① 金易、沈义羚：《宫女谈往录》，第314页。

一人。时直鲁两省卑鄙官员，欲乘机逢迎大总管者，皆大失所望。王之左右与李连英皆一介不取而归，王大赞赏之。"

王小航的这个记载，同老宫女的上述口述，几乎不谋而合。这两个材料互为印证，说明李连英校阅北洋海军一行，既完成了慈禧交给的监军任务，又邀得了当朝官员的某些好评。从以上记叙可以知道，李连英确实是慈禧太后的宠监。

因李连英为慈禧之宠监，人们便猜测光绪帝一定衔恨李莲英。传说在慈禧患病时，李连英为保全自己，同慈禧合谋毒杀了光绪帝。

慈禧御前女官德龄在《瀛台泣血记》里写道："万恶的李莲英（李连英）眼看太后的寿命已经不久，自己的靠山快要发生问题了，便暗自着急起来。他想与其待光绪掌了权来和自己算账，还不如让自己先下手的好。经过了几度的筹思，他的毒计便决定了。'近来奴婢听许多人说，万岁爷的身子很不好。'凑某一个机会，他就悄悄地向太后说，语气是非常的奸猾，'奴婢愿意去瞧瞧他去，或者可以使他的身体好起来。'他这一串说话的深意，当时太后究竟有没有听清楚，实在没有人敢断定了。但为稍存忠厚起见，我们不妨姑且说她因为病中精神恍惚，所以没有窥测到李连英的真意。就在李连英说过这一番话的第二天，光绪便好端端的也害起厉害的病来了。当下少不得就召御医进宫诊视，无奈他们谁都想不到其中会有下毒的阴谋。诊下他的脉，一个也说不出是什么病症。只得随便煮一些开胃安神的药让他喝喝，只有光绪自己心里是明白的。他料定必是给李连英在饮食中下了毒，存心要谋杀他。但李连英究竟下了什么毒呢？应该怎样才解救得转，他就无法可想了。那时只有一个人是可以救他的，那就是太后。可惜太后到底不曾出来干涉。于是她就在无形中帮助李连英达到了目的。"①

胡思敬在《国闻备乘》里说："德宗（光绪帝）先孝钦（慈禧）一日崩，天下事未有如是之巧。外间纷传李连英（李连英）与孝钦有密谋。予遍询内廷人员，皆畏罪不敢言。"②

上述的记载都是耳闻，而非亲见。这就不能作为直接证据。我们进一

---

① 德龄：《瀛台泣血记》，云南人民出版社 1980 年版，第 357 页。
② 胡思敬：《国闻备乘》，《近代稗海》，第 1 辑，第 285 页。

慈禧在颐和园仁寿殿前乘舆照，前为总管太监李连英（右）、崔玉贵

步思索，也找不到光绪帝仇恨李连英的动机。尽管野史记载李连英如何苛待光绪帝，但实际情况并非如此。因为李连英身为太监，他自知是个地位卑下的奴才。他既怕得罪太后，又怕开罪皇帝。因此，他在光绪帝面前始终是诚惶诚恐的。这是在预留地步。慈禧洞烛其心。为此，李连英曾一度宠衰。只是李连英仍像没事儿似的示之以诚，才逐渐恢复了原来的地位。

总之，说李连英谋害光绪帝，只是人们的一种猜测，实在拿不出任何确凿的证据。

第三个是崔玉贵。

崔玉贵为慈禧御前的首领太监，也深得慈禧宠幸。八国联军攻入北京，慈禧在逃跑前，命崔玉贵将珍妃从软禁之地北三所提出来，然后扔到井里。珍妃是光绪帝之爱妃。崔玉贵是杀害珍妃的刽子手。回銮后，慈禧为取悦西方列强，便着意改变自己的形象，放风说本不想杀害珍妃，而是崔玉贵误听懿旨，擅自所为，并将其逐出宫去。后来风声小了，又将崔玉贵召回宫中。崔玉贵自知，如果光绪帝亲政，他是逃不过一刀的。人们也是这样分析的。自然，他便成了杀害光绪帝的嫌疑犯之一。但是，任何人也拿不出像样的证据。

第四个是奕劻。

胡思敬在《国闻备乘》里记道："迨奕劻荐商部郎中力钧入宫，进利剂，遂泄泻不止。次日，钧再入视，上（光绪帝）怒目视之，不敢言。钧惧，遂托疾不往。谓恐他日加以大逆之名，卖己以谢天下也。"①

这是说，奕劻借郎中力钧之手毒害光绪帝。可是，奕劻为什么无缘无故地要谋害光绪帝呢？于理不通。这显然是道听途说。

第五个是慈禧。

庆亲王奕劻

恽毓鼎在《崇陵传信录》里记道："时太后病泄泻数日矣。有谮上者，谓帝闻太后病。有喜色。太后怒曰：'我不能先尔死！'"

既然如此，慈禧似乎就命人将光绪帝先行谋害了。但细究原委，这仍然是一种传说，无法指实。

慈禧对光绪帝的病情是心中有数的。她在时刻密切注视着光绪帝病情的变化。十月二十日，她发现光绪帝的病已露危象，必须立即安排后事。于是，慈禧当机立断，于十月二十日连发两道谕旨。

第一道："上（光绪帝）不豫。谕内阁：朕钦奉慈禧端佑康颐昭豫庄诚寿恭钦献崇熙皇太后懿旨：醇亲王载沣之子溥仪著在宫内教养，并在上书房读书。"

第二道："又谕：朕钦奉皇太后懿旨：醇亲王载沣授为摄政王。"②

二十一日，光绪帝病情加重，"上疾加剧"。后来，"上疾大渐。酉刻，

① 胡思敬：《国闻备乘》，《近代稗海》，第1辑，第285页。
② 《清德宗实录》，第397卷，第9页。

302

崩于瀛台之涵元殿"。这一天，连续发布了五道谕旨。

第一道："谕：内阁。自去年入秋以来，朕躬不豫。当经谕令各省将军、督抚，保荐良医。旋据直隶、两江、湖广、浙江各督抚，先后保送陈秉钧、曹元恒、吕永宾、周景涛、杜钟骏、施焕、张鹏年等，来京诊视。惟所服方药，迄未见效。近复阴阳两亏，标本兼病。胸满胃逆，腰腿酸痛，饮食减少，转动则气壅咳喘，益以麻冷发热等症。夜不能寐，精神困惫，实难支持，朕心殊深焦急。著各省将军督抚，遴选精通医学之人，无论有无官职，迅速保送来京，听后传诊。如能奏效，当予以不次之赏。其原保之将军督抚，并一体加恩。将此通谕知之。"

第二道："谕军机大臣等：朝会大典、常朝班次，摄政王著在诸王之前。"

第三道："钦奉慈禧端佑康熙昭豫庄诚寿恭钦献崇熙皇太后懿旨：摄政王载沣之子溥仪，著入承大统为嗣皇帝。"

第四道："又钦奉皇太后懿旨：前因穆宗毅皇帝未有储贰，曾于同治十三年十二月初五日降旨，大行皇帝未生有皇子，即承祧穆宗毅皇帝为嗣。现在大行皇帝龙驭上宾，亦未有储贰，不得已以摄政王载沣之子溥仪承继毅皇帝（同治帝）为嗣，并兼承大行皇帝（光绪帝）之祧。"

第五道："又钦奉皇太后懿旨：现值时事多艰，嗣皇帝尚在冲龄，正宜专心典学。著摄政王载沣为监国。所有军国政事，悉秉承予之训示，裁度施行。俟嗣皇帝年岁渐长，学业有成，再由嗣皇帝亲裁政事。"①

这五道懿旨，既宣布溥仪承继同治帝为嗣，又宣布溥仪兼祧光绪帝，同时宣布载沣为监国摄政王。而这里最重要的一句话是"所有军国政事，悉秉承予之训示，裁度施行"。说明此时的慈禧，仍然坚信自己会像从前一样大权独揽、稳握朝纲。她完全没有想到自己会很快地撒手人寰。基于对自己寿命的这种自信，她就没有必要急于害死光绪帝。

直到十月二十二日晨，患痢疾多日的慈禧自觉不好，感到要不久于人世。她很快地安排了后事。在完全清醒的情况下，慈禧命起草遗诏。遗诏经过修改，得到了慈禧的首肯。

遗诏中所表现的对光绪帝的悼念之情，就不好下断语了。也许是"人

---

① 《清德宗实录》，第397卷，第9页。

之将死，其言也善"。关于政权的交接，慈禧在深思熟虑的基础上，直接地连发两道懿旨，以安排后事。

第一道懿旨："谕内阁：朕钦奉慈禧端佑康颐昭豫庄诚寿恭钦奉崇熙太皇太后懿旨：现命摄政王载沣监国。所有应行礼节，著内阁各部院会议具奏。"

这就进一步明确地给予了摄政王载沣监国的名义。

第二道懿旨："又谕：朕钦奉太皇太后懿旨：昨经降旨，特命摄政王为监国。所有军国政事，悉秉承予之训示，裁度施行。现予病势危笃，恐将不起，嗣后军国政事，均由摄政王裁定。遇有重大事件，必须请皇太后（隆裕皇太后）懿旨者，由摄政王随时面请施行。"

这道懿旨表明，慈禧把国家政事的最高决策权全部交给了载沣。但同时又留了个尾巴，遇有重大事件仍必须请示隆裕皇太后裁定。不管怎么说，慈禧已意识到自己到了生命的最后一刻，应该交出政权了。即直到临死前的四五个小时，她才十分勉强地交出了手中的权力。

那么，慈禧是不是一定要杀掉光绪帝呢？种种迹象表明，慈禧虽然痛恨光绪帝在戊戌政变期间的叛逆行为，但经义和团事件、仓皇西狩及顺利回銮这样历史的大震荡，也许是光绪帝的养晦之计起了作用，也许是慈禧年事已高，反正他们之间的关系有所缓和。"太后常劝勉皇帝鼓励精神，有顾恤之意"，"太后此时，知皇帝已无反对太后意旨之心也。帝病亟，太后戒饬太监，以后帝来请安时，不可使久候于外。又命令议国政时，免他跪地迎送之礼"。慈禧这样做也许是故意给别人看的。但不管怎么说，慈禧自信是完全可以驾驭光绪帝的。同样自信

摄政王载沣和宣统帝溥仪

的是完全可以活过光绪帝的。鉴于此，她为什么非要害死光绪帝呢？

以上人们传说的五名凶手，充其量也只是令人怀疑的嫌疑犯。因为没有任何使人信服的证据，证明他们是真正的凶手。

我们知道，如得不到慈禧太后的指令或默许，任何人也是不敢对光绪帝下毒手的。谋害皇帝是大逆不道，要祸灭九族的。即便某些人有这种图谋，也是不敢轻易出手的。

近年出版了一本重要著作《启功口述历史》，启功先生说："我曾祖父遇到的、最值得一提的是这样一件事：他在任礼部尚书时，正赶上西太后（慈禧）和光绪皇帝先后'驾崩'。作为主管礼仪、祭祀之事的最高官员，在西太后临终前要昼夜守候在她下榻的乐寿堂外。其他在京的、够级别的大臣也不例外，就连光绪的皇后隆裕（她是慈禧那条线上的人），也得在这边整天侍候着，连梳洗打扮都顾不上。进进出出时，大臣们也来不及向她请安，都惶惶不可终日，就等着宫里一哭，外边好举哀发丧。西太后得的是痢疾，所以从病危到弥留的时间拉得比较长。候的时间一长，大臣们都有些体力不支，便纷纷坐在台阶上，哪儿哪儿都是，情景非常狼狈。就在宣布西太后临死前，我曾祖父看见一个太监端着一个盖碗从乐寿堂出来，出于职责，就问这个太监端的是什么，太监答道：'是老佛爷赏给万岁爷的塌喇。''塌喇'在满语中是酸奶的意思。当时光绪被软禁在中南海的瀛台，之前也从没有听说过他有什么急症大病，隆裕皇后也始终在慈禧这边忙活。但送后不久，就由隆裕皇后的太监小德张（张兰德）向太医院正堂宣布光绪帝驾崩了。接着这边屋里才哭了起来，表明太后已死，整个乐寿堂跟着哭成一片，在我曾祖父主持下举行哀礼。其实，谁也说不清西太后到底是什么时候死的，也许她真的挺到光绪死后，也许早就死了，只是秘不发丧，只有等到宣布光绪死后才发丧。这已成了千古疑案，查太医院的任何档案也不会有真实的记载。但光绪帝在死之前曾亲赐他一碗'塌喇'，确实是我曾祖父亲见亲问过的。这显然是一碗毒药。"

这段自述，存在六处破绽。

第一个破绽，慈禧死亡的地点不对。本文三处提到死亡的地点是乐寿堂："在西太后临终前要昼夜守候在她下榻的乐寿堂外"；"太监端着一个盖碗从乐寿堂出来"；"表明太后已死，整个乐寿堂跟着哭成一片"。

北京的乐寿堂有两处，一处在紫禁城；另一处在颐和园。

紫禁城里的乐寿堂，属于宁寿宫后区中路建筑之一，位于养性殿后，面朝南。乾隆三十七年（1772）建。嘉庆七年（1802）修，光绪十七年（1891）重修。亦称乐寿宫读书堂。面阔七间，进深三间。光绪二十年（1894）慈禧曾经居住此堂，以西暖阁为卧室。光绪二十七年（1901）慈禧亦曾在此居住，据《王文韶日记》记载，光绪二十七年十二月二十三日（1902年2月1日），慈禧在宁寿宫的养性殿接见了八国公使夫人和随员眷属十三人、子女八人。在乐寿堂赐宴分男女两处。光绪帝也亲自参与此事。在清朝历史上，皇太后、皇上亲自接见外国公使夫人，这是首次，是创纪录的。慈禧和光绪创造了这个纪录。无怪乎军机大臣王文韶赞美道："此乃千古未有之创举，可谓躬逢其盛矣！"

　　关键是，慈禧临死前，没有住在紫禁城的乐寿堂。

　　颐和园的乐寿堂在颐和园的宫殿区。颐和园的东门为正门，门内为宫殿区，有仁寿殿、乐寿堂、大戏台等多组建筑。慈禧临死前，显然也没有住在颐和园的乐寿堂。

　　慈禧临死前并不住在这两处乐寿堂的任何一处，而是住在仪銮殿。

　　仪銮殿是慈禧死亡的最后地点。《清德宗实录》卷五九七记道："是日（十月二十二日），太皇太后（慈禧，因已立溥仪为皇帝）疾大渐，未刻，崩于仪銮殿。"

　　根据学者林克光的考证，仪銮殿有两处：早期的仪銮殿和晚期的仪銮殿。早期的仪銮殿在皇宫西苑三海中海的西岸。这座仪銮殿，是慈禧为了归政光绪帝特意为自己修建的颐养天年之所。这是一组以仪鸾两卷殿为中心，前后三进，坐北朝南的传统宫殿式建筑群。仪銮殿是正殿，规模最大，面阔五间。正中一间是慈禧召见大臣的地方。东次间是慈禧的寝宫。慈禧于光绪十四年（1888）七月初一日，移住仪銮殿新宫。此后数年，大部分时间均住在仪銮殿。光绪十七年（1891）四月，颐和园修竣，才常住颐和园。但到冬天，则主要住在仪銮殿。但是，在八国联军侵犯中国后，联军统帅瓦德西居住在仪銮殿达半年之久。光绪二十七年（1901）二月二十九日深夜，仪銮殿突然起火，"烈焰凶猛，半天皆红"。后来查明"当系由铁炉之火，延烧壁上之木皮纸面所致"。这是早期的仪銮殿。

　　慈禧死于晚期的仪銮殿。慈禧于光绪二十七年十一月二十四日（1902年1月3日）从西安回到北京。此后，在仪銮殿旧址建成了西式的海晏堂。慈禧喜爱居住中国传统宫殿，就在海晏堂的西北处，又建造了一座新的仪鸾殿。新仪鸾殿于光绪三十年（1904）十月竣工。《清德宗实录》记载，慈禧于是年十月二十六日重新进住仪鸾殿。以后，慈禧一直住在这座新的仪鸾殿。民国初年，新仪鸾殿改名怀仁堂。

慈禧就死在这座晚期住的仪鸾殿。

西苑的仪鸾殿，煌煌所在，作为礼部尚书的当事人溥良是完全应该知道的。慈禧死于仪鸾殿，参与其事的当事人礼部尚书溥良也应该完全知道。仪鸾殿在西苑，乐寿堂在宫城，一个在西，一个在东，相距甚远。这样一个常识性的知识，不知为什么礼部尚书溥良硬是给搞错了。

第二个破绽，慈禧死前的氛围不对。自述说："进进出出时，大臣们也来不及向她请安，都惶惶不可终日，就等着宫里一哭，外边好举哀发丧。西太后得的是痢疾，所以从病危到弥留的时间拉得比较长。候的时间一长，大臣们都有些体力不支，便纷纷坐在台阶上，哪儿哪儿都是，情景非常狼狈。"这段自述的真实性值得怀疑。实际情况并不是这样。根据可靠的《清德宗实录》的记载，慈禧病情的恶化也是突然的，先前并没有必死的迹象。

《清德宗实录》卷五九七记道："光绪三十四年（1908）十月癸丑（初一日），上（光绪帝）诣仪鸾殿，问慈禧端佑康熙昭豫庄诚寿恭钦献崇熙皇太后安。至戊辰（十月十六日）皆如之。"就是说，光绪帝每天定时到仪鸾殿向慈禧太后请安，从十月初一日开始，天天如此，直到十月十六日。《清德宗实录》卷五九七记道："辛酉（十月初九日），上奉皇太后幸颐年殿，侍晚膳。至癸亥（十月十一日），皆如之。"这是说，从十月初九日开始，连续三天，光绪帝陪伴慈禧太后吃晚膳。也就是说，从十月初一日开始，到十月十六日，慈禧太后一直到仪鸾殿上朝视事。其间，十月初十日，是慈禧太后七十四岁寿诞日，即万寿节。《清德宗实录》卷五九七又记道："上率王以下文武大员暨蒙古王贝勒贝子公额驸等，诣仪鸾殿行庆贺礼。众官于来薰门外行礼。"她自认为莺歌燕舞，海内升平，很是志得意满。西藏的达赖喇嘛又特意向慈禧祝贺，慈禧更是喜形于色。她特颁懿旨，赐居雍和宫，加封其为诚顺赞化西天大善自在佛。白天，慈禧参加为她举行的祝寿庆典。晚上，她又兴致勃勃地出席在西苑颐年殿的演戏祝贺。直到戏散，她才回到仪鸾殿就寝。

这充分说明，直到十月十六日，慈禧太后一切如常，并没有任何病入膏肓的情形出现。

在这之前，慈禧已患慢性腹泻之病。这几日，又吃了些不易消化的乳酪果饼，腹泻又加剧了。据《内起居注》记载，自十月十六至十九日，慈禧没有参与政务活动。这说明慈禧病情加重了。这时，她感到光绪帝病情已呈危相，应该考虑立嗣问题了。

据说，在此期间，慈禧曾秘密召见军机大臣世续和张之洞，征询为光绪帝立嗣的意见。其实，慈禧早就心中有数，她不过是做做样子罢了。根据慈禧的意见，拟任命醇亲王奕𫍽之子载沣为监国摄政王，立载沣的儿子溥仪为皇嗣子。

因此，其自述所谓"都惶惶不可终日"了、"情景非常狼狈"了等，就都与实际情况不符。

第三个破绽，慈禧死亡的时间不对。作为亲历者，启功先生的曾祖父没有提供慈禧死亡的确切时间，反而猜测道："其实，谁也说不清西太后到底是什么时候死的，也许她真的挺到光绪死后，也许早就死了，只是秘不发丧，只有等到宣布光绪死后才发丧。这已成了千古疑案，查太医院的任何档案也不会有真实的记载。"

而十月二十日和二十一日，醇亲王奕𫍽之子载沣都详细写了日记，可以看出慈禧太后当时的情形，并不是"谁也说不清西太后到底是什么时候死的，也许她真的挺到光绪死后，也许早就死了，只是秘不发丧"。

十月二十日记道："上（光绪帝）疾大渐。上朝，奉旨派载沣恭代批折，钦此。庆王（庆亲王奕劻）到京，午刻同诣皇太后仪鸾殿，面承召见。钦奉懿旨：醇亲王载沣著授为摄政王，钦此。又面承懿旨：醇亲王载沣之子溥仪著在宫内教养，并在上书房读书，钦此。叩辞至再，未邀俞允，即命携之入宫。万分无法，不敢再辞。钦遵于申刻（十五时至十七时）由府携溥仪入宫。又蒙召见，告知已将溥仪交在隆裕皇后宫中教养，钦此。即谨退出，往谒庆邸（庆亲王奕劻）。"

十月二十一日记道："癸酉酉刻（十七时至十九时），小臣载沣跪闻皇上崩于瀛台。亥刻（二十一时至二十三时），小臣同庆王（庆亲王奕劻）、世相（世续）、鹿协揆（鹿传霖）、张相（张之洞）、袁尚书（袁世凯）、增大臣崇，诣福昌殿。仰蒙皇太后召见，面承懿旨：摄政王载沣之子溥仪著入承大统为嗣皇帝，钦此。又面承懿旨：前因穆宗毅皇帝未有储贰，曾于同治十三年十二月初五日降旨，大行皇帝即承继穆宗毅皇帝（同治帝）为嗣。现在大行皇帝龙驭上宾，亦未有储贰，不得已以摄政王载沣之子溥仪承继穆宗毅皇帝（同治帝）为嗣，并兼承大行皇帝（光绪帝）之祧。钦此。又面承懿旨：现在时势多艰，嗣皇帝（溥仪）尚在冲龄，正宜专心典学，著摄政王载沣监国。所有军国政事，悉秉予之训示裁度施行。俟嗣皇帝年岁渐长，学业有成，再由嗣皇帝亲裁政事，钦此。是日住于西苑军机处。"

以上两则日记应是真实可信的，即慈禧立嗣是在两天之内完成并宣诏于全部军机大臣的。慈禧神志清醒，办事果断。

太医院太医张仲元、李德源、戴家瑜从十月初六日开始，一直跟踪为慈禧治病。其间，又请得名医吕用宾入诊。直到十月二十二日，太医张仲元、戴家瑜作出最后诊断："请得皇太后六脉已绝，于未正三刻升遐。"慈禧死亡的时间是准确的，即光绪三十四年（1908）十月二十二日未正三刻（十四时四十五分），并不是"这已成了千古疑案，查太医院的任何档案也不会有真实的记载"。

第四个破绽，口述光绪的病情不对。口述者说："当时光绪被软禁在中南海的瀛台，之前也从没有听说过他（光绪帝）有什么急症大病。"光绪帝身患疾病，甚至重病的消息，是当时公开的秘密。当时了解晚清政局的人，自然都会知道光绪帝身患重病。为此，朝廷曾多次发布上谕，向全国征求名医。

光绪二十四年九月初四日（1898年10月18日），法国驻京使馆医官多德福曾赴瀛台为二十八岁的光绪帝治病。光绪三十四年（1908）四月，光绪帝的病情更为严重。宫中御医无计可施，只得征召江苏名医陈秉钧和曹元恒入京诊视。虽经他们多方调治，效果仍不明显。

在这种情况下，慈禧再次向全国征求名医。五月初八日，慈禧通过军机处向有名的封疆大吏发出急电，催调名医入京。电文曰："入春以来，皇上圣躬时有欠安。在京名医，诊治无效。希尊处精选名医，资送迅速来京，恭候传诊。"这次征召来京的名医有吕用宾、周景涛、杜钟骏、施焕等人。

这些上谕都是发往全国的，而一个身任礼部尚书的朝廷大员竟然说"之前也从没有听说过他（光绪帝）有什么急症大病"，这真让人无法理解。

第五个破绽，宣布光绪死亡的地点不对。口述者说："但送后不久，就由隆裕皇后的太监小德张（张兰德）向太医院正堂宣布光绪帝驾崩了。"这里有两个问题：

其一，当时小德张不是隆裕皇后的太监，而是慈禧太后的太监。小德张，原名张祥斋，字云亭，宫号小德张，张兰德是他宫内的名字。慈禧太后赐名恒太。他于光绪十七年（1891）入宫，在皇宫当了二十二年太监，先后服侍过慈禧太后和隆裕太后。慈禧太后死前，他是慈禧太后的二总管太监；慈禧死后，他转而成为隆裕太后的总管太监。他1957年病死，是年八十一岁。说当时的小德张是隆裕皇后的太监，显然是不对的。

其二，光绪帝死于瀛台涵元殿，宣布光绪帝死亡也应该在涵元殿。可是，口述者却说"向太医院正堂宣布光绪帝驾崩了"，似乎是说在"太医院正堂宣布光绪帝驾崩了"。清代的太医院不在紫禁城内，而在紫禁城外。根据考证，清代的太医院几经迁徙。开始在现在的东交民巷西口路北附近，后来一度迁到北池子大悲观音院，光绪二十八年（1902），才于地安门外皇城根，另建新署，三年竣工。这个太医院新署，现在遗址尚存。太监特意跑到紫禁城外，在远处的太医院宣布光绪帝驾崩，有这个必要吗？

第六个破绽，赏赐"塌喇"的做法不对。慈禧太后不早不晚扯旗放炮般地赏赐给病中的光绪帝一碗"塌喇"，光绪帝吃后就病故了。慈禧太后的做法也太拙劣了。

综上，短短几百字的自述，就存在六处破绽，这不能不使人们对整个自述的真实性产生怀疑。也可以说，这六处破绽，已经全盘否定了启功先生曾祖父溥良这段自述的真实性。启功先生是我素来十分景仰的国学大师，这段自述不知是哪个环节出了毛病。

总之，这个自述不能成为慈禧毒死光绪的证据。

2. 正常病死说

正史记载光绪帝是病死的。

其一，《清德宗实录》卷五九七记道："癸酉（十月二十一日），上疾大渐（病危），酉刻（十七时至十九时），崩于瀛台之涵元殿。"

其二，《清史稿》卷二十四记道："癸酉（十月二十一日），上疾大渐，崩于瀛台涵元殿，年三十有八。"

其三,《光绪朝东华录》记道:"上疾大渐,酉刻,崩。"

以上正史三条记载,无一例外地说明是"上疾大渐",最后"崩于瀛台之涵元殿"。

其实,根据确凿无误的档案资料,经多人考证,可以确认光绪帝是死于疾病。

这从历史学者朱金甫、周文泉著《从清宫医案看光绪帝载湉之死》和《慈禧太后之死》等文,可以得出这样的结论。

光绪帝四岁入宫,照顾他的是太监和宫女,得不到亲生父母的细心照料,自幼便体弱多病。在如同铁男人似的慈禧的严苛管教下,光绪帝的身心俱受到不可逆转的戕害。

前文已经提到,光绪二十四年九月初四日(1898年10月18日),法国驻京使馆医官多德福曾赴瀛台为光绪帝治病。光绪帝把自己亲自书写的《病源说略》当面交给了多德福。《病源说略》承认自己有病。多德福听诊后,诊断其为"腰败"。"按西医名目:腰火长症。"同时指出,光绪帝的遗精之症,因"少腹皮肉既亦虚而无力,不克阻精之妄遗。宜先设法治腰,然后止遗精"。当时的光绪帝虽只有二十八岁,但已是疾病缠身了。

以后他的病情不仅没有得到控制,反而愈益加重。清宫档案中便存有光绪三十三年(1907)光绪帝自书的《病原》:"遗精之病将二十年,前数年每月必发十数次,近数年每月不过二三次,且有无梦不举即遗泄之时,冬天较甚。近数年遗泄较少者,并非渐愈,乃系肾经亏损太甚,无力发泄之故……痿弱遗精之故,起初由于昼间一闻锣声即觉心动而自泄,夜间梦寐亦然……腿膝足踝永远发凉……稍感风凉则必头疼体酸,夜间盖被须极严格……其耳鸣脑响亦将近十年。其耳鸣之声,如风雨金鼓杂沓之音,有较远之时,有觉近之时。且近年来耳窍不灵,听话总不真切,盖亦由于下元虚弱,以致虚热时常上溢也。腰腿肩背酸沉,每日须令人按捺……此病亦有十二三年矣……行路之时,步履欠实,若稍一旁观,或手中持物,辄觉足下欹侧荡摇。"[1]

---

① 朱金甫、周文泉:《从清宫医案论光绪帝载湉之死》,载《故宫博物院院刊》1982年第3期,第5页。

很明显，三十七岁的光绪帝几乎全身是病。

光绪三十四年（1908），光绪帝的病情更为严重。宫中御医无计可施，只得征召江苏名医陈秉钧和曹元恒入京诊视。虽经他们多方调治，效果仍不明显。四月初四日，两位名医在会诊的脉案中写道："皇上脉弦数较减，轻取重按，皆虚弱无力。审察病由，耳响作堵，有增无减，足跟作痛，有减无增。现在腰痛不止，上连背部，下及胯间。考腰为肾府，封藏有亏，肝木上升，脾湿下陷。偏于右者，以左属血、右属气，气血不能流贯，风湿两邪，窜经入络。"①

从脉象看，病情愈益严重了。

在这种情况下，慈禧再次向全国征求名医。五月初八日，慈禧通过军机处向有名的封疆大吏发出急电，催调名医入京。电文曰："入春以来，皇上圣躬时有欠安。在京名医，诊治无效。希尊处精选名医，资送迅速来京，恭候传诊。"

这次征召来京的名医有吕用宾、周景涛、杜钟骏、施焕等人。其中江苏名医杜钟骏曾著《德宗请脉记》一书，详细记述了他为光绪帝治病的经过。

七月十六日，杜钟骏首次在仁寿殿给皇帝请脉。当时，慈禧也在座，以示关怀。

皇上问："你瞧我脉怎样？"

杜答道："皇上之脉左尺脉弱，右关脉弦。左尺脉弱先天肾水不足，右关脉弦后天脾土失调。"

皇上问："我病了两三年都治不好，什么原因呢？"

杜答道："皇上之病非一朝一夕之故，其所虚者由来渐矣……"

杜钟骏认为光绪帝的病由来已久，不是轻易可以治愈的。

同一天，光绪帝又自书了《病原》："腰胯筋络酸跳，疼痛增重，牵及小腹两旁皆作跳痛。早晨洗面手不能举，腰不能俯，所有上下阶及行动坐立卧起，咳嗽用力时皆牵震作痛，早间初起时尤重，甚至呼吸皆觉费力。屡用补肾除湿之药，非但无效，且近来每晚间睡时偶有心跳惊醒之候，宜

---

① 朱金甫、周文泉：《从清宫医案论光绪帝载湉之死》，载《故宫博物院院刊》1982年第3期，第8页。

另设法医治。"

可见，此时的光绪帝全身剧痛，呼吸困难，举步维艰，已病入膏肓了。

进入十月，光绪帝的病已露险象。

杜钟骏在《德宗请脉记》中记载：

> 十月×日夜间，内务府忽派人来说："皇上病重，堂官叫来，请你上去请脉。"予未及洗脸，匆匆上车，行至前门，一骑飞来云："速去！速去！"行未久，又来一骑，皆内务府三堂官派来催促者也。及至内务公所，周君景涛已经请脉下来。云："皇上病重。"坐未久，内务府大臣增崇引予至瀛台，皇上坐炕右，前放半桌，以一手托腮，一手仰放桌上，予即按脉。良久，皇上气促口臭，带哭声而言曰："头班之药服了无效。问他又无决断之语，你有何法救我？"予曰："臣两月未请脉，皇上大便如何？"皇上曰："九日不解，痰多气急心空。"……请脉看舌毕，因问曰："皇上还有别话吩咐否？"谕曰："无别话。"遂退出房门外，皇上招手复令前谕未尽病状，后退出至军机处拟方。予案中有实实虚虚，恐有猝脱之语。继大臣曰："你此案如何这样写法，不怕皇上骇怕吗？"予曰："此病不出四日，必有危险。予此来未能尽技为皇上愈病，已属惭愧。到了病坏尚看不出，何以自解？公等不令写原无不可，但此后变出非常，予不负责，不能不预言。"

很明显，光绪帝已迫近死期了。

光绪帝驾崩当天的情况，杜钟骏的《德宗请脉记》记载详细：

> 至十九日夜，与同事诸君均被促起，但闻宫内电话传出预备宾天仪式，疑为已经驾崩。宫门之外，文武自军机以次守卫森严。次早六钟，宫门开，仍在军机处伺候，寂无消息。但见内监纷纭，而未悉确实信息。至日午，继大臣来言曰："诸位老爷们久候，予为到奏事处一探消息，何时请脉。"良久，来漫言曰："奏事处云，皇上今日没有言语。你们大人们做主，我何能做主。

你们诸位老爷们且坐坐罢。"未久，两内监来传请脉。于是，予与周景涛、施焕、吕用宾四人同入。予在前先入，皇上卧御床上。其床如民间之床，无外罩，有搭板，铺毡如上。皇上瞑目。予方以手按脉，瞿然惊寤，口目鼻忽然俱动，盖肝风为之也。予甚恐虑其一厥而绝，即退出。周、施、吕，次第请脉毕，同回至军机处。予对内务三公曰："今晚必不能过，可无须开方。"内务三公曰："急须开方，无论如何写法均可。"于是，书危在眉睫，拟生脉散药，未进，至申刻（十五时至十七时）而龙驭上宾矣。

光绪帝死于十月二十一日酉刻，而不是申刻。杜钟骏记错了。此时光绪帝年仅三十八岁。

其实在此之前的十月二十一日子刻（二十三时至一时），光绪帝已进入弥留状态。当即由张仲元、全顺、忠勋等御医诊视，脉案记载如下：

十月二十一日子刻，张仲元、全顺、忠勋，请得皇上脉息如丝欲绝。肢冷，气陷，二目上翻，神识已迷，牙齿紧闭，势已将脱。谨勉拟生脉饮，以尽血忱；人参一钱，麦冬三钱，五味子一钱，水煎灌服。

而后杜钟骏、周景涛两人亦入宫诊视。杜所书之脉案：

十月二十一日，臣钟骏请得皇上脉左三部细微欲绝，右三部若有若无。喘逆气短，目瞪上视，口不能语，呛逆作恶。肾元不纳，上迫于肺，其势岌岌欲脱。

光绪帝此时只剩一息游丝了。

光绪三十四年十月二十一日酉正二刻三分（1908 年 11 月 14 日 18 时 33 分），光绪帝"龙驭上宾"，乘龙升天了。

历史学者朱金甫、周文泉认为："光绪帝自病重至临终之时，其症状演变属进行性加剧，而无特殊或异常症状出现。其临终时的证候表现，乃是病情恶化之结果。因之，笔者认为光绪帝是死于疾病。"①

笔者认为，他们根据确凿无误的档案所作出的结论是很有道理的。

光绪帝确实是死于疾病。

3. 科学最新说

关于光绪帝死因的研究，2008 年取得重大进展。2008 年 11 月 2 日，"清光绪帝死因"研究报告会在北京举行。早在 2003 年由中央电视台清史纪录片摄制组、清西陵文物管理处、中国原子能科学研究院反应堆工程研究设计所二九室和北京市公安局法医检验鉴定中心等单位专家组成了研究小组。这个研究小组逐步形成了目标清晰的"清光绪帝死因"专题研究课题组。现在他们向媒体正式公布了他们的研究成果。由此，困扰史学界达百年的光绪帝死因谜案，真相大白。

这要先从光绪帝崇陵的随葬物说起。

崇陵是光绪皇帝爱新觉罗·载湉的陵寝，位于清西陵东北部的金龙峪。光绪帝在位三十四年（1875—1908）。崇陵是中国历代皇帝中的最后一座陵寝，宣统元年（1909）破土兴建，民国三年（1914）竣工。崇陵的建筑物数量与规模，完全依照同治帝的惠陵，建筑工巧。陵园仪树中有罕见的罗汉松和银松。地宫中合葬着光绪帝和他的隆裕皇后。光绪帝驾崩时，陵尚未建，他的梓宫（棺椁）在故宫观德殿暂安。

1913 年 12 月 13 日（农历十一月十六日），光绪皇帝和隆裕皇后才葬入崇陵地宫，当时崇陵尚未完工。1914 年崇陵地宫建成。

1938 年秋季，一伙不明身份的武装人员盗掘了崇陵地宫。传说，崇陵被盗是当年参加过修建工程的人所为。还有的说是当地一股匪徒所为。崇陵地宫究竟被谁盗劫，到现在也没有定论。他们对地宫的结构十分熟悉。将光绪帝棺椁的尾部凿开一个大洞，把光绪帝的遗体从棺内拖出，掠走了棺内的随葬品。又将东旁的隆裕皇后的外椁毁坏，将棺盖打开，盗走了棺内葬宝。

经国家文物管理部门批准，1980 年 6 月 15 日，清西陵管理处对崇陵

---

① 朱金甫、周文泉：《从清宫医案论光绪帝载湉之死》，载《故宫博物院院刊》，1982 年第 3 期，第 13 页。

地宫进行了保护性清理。墓葬破坏严重，专家进行了精心的清理。墓葬清理完毕后，再次予以封闭。为了今后研究之用，清西陵管理处的专家，将光绪皇帝、隆裕皇后的头发及部分尸骨和遗物带出，保存于库房之中。这是一个有远见卓识之举。他们的这个超前而果断的决策，为百年后破解光绪帝死因之谜，立了头功。

2003年，中央电视台清史纪录片摄制组，到河北省易县清西陵采访时，得知1980年曾对清光绪帝及隆裕皇后所葬崇陵棺椁进行清理并重新封闭。光绪帝、隆裕皇后的头发被移至棺椁外，在清西陵管理处库房保存。经与北京市公安局法医检验鉴定中心专家初步研讨后，征得河北省文物局、保定市文物管理部门及清西陵文物管理处的同意，摄制组将清光绪帝多根（两小缕）头发送至中国原子能科学研究院反应堆工程研究设计所二九室进行测定。由此，中央电视台清史纪录片摄制组、清西陵文物管理处、中国原子能科学研究院反应堆工程研究设计所二九室和北京市公安局法医检验鉴定中心四个单位的相关人员，逐步形成了目标清晰的"清光绪帝死因"专题研究课题组。该课题在研究过程中，作为《国家清史纂修工程重大学术问题研究专项课题（清光绪帝死因研究）》正式立项。

"清光绪帝死因"专题研究课题组发布研究报告称，在不能开棺直验且时隔久远等不利研究因素下，专家们历时五年，由光绪帝头发中的砷含量入手，利用"中子活化""X射线荧光分析""原子荧光光度"等一系列现代专业技术手段，通过开展对比、模拟实验、双向图例等工作，对清西陵文物管理处提供的光绪帝遗体的头发、遗骨、衣服以及墓内外环境样品进行了反复的检测、研究和缜密的分析后，最终确证：光绪帝突然"驾崩"系急性胃肠性砒霜中毒所致。

那么，这一结论是采用什么科学方法得出的呢？这是用核分析方法测定光绪帝头发中的砷含量得出的。为什么要检验光绪帝尸体的头发中的砷含量？因为头发是人体的重要组成部分，参与人体代谢并能"记录"特定时期人体积蓄的某些元素信息。因此，依据头发不同截段的微量元素含量，可推测不同时期人体微量元素的摄取水平，进而探求微量元素在人体内的变化情况，研究人体与外界环境之间的关系。

2003年，课题组首先采用中国原子能科学研究院微型反应堆仪器中子活化法（核分析方法），测定了提取于光绪帝的两小缕头发，其方法是：

将光绪帝的头发按照国际原子能机构推荐的方法清洗，自然晾干，剪切成一厘米长的截段，第一缕头发长度为二十六厘米，剪切成二十六小段；第二缕头发长度约为六十五厘米，剪切成五十九小

光绪帝葬礼

段，逐一编号、称重和封装，入堆辐照后，逐段分析头发中的元素含量。

结果显示，光绪头发中含有高浓度的元素砷，且各截段含量差异很大。第一缕头发的砷高峰值出现在第十段（2404 微克/克），第二缕头发的砷高峰值出现在第二十六段（362.7 微克/克）和第四十五段（202.1 微克/克）。检测结果显示，光绪帝的两缕头发中的砷含量明显高于正常值，且各截段含量差异很大。这就是说，拿光绪帝头发某段的砷含量 2404 微克/克，同当代健康人的正常砷含量 0.14 微克/克相比，两者相差一万七千倍。光绪帝头发中的砷含量已经超出了正常人所能承受的极限。

专家对此进行了全面深入的查证。为探究光绪帝头发中砷含量高的成因，对与光绪帝同一时期、同一类别的人和物进行砷元素对比。研究人员以光绪帝为中心，以关联性和可比性为原则，对同一时期、同一类别的人和物进行了一系列的对比实验，并结合当时的具体情况进行了综合分析。

光绪帝头发高含量的砷是否来自棺椁内外的环境？研究人员测出了光绪帝墓内外环境中物品的最高砷含量。结果表明，光绪帝头发中的最高砷含量是其棺椁内物品最高砷含量的八十三倍，是墓内外环境样品最高砷含量的九十七倍。这表明，光绪帝头发中的高含量砷元素，并非来自环境的沾染。

在检测中，意外地发现了两个重要的现象：一是内衣的砷含量高于外衣；二是胃肠部位衣服的砷含量，大大高于其他部位的衣服的砷含量。由

光绪帝葬礼

此，专家得出结论：光绪帝尸骨内的砷，来源于体内。

光绪帝头发高含量的砷是否来自药物慢性中毒？另外，光绪帝头发中的异常高砷含量截段既不在发根处，也不在发梢处。依据头发的生长规律和砷中毒机理，这些头发上的高含量砷不应是正常摄入自然代谢形成的。研究人员将光绪帝的头发与当代慢性砷中毒患者的头发的砷进行对比研究，结果发现，前者头发中的最高砷含量是后者的六十六倍，而且砷含量分布曲线与后者也截然不同。这表明，光绪帝头发中高含量的砷元素并非慢性砷中毒形成。

光绪帝头发砷的高含量是否为当时人的正常值？研究还证实，同时对比测试的头发砷含量，与光绪同时代并埋在一起的隆裕皇后为 9.20 微克/克，清末一个草料官干尸头发为 18.2 微克/克。光绪帝头发中的最高砷含量是同年代生活环境相似的成年人隆裕皇后头发砷含量的二百六十一倍，是同年代成年人清代草料官头发砷含量的一百三十二倍。这表明，光绪帝头发中的最高砷含量确实属于异常现象。综上所述，研究人员得出结论，造成光绪帝头发上高含量砷元素异常的成因，只能是来自其尸体的沾染。

毒物究竟是什么？光绪帝遗骨、头发、衣物中高含量的砷化合物就是砒霜。砷在自然界多以氧化物或硫化物的形式存在。主要有砒霜（三氧化二砷）、雄黄（二硫化二砷）、雌黄（三硫化二砷）等，其中砒霜是剧毒砷化物。光绪帝体内的砷是哪种呢？专家采用了液相色谱/原子吸收光谱联用分析法进行分析，其结果显示，光绪帝体内之砷为三氧化二砷，也就是人们常说的砒霜。

2006 年后，课题组听取并研究了刑事技术、法医学等多个领域的专家意见，决定按照案件侦查思路和专业技术规范，扩大取样分析范围，以进一步确证光绪帝砷化合物的来源。由于光绪帝的棺椁在 1980 年清理后严密封存，不能重新开棺。为达到扩大取样分析范围，课题组再次提取光绪帝头发残渣物及散落的头发，并首次提取光绪帝遗骨及衣物样品，进行砷的分布研究。

光绪帝发辫

据介绍，研究人员依照物质吸附和信息转换还原的原理，对光绪帝的遗骨及靠近其尸体特殊部位的衣物进行取样检验。采样部位、采样方式均按照规范的法医开棺检验方式、方法和要求进行。光绪帝头发上局部有结痂物状的残渣，研究人员用镊子刮取残渣物，然后再取刮掉残渣物的头发，分别分析砷的含量。取样完毕后，把从整体头发上掉落的碎发和残渣物也分别取样。结果表明，这些残渣物的砷含

光绪帝遗骨

量明显高于头发，说明它们是光绪帝头发高含量砷的来源。在前期研究的基础上，研究人员由此进一步推断：这些残渣物的唯一来源只能是光绪帝中毒死亡后的尸体。据介绍，砷中毒死者尸体腐烂后，器官组织中的砷可能会沾染到骨骼上。

光绪帝棺椁进行清理后，共有肩胛骨、环椎骨、脊椎骨、肋骨等七块遗骨保存于清西陵文物库房内。研究人员刮取这些遗骨表面的附着物进行了砷含量检测，结果表明，一些遗骨表面沾染了大量的砷。

种种研究结果表明，光绪帝遗骨、头发、衣物中高含量的砷化合物为剧毒的三氧化二砷，即民间常说的砒霜。经医学上测定，人体口服砒霜六十毫克至二百毫克，就会中毒死亡。据研究者测算，仅光绪帝的头发的砒霜含量就已经高达二百零一毫克。光绪帝摄入体内的砒霜总量明显大于致死量。

由此，课题组得出最后的结论：光绪帝系急性胃肠性砒霜中毒死亡。

那么，凶手是谁呢？现在尚不能确定。因此，这个谜案的研究，还应继续进行下去。

二 历史定评 维新皇帝

近因光绪帝死因的新发现，引起了人们对光绪帝的兴趣。人们在思考：光绪帝究竟是一个什么样的皇帝，到底应该怎样评价他？

史学界对光绪帝的评价不一，大体有四说："洋务派的皇帝说"，"接受新思想的青年皇帝说"，"爱国开明皇帝说"和"维新皇帝说"。

"洋务派的皇帝说"是早期的说法，对光绪帝近于否定。现在持这种观点的学者已逐渐式微，可不必议论。

"接受新思想的青年皇帝说"，是史学家范文澜先生的提法。他说："光绪帝是满洲皇族中比较能够接受新思想的青年皇帝，颇有所作为。"史学家陈旭麓先生也认为光绪帝是"向西方学习的青年皇帝"。这种说法对光绪帝是软性的肯定。

"爱国开明皇帝说"和"维新皇帝说"，是内涵一致的不同表述，是近年来的新说法，得到了史学界的赞同。史学家李时岳先生说："从百日维新中他已经做到的和正在做的、想要做的来看，确实是力图做一个资产阶级的维新皇帝。""严峻的形势迫使载湉抉择，他选择了改革的道路。这个选择是明智的，因为他投靠了具有前途和希望的新兴的资产阶级势力。"另有学者说："那么对于实际推行并公开领导这一革新运动的光绪帝，说他是一个维新皇帝理所当然。""光绪皇帝，不愧为一个在特定的内外环境中出现的爱国开明皇帝。"

我个人同意后一种说法，光绪帝应该是一位领导了一场资产阶级维新运动的爱国开明皇帝。

光绪帝是中国倒数第二个皇帝，是充满悲剧性格的皇帝。他姓爱新觉罗，名载湉，庙号德宗，谥号景皇帝。他的亲生父亲是道光帝的第七子醇亲王奕譞，亲生母亲是慈禧太后的亲妹妹叶赫那拉氏。同治帝病逝后，作为慈禧太后的侄子兼外甥的载湉继位，是谓光绪帝，那时他只有四岁。光绪帝在位三十四年，三十八岁病逝。他的一生始终被笼罩在慈禧太后的权力和淫威之中。

光绪帝虽然经历了中法战争、洋务运动、中日战争、戊戌变法、义和团运动、清末新政和筹备立宪等晚清重大的政治事件，但前期年纪尚小，后期被软禁瀛台，因此，他实际参与并主持的只是一个战争和一个运动。前者即中日战争，后者即戊戌变法。

光绪帝亲政刚刚五年，于1894年，日本即侵略中国，爆发了中日甲午战争。二十四岁的光绪帝坚决主战，积极备战，表现了他的爱国情操。但终因制度落后，国力不济，打了败仗。在签订条约时，光绪帝旨命李鸿章同日本据理力争，以图尽量降低损失，但还是被迫签订了丧权辱国的《马关条约》。

《马关条约》是自鸦片战争以来，中国丧权最多、损失最大的空前的不平等条约。《马关条约》给中国人民套上了新的枷锁，给中国社会造成了新的灾难，加深了中国半殖民化的程度。

可以说，《马关条约》的签订引起的四大危机和一大危险，是光绪皇帝进行"戊戌变法"的根本原因。

"戊戌变法"的前奏。历史学者黄鸿寿一语破的地指出："及甲午败于日本，各国租港湾之事，相逼而来，瓜分支那之说，腾沸于全球。于是国人大哗，志士奋起，痛论变法之不可缓。帝（光绪帝）亦知非实行变法，不能立国。"

对《马关条约》签订之后的国内反响，维新派思想家梁启超一针见血地评道："吾国四千余年大梦之唤醒，实自甲午战败割台湾偿二百兆以后始也。我皇上赫然发愤，排群议，冒疑难，以实行变法自强之策，实自失胶州、旅顺、大连湾、威海卫以后始也。"

这就是说，自签订《马关条约》后，国内有识之士，拍案而起，奔走呼号，发表救国宣言，探求救亡之道。因此，蕴含着各种各样救国方案的大小奏章便不失时机地纷至沓来。它们构成了"戊戌变法"的前奏曲。

这个前奏曲的最强音当是康有为的七封上光绪帝书。在这七封《上清帝书》中，康有为系统地完整地提出了资产阶级维新变法的政治纲领和实施步骤。《马关条约》签订的消息传来，光绪二十一年四月八日（1895年5月2日），三十八岁的康有为联合在京会试的举人一千三百余人，发动了著名的"公车上书"。这个上清帝第二书，主要内容是强烈要求光绪帝拒和、迁都、变法。

康有为向光绪帝的七封上书，在中国大地上产生了巨大的反响。它成了资产阶级维新派的思想武器，为光绪帝的百日维新奠定了理论基础。于是，光绪帝决定变法图强。

在慈禧太后的允诺下，于光绪二十四年（1898）四月二十三日，光绪帝召集全体军机大臣，发布上谕，明定国是，决定变法。这道上谕，实际是光绪帝决心变法的誓言书，也是实行变法的动员令。

光绪帝在准备仓促的前提下，匆忙地进行了百日维新。在一百零三天中，他发布了一百八十四道谕旨。这些改革谕旨包括很多方面，有文教改革、财政改革、军事改革和政治改革。

文教改革。主要是废八股，立学堂，设译局三件大事。

财政改革。关于财政方面改革的最主要的是五月十七日之上谕。这道上谕的主题是奖励科学发明。凡是著有新书、创行新法、制成新器并经实践证明确实有价值的，都要给以精神的或物质的奖励。这在中国封建社会是从来未有过的。在康有为的先进的资本主义维新思想的影响下，光绪帝亦敏锐地认识到资本主义机器工业生产代替封建主义的传统的手工业生产的必要性。因此，他以皇帝的权威大声呼唤资本主义生产方式早日在中国诞生。这是光绪帝顺应历史潮流的高明之处。

军事改革。有责任的官员们纷纷上疏，建议学习西方兵制，改革名存实亡的旧军队。

政治改革。七月十四日，光绪帝经反复考虑，发下一道上谕。这道谕旨的主要内容：一是裁撤詹事府等七个闲散衙门（詹事府、通政司、光禄寺、鸿胪寺、太常寺、太仆寺、大理寺）；二是裁撤督抚同城之湖北、广东、云南三省的巡抚及东河总督；三是裁撤各省不办运务之粮道及向无盐场之盐道等。这道重要谕旨充分显示了光绪帝意图改革官制的决心。

改革遭遇到了阻力。光绪帝虽然大胆然却轻率的官制改革遭到了守旧派的猛烈攻击和极端仇视。对光绪帝的上谕，守旧派们或是模棱不奉，或是阳奉阴违，或是避重就轻，或是造谣阻隔。诏旨虽连篇累牍地发下，但守旧派大臣们不为所动。

光绪帝决定予以反击。光绪二十四年（1898）七月十九日，光绪帝发下了百日维新以来的一个最重要的上谕，罢免礼部六堂官，即罢免了两位部长和四位副部长。七月二十二日，光绪帝又命李鸿章、敬信无须在总理衙门行走，罢免了他们总署大臣之职。

光绪帝的以上谕旨触及了慈禧的二品以上高官的任命罢免权由她收回

的底线。为了推行资产阶级变法，光绪帝发布上谕，任命四位军机章京，成立了一个新的军机处。他们实际就是光绪帝的宰相。这些坚决的举措，触动了整个顽固守旧的营垒，"守旧大臣皆恐，至是咸怀震动之心"。梁启超分析道："于是祸变促矣。"

慈禧太后在经过慎重考虑之后，于八月初六日发动了政变，并囚禁光绪帝于孤悬的瀛台。八月十三日，慈禧下令杀害了杨深秀、杨锐、林旭、谭嗣同、刘光第、康广仁等维新志士，史称"六君子"。

慈禧太后把刚刚兴起的戊戌维新运动扼杀在摇篮之中。守旧派进行了血腥的反攻倒算，对维新派或降、或关、或流、或杀。已在实行的或未及实行的变法谕令几乎一风吹尽。维新派噤若寒蝉，守旧派弹冠相庆。偌大的中国又重新陷入了黑暗、麻木及愚昧之中。

戊戌变法的意义十分重大。戊戌变法是在中国进行的第一次资产阶级变法，其历史贡献很多。一是在政治上，戊戌维新派要求改变封建专制制度，建立近代的君主立宪国家；二是在经济上，倡导民营企业，为民族资本主义的发展开辟了道路；三是在文教上，废止了八股文，改革了科举制，实行了近代的教育制度。

戊戌变法动摇和改变了封建制度的某些方面，为中国近代化开辟了道路。

戊戌变法的教训也十分深刻。变法维新派热情很高，但经验太少。他们是一群不懂政治的年轻的知识分子。他们握有的权力太小，变法的组织太弱，变法的目标太高，变法的项目太多，求变的心情太急，实施的步伐太快。君主立宪的目标太高，不具有现实操作的可能性。维新派康广仁直言不讳地对他的兄长康有为说："伯兄规模太广，志气太锐，包揽太多，同志太孤，举行太大。当此，排者、忌者、挤者、谤者，盈街塞巷，而上又无权，安能有成？"

历史的局限性束缚了维新派的手脚，不可苛求于他们。

无论如何，光绪帝在古老的中国大地上实行了一场资产阶级的维新变法，向封建的顽固势力进行了有力的冲击。这个变法推动了资本主义的发展，传播了爱国和民主的思想，培养了一批有为的进步人士，为最后战胜封建势力积累了可观的力量。光绪帝的历史功绩不可没。在中国皇帝中，光绪帝是唯一一位资产阶级维新皇帝，是当之无愧的爱国开明皇帝。

他是一位怀着使中国富强起来的宏伟理想的先驱人物。

他是一位因倡导资产阶级维新变法而享有盛名的历史人物。

他是一位具有伟大悲剧性格的值得深思的里程碑式的人物。

光绪皇帝大事年表

同治十年（1871）　**一岁**
六月，二十八日，光绪帝载湉出生于北京醇王府。

同治十二年（1873）　**三岁**
正月，二十六日，举行同治帝亲政大典，两宫皇太后撤帘归政。

同治十三年（1874）　**四岁**
十二月，初五日，同治帝病逝。因同治帝未有皇子，慈禧决定立醇亲王奕譞之子四岁的载湉即位，改元光绪，当夜载湉被接入皇宫。慈禧二度垂帘。
十二月，初十日，命内阁学士翁同龢、侍郎夏同善为光绪帝师傅。

光绪元年（1875）　**五岁**
正月，二十日，为光绪帝举行登基大典。
二月，二十日，同治皇后阿鲁特氏，被慈禧太后逼迫，自杀身亡。

光绪二年（1876）　**六岁**
正月，初十日，两宫太后懿旨慎选皇帝之随侍太监。
四月，二十一日，光绪帝在毓庆宫开始读书。

光绪五年（1879）　**九岁**
闰三月，初五日，吏部主事吴可读尸谏为同治帝立嗣。

光绪七年（1881）　**十一岁**

三月，初十日，慈安太后突然病逝。

光绪八年（1882）　**十二岁**

九月，十八日，翁同龢进入军机处。

光绪九年（1883）　**十三岁**

正月，初一日，慈禧太后与光绪皇帝第一次共同召见大臣。

光绪十年（1884）　**十四岁**

三月，十三日，慈禧改组以恭亲王奕訢为首的军机处。十四日，命军机处遇有要事与醇亲王奕譞商办。

光绪十二年（1886）　**十六岁**

六月，初十日，慈禧降下懿旨，表示明年为光绪帝举行亲政典礼。十四日，奕譞等上奏，请求慈禧太后再行训政数年。十八日，慈禧降旨，应王大臣所请，再行训政数月。

光绪十三年（1887）　**十七岁**

正月，十五日，为光绪帝举行亲政典礼。

十二月，初八日，慈禧降懿旨，为光绪帝大婚做准备。

光绪十四年（1888）　**十八岁**

正月，十七日，慈禧降懿旨，为光绪帝大婚从户部拨银五百万两。

五月，初八日，慈禧颁懿旨，确定光绪帝大婚明年正月举行。

十月，初五日，为光绪帝选定一后二妃。

十一月，十五日，行纳彩礼。

十二月，初一日，经慈禧批准，公布《归政条目》，说明慈禧归政光绪帝是真心的。

初四日，行大征礼。

光绪十五年（1889）　**十九岁**

正月，二十一日，御史屠仁守讨好慈禧的奏折，遭到慈禧的严厉申斥。

二月，初三日，光绪帝举行亲政大典。

光绪十六年（1890）　**二十岁**

九月，十五日，光绪帝上谕，申斥御史吴兆泰请停颐和园工程折。

十一月，二十一日，光绪帝生父醇亲王奕譞病逝。

光绪二十年（1894）　**二十四岁**

四月，二十八日，朝鲜东学党义军攻占全州。

五月，初二日，光绪帝决定增兵朝鲜。初三日，派聂士成部赴牙山。初四日，日本制造借口出兵朝鲜。十三日，日本派驻朝鲜的军队达四千人，超过中国军队。二十二日，光绪帝上谕，不可意存轻视，应积极备战。二十八日，光绪帝上谕，告诫李鸿章"将有决裂之势"，应适时筹备。

六月，初二日，光绪帝上谕，责备李鸿章"示弱于人"，约束他应"格外审慎"。初十日，御史张仲炘上书，主张"壹意决战"。十二日，日本向中国递交"第二次绝交书"。十三日，光绪帝上谕，派翁同龢、李鸿藻参与军国大事的决策。十八日，日本向朝鲜致哀的美敦书。二十一日，日军侵入朝鲜王宫。二十三日，日本舰队击沉中国运兵船"广乙"号。

七月，初一日，光绪帝上谕，宣布中国对日宣战。

八月，十七日，日军攻占平壤。十八日，黄海大海战，中国北洋舰队失利。二十八日，慈禧命翁同龢赴津向李鸿章授意试探议和事宜。

九月，初一日，慈禧重新起用奕䜣。初九日，奕䜣会见赫德，探询联英伐日的可能性。十四日，李文田上书，请停慈禧六十大寿的点景工程。十五日，慈禧懿旨，点景工程停办。

十月，初一日，日军侵占凤凰城。初四日，慈禧召开御前会议，决定命奕䜣督办军务。初九日，日军侵占金州。初十日，慈禧六十大寿。三日内廷臣不得理事。十五日，光绪帝接见各国驻华公使。二十四日，日军侵占旅顺。二十七日，光绪帝处分李鸿章。二十九日，慈禧将瑾妃、珍妃降为贵人。

十一月，十七日，慈禧将志锐发往边远的乌里雅苏台。

十二月，十一日，户部左侍郎张荫桓、署湖南巡抚邵友濂受命赴日和谈。

光绪二十一年（1895） 二十五岁

正月，十四日，刘公岛失陷，北洋舰队覆灭。二十八日，光绪帝召见李鸿章。

二月，十一日，康有为、梁启超到京。十七日，李鸿章衔命赴日议和。

三月，二十三日，《马关条约》签订。

四月，初八日，光绪帝无奈批准《马关条约》。初九日，康有为考中进士。十一日，康有为被授予工部主事。十四日，中日代表在烟台完成换约手续，《马关条约》正式生效。

五月，十五日，日军侵入台湾，遭到台湾人民的激烈反抗。

光绪二十二年（1896） 二十六岁

二月，十六日，文廷式被革职。

四月，二十二日，签订《中俄密约》。

光绪二十三年（1897） 二十七岁

十月，二十日，德国军舰强占胶州湾。

十一月，二十二日，俄国舰队侵占旅顺、大连湾。

光绪二十四年（1898） 二十八岁

正月，初三日，光绪帝命康有为进呈《日本变政考》等书。总理衙门五大臣召见康有为问话。光绪帝命康有为奏疏可随时呈进。

三月，二十三日，翁同龢将康有为之《日本变政考》等书进呈光绪帝。

四月，初十日，恭亲王奕訢病逝。二十三日，光绪帝颁布《明定国是》诏，宣布推行维新变法。二十七日，慈禧颁布四道谕旨：罢免翁同

328

光绪皇帝

穌；规定凡二品以上文武官员任命后须到慈禧面前谢恩；任命荣禄为直隶总督；宣布秋季赴津阅操。二十八日，光绪帝在颐和园召见康有为和张元济。

五月，初五日，光绪帝颁谕，废除八股文，改试策论。十五日，光绪帝召见梁启超，授予六品衔，创办京师大学堂。十七日，光绪帝颁谕，奖励各地士民创新法，创新器，并准其专利售卖。二十四日，光绪帝颁布奖励振兴工艺章程。

七月，初五日，于京师设立农工商总局。初十日，光绪帝降谕严责刘坤一、谭忠麟"不利行新政"。十七日，光绪帝颁谕，重申鼓励士民上书言事。十九日，光绪帝罢免阻挠上书言事的礼部六堂官。二十日，任命礼部新的六堂官。擢用谭嗣同等四人为军机章京，参与新政事宜，实则为四位新宰相。二十二日，光绪帝命免去李鸿章、敬信总理衙门大臣职。二十八日，光绪帝拟就给康有为、杨锐的密信。二十九日，光绪帝命传旨命袁世凯进京陛见。

八月，初一日，光绪帝首次召见袁世凯，授予侍郎候补衔。初二日，光绪帝再次召见袁世凯。光绪帝颁发明诏，命康有为速到上海督办官报，命林旭传密诏促康有为火速离京。

初三日，谭嗣同夜访袁世凯，鼓动围园劫后。初四日，慈禧突然自颐和园回到清宫。初五日，光绪帝接见伊藤博文。袁世凯被第三次召见。袁世凯回到天津，立即向荣禄告密。康有为离京逃走。初六日，光绪帝被囚禁。政变成功，慈禧再度训政，实则是第三次垂帘。慈禧首讯光绪帝。初七日，慈禧第二次严讯光绪帝。下令严密查拿康有为。

初八日，慈禧第三次严讯光绪帝，并将其囚禁在南海瀛台。初九日，将谭嗣同逮捕入狱。十三日，慈禧下令杀害了杨深秀、杨锐、林旭、谭嗣同、刘光第、康广仁等六位维新志士，史称"戊戌六君子"。十四日，张荫桓被发遣，徐致靖被监禁。

光绪二十五年（1899）　　**二十九岁**
五月，初六日，康有为、梁启超在日本成立保皇会。

光绪二十六年（1900）　　**三十岁**
正月，初一日，为立大阿哥溥儁举行典礼。

五月，十二日，义和团在京城内外日益活跃。二十日，慈禧召集御前会议，研究和战问题。光绪帝坚决反战。二十一日，慈禧再次召集御前会议，光绪帝仍坚决反对同列强开战。二十二日，慈禧三次召集御前会议，强行主战。二十五日，清政府向诸列强同时宣战。

七月，二十日，八国联军攻入北京。二十一日，慈禧挟光绪帝离京出逃。

九月，初四日，慈禧等逃到西安。

光绪二十七年（1901）　**三十一岁**

六月，初九日，清政府设立外务部。

七月，二十五日，签订《马关条约》。

八月，二十四日，慈禧与光绪帝回到北京。

十月，二十日，慈禧宣布废掉大阿哥溥儁。

光绪二十八年（1902）　**三十二岁**

五月，初四日，实授袁世凯为直隶总督兼北洋大臣。

光绪三十四年（1908）　**三十八岁**

十月，二十一日，光绪帝病逝于瀛台涵元殿。慈禧懿旨，命以载沣之子溥仪即位为皇帝，以载沣为监国摄政王。二十二日，未刻，慈禧太后崩。

图书在版编目（CIP）数据

光绪皇帝 / 徐彻著. -- 北京：中国文史出版社，
2022.2

（徐彻作品系列 / 徐忱主编）

ISBN 978-7-5205-3311-9

Ⅰ. ①光… Ⅱ. ①徐… Ⅲ. ①光绪帝（1871-1908）
-传记 Ⅳ. ①K827＝52

中国版本图书馆 CIP 数据核字（2021）第 219970 号

责任编辑：蔡晓欧

出版发行：中国文史出版社

社　　址：北京市海淀区西八里庄路 69 号院　邮编：100142

电　　话：010-81136606　81136602　81136603（发行部）

传　　真：010-81136655

印　　装：北京新华印刷有限公司

经　　销：全国新华书店

开　　本：720×1020　1/16

印　　张：21.25　　字数：327 千字

版　　次：2022 年 2 月第 1 版

印　　次：2022 年 2 月第 1 次印刷

定　　价：63.00 元